보육교사론

Child Care Teacher Education

조미영 · 권경숙 · 고경화 · 박정빈 · 심형진 · 이은희 · 조연경 · 황인애 공저

학지사

| 머리말 |

지식정보화 시대는 새로운 생각이나 패러다임, 아이디어, 능률적인 시스템을 가진 개인이나 조직이 큰 힘을 발휘하고 주도하는 세상이다. 진리라고 여겼던 지식이 절대적이지 않고 상대적으로 변할 수 있다는 지식기반 사회에서 교사의 역할은 과거보다 더욱 중요하다.

보육교사는 영유아의 발달과 성장을 위해 전문성이 필요하며, 교수자, 연구자, 의사결정자, 평가자 등의 다양한 역할을 담당함으로써 영유아의 발달을 촉진하고 이들이 민주시민으로 성장할 수 있도록 돕는다. 따라서 보육교사의 질을 향상시키기 위해 교사 양성 프로그램이 무엇보다도 필요하다.

이 책은 영유아 교사가 되고자 하는 학생들의 전문성 확보에 역점을 두고, 학생들의 한 학기 강의계획에 맞춰 총 4부 13개 장으로 구성하였다. 크게 범주화한 내용으로, 제1부는 보육교사직의 이해, 제2부는 보육교사의 준비, 제3부는 보육교사의 어린이집 적응, 제4부는 보육교사의 성장과 발달이다. 이러한 과정을 순차적으로 이해할 수 있도록 차례를 구성하였으며, 세부적으로 살펴보면 제1장에서 제3장까지는 보육교사의 의미와 중요성, 보육교사의 개념, 그리고 보육교사가 되고자 하는 개인적 동기, 사회적 필요, 철학적 기초를 중심으로 보육교사의 동기, 보육사직의 선택으로 구성하였다. 제4장에서 제6장까지는 보육교사 양성과정, 보육교사 실습, 보육교사 임용으로 구성하였으며, 제7장에서 제10장까지는 보육교사의 윤리와 자질, (어린이집에서) 보육교사의 하루일과, 보육교사의 다양한(부모상담, 안전과 건강, 영양, 위생관리, 지역사회 관련 등) 역할, 보육교사의 인간관계에 관한 내용으로 구성하였다. 제11장에서 제13장까지는 보육교사의 발달주기, 보육교사의 현직교육, 보육교사의 자기관리에 대해 살펴볼 수 있도록 구성하였다.

   이 책의 계획과 집필 과정에서 저자들은 어린이집에서 보육교사로서 다양한 역할을 하는 데 참고가 될 만한 최신의 현장 자료를 수집하는 데 주력하였다. 무엇보다도 보육에 관심이 있는 훌륭한 보육교사가 되고자 하는 학생들이 지식과 기술을 연마하는 데 도움이 되었으면 하는 희망과 기대를 가져 본다. 더불어 정교한 편집 작업에 매진해 준 편집진의 노고에 감사드리고, 집필 작업에 적극적으로 모든 지원을 아끼지 않아 주신 학지사 김진환 사장님께 감사의 마음을 전하며 학지사의 탄탄한 발전을 기원한다.

2016년 2월
저자 일동

| 차 례 |

제2부 보육교사의 준비

제3부 보육교사의 어린이집 적응

제4부 보육교사의 성장과 발달

제1부

보육교사직의 이해

제**1**장
보육교사의 의미와 중요성

학습개요

우리나라는 기혼여성의 사회활동 및 경제활동 증가로 가족구조의 변화, 빈곤계층의 증가, 가구당 평균 자녀 수 감소, 한부모가족의 증가 등이 초래되었고, 자녀 양육과 교육에 대한 사회적 책임이 강조되고 보육시설과 보육교사의 질적인 향상이 요구된다. 질적인 보육프로그램을 이행하기 위해서 보육교사는 자율적으로 보육의 특유한 방법과 개발에 대한 관심을 가지고 책임을 지는 능력을 갖춰야 한다. 보육교사의 전문적 역량강화를 위해서는 보육 관련 학문의 기초지식에 대한 이해, 보육에 대한 사명감 및 보육교사로서의 자신감 형성, 보육교사의 역할에 대한 이해, 윤리강령의 필요성에 대한 이해, 보육교사의 전문성에 대한 이해, 영유아와 가족에 영향을 미치는 정책에 대한 이해가 있어야 한다.

1. 현대사회와 보육교사

현대사회에서 보육은 가족의 구조가 변화하고 여성의 사회활동 참여 기회가 증가하면서 가정에서 정상적 양육을 받기 어려운 아동을 하루 동안 일정 시간 타인이 보호, 교육하는 형태로 나타났다. 기혼여성의 사회활동 및 경제활동 증가로 가족구조의 변화, 빈곤계층의 증가, 가구당 평균 자녀 수 감소, 한부모가족의 증가 등이 초래되었고, 자녀 양육과 교육에 대한 사회적 책임이 그 어느 때보다 강조되고 있는 추세다. 특히, 저소득층 가정은 가족지원이 부족한 형편이어서 자녀를 대신 맡아 줄 양육자를 확보하는 데 어려운 입장에 있기 때문에 취업모의 경제활동 참여에 따른 자녀 보육문제가 무엇보다 해결의 급선무라고 볼 수 있다.

2005년 1월에 제정된 「영유아보육법」에서 보육사업의 대상이 확대되면서 국가의 보육에 대한 책임이 강조되었다고 볼 수 있다. 보육에 대한 책임문제는 구체적으로 국가와 부모가 분담하는 보육비용 비율의 변화에서 가시적인 전환양상이 나타나는데, 이는 아동이 한 가정의 자녀이자 국가적 차원에서 볼 때 미래의 인재양성을 위해 지원해야 할 대상이라는 점이 고려된 것으로서 부모와 국가가 아동의 보호와 교육에 대한 공동의 책임을 가지고 있음을 보여 준다.

현대사회의 구조적인 변화가 지속되는 가운데 보육에 대한 책임과 필요성에 대한 입장들이 나타났다. 보육에 대한 책임이 어디에 있는가에 대한 문제는 각 나라의 역사, 사회적 배경 및 당면한 사회적 상황, 국가정책과 재정상태 등 관점에 따라 다양하게 제기될 수 있다. 자녀 양육은 개별적인 차원의 영역으로 각 가정에서 책임져야 할 부분이며, 정부 차원에서 빈곤계층에 대한 지원체제를 이행하는 국가들이 있기도 하다. 우리나라의 경우, 자녀 양육은 여성의 역할로 지속되어 오다가 최근 들어 핵가족화 현상이 가속되고 기혼여성의 사회활동 참여가 증가하며 가족의 형태가 다양화되는 등의 이유로 자녀 양육에 대한 부담이 가중되었고 저출산율이 나타나면서 더 이상 보육은 가정에서만 책임지는 영역이 아니고 부모가 자녀를 안심하고 맡길 수 있는 어린이집을 위한 국가적인 지원이 필요하게 되었다.

즉, 보육문제를 개별 부모나 가정에서 해결할 수 있는 문제 이상으로 사회나 국가에서 책임을 져야 하는 문제로 보게 되었으며 그 기능에 있어서도 '보호냐 교육이냐'의 이분법적 논리에서 벗어나 부모의 기능을 보완하기 위해 단순한 보호 차원에서만이 아니라 교육이라는 차원에서 강조하게 되었다. 대상에 있어서도 저소득층 가정의 아동에게만 국한시키지 않고 모든 계층의 아동을 대상으로 보게 되었다. 이는 아동을 독자적인 인간의 존엄성을 갖고 있는 사회의 한 구성원으로서 인식하는 것으로 이들이 당연히 누려야 할 보호와 교육을 받을 권리를 인정해 주는 것이다.

우리나라는 급격한 사회 변화로 사회적 불균형과 가족해체가 두드러졌고, 확대가족의 급격한 감소로 인한 전통적 가족제도인 대가족제도가 붕괴되면서 핵가족화 현상이 나타났다. 1970년대부터 2010년까지 우리나라 가족의 변화되는 양상에서 특이한 사항은 2000년부터 미혼자녀를 둔 부부가 감소하고 자녀가 없는 부부들이 많아졌다는 점이다. 이는 저출산율의 현상을 시사하는 변화라고 볼 수 있다. 또한 대가족 형태인 부부와 양친과 자녀로 구성된 가족이 계속 감소되는 모습이 나타났다. 이러한 가족구조의 변화는 핵가족화하는 현대사회에서 자녀 양육에 대한 부담을 증가시켜 저출산율이 나타나 우리나라 사회의 심각한 문제를 초래하였다. 이에 따라 정부는 국가 차원에서 영유아의 보호와 양육을 담당할 보육정책을 적극적으로 입안하여 국가발전과 인재양성 및 복지정책의 핵심과제로 추진하게 되었다.

우리나라에서는 1960년 이후 경제발전이 급속히 진행되면서 여성취업률과 기혼여성의 경제활동이 크게 증가하여 국가 차원에서 이에 능동적으로 대응하고 영유아의 건전한 발달을 위해 사회복지 분야의 주요 정책으로 보육사업을 추진하고 있다.

2008년 이후 여성의 고용률이 감소되면서 실업률이 증가하는 추세가 나타났다. 고용률 감소에는 여러 가지 이유가 있겠지만 취업모의 경우, 자녀의 대리양육이 잘 보장되지 않으면 경제활동에 참여하기 어려운 현실적인 난제가 있다. 보육제도가 잘 정비됨으로써 부모가 경제활동에 전념할 수 있으며, 여성의 사회참여로 국가 경쟁력이 강화되고, 아동발달에도 신체적·인지적·정서적으로 영향이 미치게 된다.

2. 보육교사의 의미

1) 부모와 보육교사

현재 우리 사회는 보육교사에게 단순히 아이들을 보호하는 역할을 기대하기도 하고 교사와 같이 가르치는 것을 요구하기도 한다. 그런데 보육은 보호와 양육과 교육의 세 가지 영역이 함께 포함된 복합적인 의미를 가지고 있다. 보육서비스는 영유아의 신체적·인지적·정서적 발달을 위한 작용에 그 목적과 방법이 있다. 개정 「영유아보육법」은 이러한 보육의 개념을 분명하게 정의하고 있다. "보육이란 영유아를 건강하고 안전하게 보호·양육하고 영유아의 발달 특성에 맞는 교육을 제공하는 보육시설 및 가정양육 지원에 관한 서비스"다. 영유아의 신체적·인지적·정서적 발달을 위해 보호하고 교육하는 보육교사에게는 개인적 자질과 전문적 능력이 필요하다.

그런데 보육교사의 역할은 부모가 하는 일과 혼동되어 전문성을 인정받지 못할 수 있다. 나이가 어릴수록 보육교사가 영유아에게 수유하고 옷 입히고 대소변을 처리하는 등의 일을 한다. 이러한 일이 가정에서 하는 일과 유사하여 보육교사가 부모의 대리 역할을 한다고 보는 사람들도 있다. 카츠(Katz, 1987)는 유아교사와 부모의 역할이 유사하기는 하지만 근본적으로 다음과 같은 측면에서 부모와 교사의 역할에 차이점이 있다고 했다.

- **책임과 기능**: 부모는 자신의 자녀에 대하여 24시간 거의 모든 영역에 있어 무한대의 책임을 지며 한순간도 그 책임에서 벗어날 수 없지만 교사는 유아가 자신의 학급에 있는 동안만 그 책임을 다하게 된다.
- **애정의 강도**: 교사들은 자신이 맡은 유아들을 매우 사랑하지만 그 강도에 있어 거의 본능적이고 무조건적인 부모들과는 다르다.
- **애착**: 부모와 자녀의 애착은 매우 중요하지만 교사와 유아와의 지나친 애착은 편애로 비춰질 수 있다.
- **합리성**: 부모는 자녀의 행동을 객관적인 관점에서 판단하기 어렵지만 교사는 합리적인 의사결정이 가능하다.
- **의도성**: 부모는 자연발생적이고 우연한 기회를 통해 자녀를 교육하지만 교사는 이성적이고 의도적으로 기회를 만들어서 교육한다.

이처럼 책임과 기능, 애정의 강도, 애착, 합리성, 의도성 등의 카테고리에서 보육교사와 부모의 역할에 차이가 있다. 따라서 자신의 역할을 스스로 인지하는 역할지각에 따라 보육교사들은 가능한 한 정확하게 자신의 역할을 지각하고 사회에서 기대하는 역할을 수용하여 자질을 키워야 할 필요가 있다.

2) 보육교사의 의미와 역할

보육은 전통적으로 아동의 양육자였던 어머니의 경제활동이나 사회참여 등으로 가정에서 정상적 양육을 받기 어려운 아동을 하루 동안 일정 시간 타인이 보호, 교육하는 것을 의미한다. 보육이란 아동들의 보호, 교육받을 권리와 어머니들의 일할 권리를 보장해 주기 위한 제도로서 아동이 속한 가정의 사회계층과 어머니의 취업여부를 떠나 모든 아동들이 풍부한 인간관계 속에서 심리적으로 건강하게 자라나도록 지원해 주는 것이며,

이를 위한 책임이 개인뿐만 아니라 사회와 국가에도 있다는 차원에서 다루어지는 것을 의미한다. 또한 단순한 보호의 기능을 넘어, 보다 유익한 교육적 경험을 제공하는 사회적 제도를 말한다고 할 수 있다.

보육은 종전에는 탁아라는 용어를 사용하였으나 「영유아보육법」이 제정된 이후 보육이라는 용어로 전환되었다. 부언하면, 보육사업의 초기에는 주로 저소득층 여성이 취업을 하는 경우 또는 건강과 여러 가지 제반 사정으로 어린이를 돌볼 수 없는 사정이 있는 경우에 한하여 어린이집에서 어린이를 보호하는 탁아의 개념이 지배적이었다. 그러나 1991년 「영유아보육법」이 제정된 이후부터 종전의 '탁아' 라는 용어 대신 보육이라는 법적 용어를 사용하게 되었다.

보육개념은 아동의 '보호' 뿐 아니라 '교육' 을 함께 중요하게 강조하고 있으며, 보호와 교육을 통합하는 방향으로 전환되어 영어로 표현하면 'Care' 와 'Education' 의 개념을 합성하여 'Educare' 로 사용된다. 보육의 개념이 종전의 부모의 사회경제적 지위가 낮은 가정을 대상으로 하여 보호의 기능에 중점을 둔 역할에서 벗어나 점차 모든 아동을 대상으로 한 보호와 교육을 제공하는 보편적 사업으로 변화되고 있다. 이에 따라 아동은 보호와 교육을 받을 권리를 지닌 주체로서 보호자의 신분과 지위에 관계없이 자신의 개성과 잠재능력을 계발시키고 자아실현을 할 수 있는 기반이 있다. 따라서 보육이란 6세 미만의 취학 전 영유아를 대상으로 하여 부모의 사회경제적 지위와 상관없이 아동의 권리로서 보호, 교육서비스를 제공하는 것이라는 개념으로 정의된다.

이러한 보육의 개념 정의에 따라 보육문제는 더 이상 부모나 가정에서 개별적으로 해결할 수 있는 것이 아닌, 사회나 국가에서 책임을 져야 하는 문제로 인식되고 있으며, 더 이상 '보호냐, 교육이냐' 라는 어설픈 이분논리에서 벗어나 부모의 역할을 대신하기 위한 보호의 차원에서만이 아니라 교육이라는 기능이 중요하게 대두되었다. 보육은 그 대상에 있어서도 저소득층 가정의 아동에게만 국한되지 않고 모든 계층의 아동을 대상으로 보는 보편적인 차원에서 규정된다.

3. 보육교사의 중요성

1) 보육교사의 전문성

앞에서 언급한 보육의 보편성을 자리매김하기 위해 무엇보다 보육교사의 전문적 능력과 자질이 요구된다. 개인적 자질에는 인성과 도덕성뿐만 아니라 영유아에 대한 관심과 애정이 있고 전문적 능력에는 보육에 대한 이해와 실행능력이 있다. 전문적 능력을 지닌 보육교사가 보육시설의 질적 수준을 높인다. 이 장에서 특히 고려할 것은 보육교사의 전문성이다.

보육교사의 전문성은 보육학의 연구와 정책에서 계속 논의되는 주제이기 때문에 이 장에서는 우선 전문성에 대한 일반적인 특성을 살펴본 후 보육교사직이 전문직인가에 대해 알아본다. 카츠(Katz, 1987)는 직업의 전문성이 여덟 가지 기준에 따라 결정된다고 했다. 첫째, 전문적 과업의 수행이 사회적으로 필요성을 가지는가, 둘째, 자신의 이윤 추구보다는 이타주의적 봉사정신이 요구되는 직업인가, 셋째, 자신을 고용한 사람이나 자신이 서비스를 제공하는 대상으로부터 어떤 요구도 받지 않는 자율성을 가지는가, 넷째, 과업의 수행 중 발생할 수 있는 여러 유혹에 어떻게 대처하는지를 규정한 윤리강령이 존재하는가, 다섯째, 서비스를 의뢰한 사람과 심리적으로나 정서적으로 적절한 거리를 둠으로써 전문성을 제대로 발휘할 수 있는가, 여섯째, 자신의 과업을 수행하는 기준을 설정하고 그에 따르는가, 일곱째, 오랜 기간의 훈련을 필요로 하는가, 여덟째, 특수화된 지식을 요구하는가의 여부에 따라 직업의 전문성 여부가 결정된다. 전문직의 특성을 설명한 이론들을 정리하면 다음과 같다.

- 전문직은 수준이 높고 체계화된 지식을 갖추어야 한다. 전문지식은 이론적 지식이면서도 실제적인 면에도 유용한 응용지식이다. 이러한 지식은 비교적 오랜 기간 교육 또는 연수훈련을 통해 획득된다. 보육교사들이 전문직으로 인정받기 위해서는 오랜 기간의 교육기간이 필요하고 수준 높고 체계화된 지식을 갖춰야 하는데, 의사, 변호사와 같은 전문직에 비해 교육기간이 매우 짧게 소요되는 보육학 지식은 높은 수준의 전문지식이라고 보기 어려운 면이 있다.

- 전문직은 각 분야에 대한 자격증 및 현직교육을 요구한다. 즉, 전문직은 직업에 입문한 뒤 현직교육 등에서 상당히 까다로운 조건을 가지고 있기 때문에 그 직업에 종사한다는 것은 상당한 희소가치가 있다. 보육교사의 경우 보육교사 자격증을 취득해야 보육시설에서 근무할 수 있으며, 이를 위해 보육교사 자격관리사무국이 설치되기도 하였으나 현직교육의 기회가 매우 부족하다거나 교육 연한이 짧다는 것은 전문직으로서의 특성에 부합되지 못하는 부분이라고 하겠다.

- 전문직은 자율적인 업무라는 특징이 있다. 전문직 종사자는 사례에 따라 전문가적 지식과 경륜에 따른 자율적인 처리를 하는데, 이는 이들에게 자율성이 확보되어 있기 때문이다. 보육교사도 담당 반의 운영과 교육과정의 진행을 자율적으로 할 수 있다. 이러한 자율권은 원장의 지시와 학부모의 요구가 지나칠 때 제한을 받을 수 있다. 우리나라의 경우 민간 보육시설이 80% 이상 되는데, 운영상 학부모의 의견과 요청을 프로그램에 반영해야 하는 경우가 나타나고 있어 자율성이 확보되는 데 한계가 있다.

- 전문직은 스스로 업무기준을 결정하고 이를 자율적으로 준수한다. 이러한 의사 결정은 자율적으로 이루어지기 때문에 개별적인 결정기준과 가치가 도출되는데, 사회적 공약에 어긋나지 않는 범위에서 이행되어야 한다. 전문직은 업무기준과 사회적 공익에 적절한 기준들이 공지된 준칙인 윤리강령을 가지고 있는 것이 필수적이다. 우리나라에는 보육교사만을 위한 윤리강령이 존재하지는 않는다.

- 전문직은 구성원들 간 사용하는 언어나 행동방식에 차별성이 있어 해당 전문직만이 갖는 문화가 형성되어 있다. 전문직에 속한 문화가 다른 직업과의 차별성 때문에 중간에 직업을 바꾸기 어렵게 되는 경우도 있다. 또한 전문직 종사자들에겐 직업적 전문성과 조직문화를 유지하고 권익을 보호하는 단체가 구성되어 있다. 보육교사들에겐 전국적으로 보육시설연합회가 있고 보육 관련 연구학회인 영유아보육학회, 한국보육학회 등이 있는데 교사들만의 자율적인 권익단체는 보기 어려운 상태다.

- 전문적 지식과 업무가 사회공익에도 기여한다는 점에서 전문직 종사자에게 사회적 인정이 부여된다. 사회적인 이슈가 있을 때에 전문직의 자문과 의견이 사실 파악이나 처방에 결정적인 역할을 한다. 그래서 전문직에는 사회적인 인정과 경제적인 대우가 따른다. 즉, 전문직 종사자들은 전문적인 지식의 장시간 교육을 통해 획득한 직업생활에 따른 사회적인 인정과 대우를 받게 되는 것이다. 그런데 보육교사들의

경우, 사회적인 인정 및 급여가 의사, 변호사 등 기타 전문직에 비해 매우 낮은 실정
이다.

이 같은 전문직의 특성을 감안해 보면 보육교사직에는 전문직으로서의 개념을 확립
하기에 어려운 점들이 있다. 전문직은 아니더라도 보육교사로서 전문적인 역량을 갖추
는 것이 중요하다. 전문적인 역량은 전문적인 실무에 대한 수행기준과 체제를 유지할
수 있는 능력이다. 질적인 보육프로그램을 이행하기 위해서 보육교사는 자율적으로 보
육의 특유한 방법과 개발에 대한 관심을 가지고 책임을 지는 능력을 갖추어야 한다. 보
육교사직의 전문화를 위해서는 보육교사 스스로 보육 관련 학문의 기초 지식에 대한 이
해, 보육에 대한 사명감 및 보육교사로서의 자신감 형성, 보육교사의 역할에 대한 이해,
윤리강령의 필요성에 대한 이해, 보육교사의 전문성에 대한 이해, 영유아와 가족에 영
향을 미치는 정책에 대한 이해가 있어야 한다. 이러한 전문적 역량을 갖춘 보육교사는
영유아의 전인적 발달을 위해 양육자로서, 교수자로서 그리고 교류자로서 중요성을 가
지고 있다.

2) 보육교사의 중요성

(1) 양육자로서의 중요성

영유아는 부모의 따뜻한 보호를 받고 성장한다. 부모를 대신하여 영유아를 돌보는 보
육교사는 부모의 대리자로서 양육자가 되는 것이 중요하다. 보육교사는 영유아에게 집
에 있는 듯한 안정감을 주는 것이 무엇보다 필요하고 부모와 같은 편안함과 신뢰감을 얻
는 것을 필요로 한다. 어릴수록 심리적인 애착을 보이는데 이런 경우 보육교사는 안아
주거나 쓰다듬어 주는 등의 애정 어린 스킨십이 필요하다. 아동은 어린이집에서 정서적
으로 안정감을 느끼고 타인과 애정 어린 관계를 맺을 수 있는 능력을 발달시킬 뿐만 아
니라 높은 자아존중감을 발달시킨다. 놀이, 보육, 교수 활동에서의 신체접촉은 신체적
성장과 정서적 건강, 교사와의 애착에 있어서 중요한 역할을 하며 긍정적인 신체상, 자
아개념 등 정서적 · 인지적 발달에 공헌한다. 또한 영유아의 건강을 위해 영양섭취와 안
전지도에 전문적인 역할을 수행해야 한다. 기본적인 생리적 욕구를 충족시켜 주는 양육
자로서의 중요한 역할을 이행하기 위해 급식 및 간식 시간에 패스트푸드 섭취의 증가,

농약과 성장촉진제로 재배한 과채류 섭취 등의 급변하는 식생활 추세에 대항하여 신체적 건강을 해치는 음식을 섭취하지 않도록 지도해야 한다. 영양공급이 제대로 이루어지지 않을 경우, 어린이는 영양결핍으로 건강상의 문제가 생길 뿐 아니라 주의력 결핍과 무기력 등으로 발달지체가 우려되기 때문이다.

(2) 교수자로서의 중요성

보육이 보호와 교육의 개념을 함께 포괄하기 때문에 교수자로서의 역할이 중요하다. 보육교사는 교수자로서의 역할을 제대로 수행하기 위해서 개별 아동의 잠재능력을 면밀히 파악하고 적절한 교수방법을 적용해야 한다. 어린이가 타고난 잠재능력을 최대한 계발하는 목적과 방법을 이행한다는 것은 저마다의 흥미와 관심에 따라 발달하는 것을 의미한다.

개인차를 고려한 교수는 아동의 능력과 적성, 학습, 동기발달, 환경적 배경 그리고 사회문화적 가치관 등을 참작하여 교육목표를 정하고 교육내용과 방법을 이행하는 것이다. 누리과정에 상세하게 제시하였듯이 보육교사는 전체 아동과 개별 아동을 동시에 고려해서 교수계획을 세우고 연령별 발달단계를 고려해서 활동을 계획해야 한다. 또한 연령대별로 아동에게 적절한 활동과 자료 및 시설을 준비하고 학습과 관련된 프로그램의 절차를 효율적으로 진행해야 한다.

이렇듯 교수방법은 매우 전문적인 영역이고 교수라는 기본개념부터 명확하게 인지해야 효율적인 교수활동이 가능하다. Bloom의 완전학습 이론을 근거로 한 수업활동연구, Lewin의 장의 이론, Gagné의 학습위계설을 근거로 한 교수에 대한 연구 등의 교수·학습 이론을 참고하여 보육교사의 수업활동 및 교육프로그램 개발, 교수·학습 평가, 활동시간, 활동내용, 피드백, 보육환경 등의 광범위한 변인에 대한 이론과 실제 역량을 갖춰야 한다.

교수자로서 보육교사는 영유아에 대한 심도 있는 이해를 기초로 하여 교육프로그램을 계획하고 실행할 수 있어야 한다. 영유아마다 발달의 속도라든가 가정환경이 다르기 때문에 개별적인 발달상태, 가정환경 등을 세세하게 파악하여 개별화된 활동계획을 세워야 한다. 각자에게 알맞은 활동프로그램과 관련 자료를 제공하고 활동 절차를 효율적으로 수행함으로써 보육의 질적 향상이 확보되어야 할 것이다.

아울러 보육교사는 각종 프로그램을 진행하는 과정에서 영유아의 부정적 반응을 야기하는 행동이나 태도를 취하지 않아야 한다. 편애를 하거나 언어폭력 등 그릇된 행위로 인해 영유아의 정서발달에 심한 악영향을 주는 사례가 발생하지 않도록 교수자로서 올바른 태도를 늘 갖추어야 한다.

(3) 교류자로서의 중요성

교사와 아동의 관계는 여러 가지 인간관계 중 하나의 특수한 경우다. 부모와 자녀의 관계와 같이 혈연으로 맺어진 것도 아니고 의사와 환자의 관계와 같이 특수한 목적에서 맺어진 것 역시 아니다. 교사와 아동의 관계는 샬러(K. Schaller)의 의사소통의 교육 그리고 이와 결합된 펠쉐스(J. Fellsches)의 참여의 교육행위, 미드(M. Mead)의 상징적 상호작용 등의 이론들에서 교육의 상호작용모델과 역할들이 도출된다. 특히 보육에서 보육교사와 영유아, 학부모 그리고 동료교사 사이에서 효율적이고 긍정적인 상호작용이 전개되어야 할 필요가 있다.

영유아들과 행해지는 상호작용에는 언어적인 의사소통뿐 아니라 제스처, 눈빛 등 비언어적 작용이 있다. 상호교류가 잘되기 위해서 영유아의 언어적 표현, 질문 등에 대해 성실한 청취와 반응이 있어야 하겠는데, 이때는 말로만 표현하는 것보다 머리를 쓰다듬거나 웃음으로 반응하는 것이 효율적이다. 영유아기의 정서발달에 스킨십은 중요한 역할을 하기 때문에 악수하고 안아 주고 눈을 맞추는 등의 비언어적 상호작용을 동반한다. 보육교사는 지식을 전달하는 역할에 그쳐서는 안 되고 아동들과 상호작용을 하면서 그들의 경험을 서툰 것이라 하여 무시하지 않는 비언어적 태도로 활동에 임해야 한다.

보육의 관계에서 교사-아동 관계가 물론 1차적인 관계이지만 영유아의 가정과 연계하기 위해 학부모와의 의사소통이 요구된다. 가정과 보육시설 간의 원활한 교류를 형성하기 위해 보육교사는 부모와의 관계를 원만하게 이루어야 한다. 교사는 학부모와 정기적 또는 수시로 교류하여 영유아의 생활 전반에 관한 상세한 정보를 주고받고, 특히 발달문제가 있을 경우 치료를 위한 상담을 심도 있게 해야 한다.

교류자로서 보육교사는 또한 지역사회와의 교류를 위해 노력한다. 지역사회의 보육 관련 행사에 적극적으로 참여하고, 지역사회 구성원의 어린이집 초청행사를 주최할 때에는 보육시설의 특성화프로그램을 소개하며, 필요할 경우 지역사회에서 자원봉사자의 도움을 받기도 하고, 지역사회 전문가를 초청하여 아동발달에 유익한 정보를 제공받기도 한다. 또한 아동건강관리를 위해 지역사회의 의료기관과 심리센터에 의뢰하는 등 지역사회 간의 원활한 상호작용을 위해 보육교사가 적극적으로 관여한다.

한편, 우리 사회에 다문화가정이 증가하면서 보육기관에도 다문화가정 자녀들이 늘어 가는 상태다. 다양한 문화교류시대를 살아 나가야 할 영유아들이 제3세계 국가에 대한 인종차별적인 사고방식을 가진다면 그만큼 폐쇄성에 갇히는 것이다. 이질적인 문화양식을 가진 다문화가정 자녀들과 교류하는 기회를 자주 가진다면, 문화에 대한 올바른 시각과 문화적 풍부함을 체험할 수 있다. 다양한 문화교류는 다른 나라에 대한 편협한 생각에서 벗어나 풍부한 문화감수성을 얻을 수 있게 한다. 따라서 다문화가정 자녀와 함께하는 교육은 교실의 문화적 다양성을 풍부하게 만들어 주고 다양한 문화를 경험할 수 있어 학생들 상호 간에 혜택을 받기에 적합하다. 이러한 교류를 통해 문화적 편견을 해소하고 다양한 문화의 경험이라는 교육적 효과를 얻을 수 있다.

아동들이 다양한 민족의 문화와 함께 생활하는 것에 더욱 익숙해지는 사회적 흐름에 보육교사는 다문화사회에 대한 편견 없는 태도와 보육활동을 이행할 수 있도록 힘써야 한다. 보육시설의 담당한 반에서 다문화가정 영유아들과 함께 편견 없이 상호작용할 수 있도록 보육교사는 관심과 배려를 가지고 다문화프로그램을 이행해야 한다.

보육교사는 영유아 및 학부모, 지역사회, 다문화가정과의 상호작용을 통해 원만한 관계를 형성하려는 노력을 할 수 있다. 아울러 동료교사와의 관계를 우호적으로 유지하여 영유아의 바람직한 발달을 위한 역할을 효율적으로 수행해야 한다.

4. 우리나라와 외국의 보육교사 비교

세계의 보육교사제도는 해당 국가가 주도하고 있는 보육의 정책방향에 따라 공동육아형 교사 또는 대리육아형 교사로 구분할 수 있다. 공동육아형의 경우, 사회적인 시스템이 보편적 보육관에 입각하여 아동발달을 우선적으로 고려하고 아동의 권리 및 삶의 질을 높이려는 목적에서 보육정책을 이행하는 것이기 때문에 가족과 사회가 분담하는 보육이념을 의미하는 공동육아형 국가에 해당한다. 또한 선별주의 보육원칙에 따라 아동의 발달과 권리에 따른 보육이 아닌, 부모나 사회의 실제적인 보육 요구에 따라 부모의 육아 역할을 대리할 수 있는 방향에서 보육제도를 논한다면, 그 사회는 남성을 생계 부양자로, 여성을 육아 전담자로 보는 대리육아형 제도를 선호하는 쪽으로 나아갈 것이다.

1) 미국의 보육교사제도

(1) 보육제도의 특징

미국의 보육 및 교육제도의 특징은 다양성과 지방분권적이다. 해당법규는 주마다 기준이 다양하다. 실제적인 교육에 대한 권한은 지방학교위원회에서 맡고 있다. 자본주의와 개인주의 경향이 만연된 미국적 특성으로 인해 자녀 양육문제를 국가적인 책임이라기보다는 개별 가족의 문제로 보기 때문이기도 하다. 따라서 미국은 매우 간접적인 방법으로 아동 양육을 지원하고 있는 나라다. 그러나 정부 차원에서 1955년부터 헤드스타트 운동을 추진하면서 저소득층 가정의 보육문제에 개입하였고, 소수민족 아동의 교육과 저소득층 장애아교육의 지원 등을 실시하였다.

미국은 아동 보육서비스에 대한 이론과 실제에서 여러 나라에 영향을 주었다. 그러나 미국의 사회구조상 다른 나라들, 특히 유럽의 전통적인 복지국가들에서 나타나는 특징인 정부가 보육문제를 직접 관할하는 제도를 갖추지는 않았기 때문에 선진적인 보육을 이행하고 있다고 보기는 어렵다.

(2) 보육기관의 교사

미국의 보육제도는 크게 유치원, 유아원, 아동보호센터, 가정보육으로 나누어진다. 유치원은 전일제(공립, 사립), 반일제(공립), 취학 전(공립) 유치원이 있으며, 유아원의 경우는 그 설립주체가 사립이다. 아동보호센터는 설립주체에 따라 크게 세 가지로 구분할 수 있다. 공립의 경우 정부지원 아동보호센터와 기지 내 아동보호센터가 있고, 비영리 사립의 경우 기업 내 아동보호센터, 공동아동보호센터, 교회부설 아동보호센터가 있으며, 영리를 목적으로 한 사립의 경우 개인설립 아동보호센터가 있다. 그리고 가정보육에는 가정 내 탁아와 가정보육이 있다. 보육교사가 되기 위해서는 2년제 전문대학 또는 양성과정을 수료하여 자격증을 구비해야 한다.

2) 영국의 보육교사제도

(1) 보육제도의 특징

영국은 예전부터 자녀교육은 어머니의 역할이고 아버지는 경제적인 책임을 지는 역할을 한다고 여겨 왔고, 보육은 기본적으로 가족이 해결해야 할 문제라고 생각했다. 그러나 현대사회의 변화에 따라 기혼여성의 취업이 증가하면서 보육에 대한 생각이 변화되었고, 보육기관은 양육과 교육의 기능이 양립하고 있다.

(2) 보육기관의 교사

영국은 유럽에서 아동보육제도가 가장 뒤늦게 발달한 나라다. 전형적으로 아이를 돌보는 문제는 개별 가족이 해결해야 하는 문제로 여겨졌기 때문에 정부에서도 보육의 문제를 국가정책으로 다루지 않았다. 이러한 흐름은 1967년 플라우덴보고서 발표 이후 취학 전 교육이 강조되면서 변화되기 시작하였다. 공적인 지원 없이 자발적으로 운영되던 교육기관이 주를 이루다가 점차로 보육문제는 공적 영역의 문제로 변화되면서 보육정책도 변화를 보이고 있다. 곧 정부가 교육 및 보육에 대한 기본적인 지원을 하는 가운데 보육서비스의 주체가 정부와 민간단체, 직장, 개인으로 구성되면서 아동보육사업에 민간 참여를 확대시키고 직장보육사업이 확산되는 경향을 보이고 있다.

사립어린이집의 경우, 보육비용을 개인이 부담하고 있고 대부분 전일제 프로그램을 실시한다. 놀이집단(Playgroups)은 3~4세의 일반적인 영유아 보육형태다. 보육교사는 보모시험위원회의 양성과정을 이수하여 자격증을 획득한다. 보육교직원에 대한 훈련 및 보수교육 등 전문적인 지원체계를 갖추고 있다.

3) 프랑스의 보육교사제도

(1) 역사적 배경과 현황

프랑스의 보육 역사는 유럽의 그 어느 나라보다 오래되었고 특유한 성격을 가지고 있다. 1779년에 오베르랑(J. F. Oberlin, 1740~1826)이 알사스 지방에서 이른바 '편물학교'를 개설하였는데, 이 학교에서는 가정보육에 결함이 있는 유아를 위하여 교육이 이행되었다. 그 후 파리 근교에 유아보호소가 개설되었고, 1826년에 또 다른 유아보호소가 개설되었다. 그의 활동은 프랑스의 보육제도를 활성화하는 데 기여하여 유아보호소가 양과 질에서 향상되는 성과가 있었다. 보육기관의 명칭은 처음엔 유아보호소로 불리다가 '유아학교'라는 명칭으로 변경되어 2세부터 6세까지의 유아를 위한 학교제도가 성립되었다.

이외에 3세 이하의 영유아를 위한 보호소나 유치원과 흡사한 시설인 유아원이라는 시설도 설립, 운영되었다. 이러한 유아교육시설은 영유아의 교육적 목적뿐 아니라 복지적 차원에서 운영되고 있다.

이러한 프랑스 유아교육기관의 발전은 시민의 실질적인 필요성에 의해 계속적인 노력을 이행하였기 때문에 운영의 형태에 있어서 부모의 실제적인 요구와 관련되어 있음을 알 수 있다. 국공립 유치원의 경우, 정부에서 유치원 운영비를 보조해 주고 있지만, 시설의 설립 및 변경은 지역사회에서 자치적으로 결정하도록 되어 있다.

(2) 보육기관의 교사양성

프랑스의 보육정책의 기조는 영유아 보호 및 교육을 주된 기능으로 하고 있으며 보건복지부에서 총체적인 관할을 한다. 정부는 보육정책에 대한 기본 정책을 수립하고 재정지원을 담당하고 지방 어린이집의 설립이나 운영에 관한 제반 일을 관장하며 감독한다. 즉, 지역에서 학부모의 요구에 따라 설립하는 어린이집의 건축비나 운영비를 부담하며 가정어린이집의 허가와 지원에 대한 책임을 지고 있다.

이렇듯 보육을 단지 가정의 개별적 부담이 아닌, 사회적 역할로 보고 정부 차원에서 적극적으로 지원하고 있는 이유는 1980년대 낮은 출산율을 보였던 프랑스 사회에서 여성 노동력 확보와 국가 발전을 위한 인재양성이라는 목표를 이루기 위해 보육에 적극적인 지원을 하고 있기 때문이다.

어린이집의 종류는 공립어린이집이 가장 보편적인 형태이고, 그 밖에 자격을 갖춘 보모가 자기 집에서 2~3명의 유아들을 돌보는 형태인 가정보육, 시간제 보육, 부모참여보육 등이 있다. 보육기관의 교사들을 위한 양성기관에서는 자격증을 위한 선발과 심의 과정을 거치는 등 자격증 발급이 매우 엄격하게 관리되고 있다.

4) 핀란드의 보육교사제도

(1) 보육제도의 역사적 배경

핀란드는 교육선진국으로서 보육에서도 유럽의 어느 나라보다 잘 정비되어 있다. 역사적으로 핀란드는 볼셰비키 혁명으로 인해 제정러시아가 붕괴되어 독립국이 되었지만 세계대전을 거치면서 사회적으로 극심한 혼란을 겪었다. 제2차 세계대전 후 공산주의 국가들과 사회민주주의 경향의 북유럽국가 및 자본주의적 서구 국가들 사이에서 고유한 사회복지제도를 성립하였다. 핀란드는 동유럽의 공산주의가 아닌 북유럽 특유의 사회민주주의를 정립하였고 사회민주주의적 강령에 근거한 보편교육 이념을 세워 교육 및 보육사업에 적용하였다.

(2) 핀란드 보육제도의 특성

핀란드는 국제학업성취도 평가인 PISA에서 2000년대 이후 최상위권의 성취를 보이는 국가이기에 핀란드 교육은 우리나라에서도 롤모델이 되고 있다. 핀란드 보육의 중요한 특성은 각종 유아교육기관들 간의 격차가 매우 낮다는 것이다. 이는 사회계층 간의 격차가 매우 낮은 이 나라의 사회구조에서 나오는 현상이다. 즉, 어느 한 계층에 치우치지 않는, '모두를 위한 교육'을 목표로 교육의 평등성을 실현하기 위해 공을 들인 핀란드 보육의 중요한 장점이라고 하겠다.

5) 스웨덴의 보육교사제도

(1) 보육제도의 특징

스웨덴은 교육제도에서 지방자치단체의 자율권이 보장되는 점이 특징이다. 제2차 세계대전 이후 급속도의 경제적 발전이 이루어지면서 보육정책에 관심이 집중되었고, 각 지역마다 다른 보육프로그램을 설립, 운영하고 있다.

스웨덴에는 1~12세까지의 아동을 위한 공립어린이집이 다양하게 설치되어 있다. 초등학교에 들어가지 않은 아동은 유치원에 다니고 학령기 아동은 방과 후 시설을 이용한다. 즉, 1~5세는 유아학교에, 6~12세는 방과 후 시설에서 활동한다. 유아교육시설에는 유치원, 가정어린이집, 개방형 유치원이 있고, 아동시설로는 여가센터, 개방형 여가센터 등이 있다.

(2) 보육서비스 유형 및 이용현황

스웨덴에서는 1973년 취학 전 보육법이 개정되면서 유치원과 어린이집이 유아학교로 명명되었다. 유치원은 6세까지 유아를 위한 교육과 보육의 대표적인 형태다. 6세 미만 유아의 40%가 이용한다. 개방형 유치원은 가정 내에서 부모의 보호 아래 있는 아동에게 해당하며, 보육교사의 도움으로 부모는 아동의 교육적 집단활동을 개발할 수 있는 기회를 제공받는다. 가정보육(family day care)은 부모의 요구에 따라 주말, 저녁 시간을 포함하여 유연하게 운영되는 보육이다. 보육 놀이센터(leisure-time center)는 7~12세 취학 아동을 위해 시간제로 운영된다. 1990년대 이후로 센터 등록률이 증가하면서 1998년 당시 6~9세 아동의 56%, 9~12세 아동의 7%가 참여하였다. 민간어린이집은 종교단체 및 비영리단체에서 운영하는 어린이집과 부모협동체에 의한 어린이집이 있다. 이들 시설에 대해서는 중앙정부로부터 지원금이 제공되고 지방자치단체로부터 보조금도 받는다.

이러한 보육시설에 근무하는 스웨덴의 교사인력은 양성과정에 따라 자격기준이 다르다. 대학교육을 이수한 정규 유아교사와 성인교육양성기관에서 배출되는 보조교사가 있는데, 학급에서 교사 1명당 영유아의 비율이 낮고 교사지원이 안정적이고 체계적으로 이행되고 있다.

6) 우리나라 보육교사제도

(1) 보육의 역사

보육사업이 처음으로 시작된 것은 1921년이라고 할 수 있지만, 본격적으로 활성화되기 시작한 것은 1991년 「영유아보육법」이 제정된 다음이라고 할 수 있다. 그 후 수차례 개정을 통해 사회 변화를 반영하여 보육사업은 전환되어 왔다. 1921년 서울 태화기독교 사회복지관이 우리나라 최초의 탁아시설이었다. 제도적인 발전이 가속된 계기는 1961년 「아동복지법」이 제정·공포되면서부터다. 단지 대상을 '모든 아동'으로 정했던 당초 법안과는 달리, 국가 재정상의 이유로 '요보호아동'으로 그 대상이 제한되었지만 1991년 「영유아보육법」의 제정과 함께 어린이집과 보육아동 수에 있어 엄청난 양적 확충이 이루어졌고, 사회의 변화와 요구에 따라 보육의 주 대상이 저소득층 아동으로부터 취업모의 자녀로, 또 일반아동으로 변화되어 어린이집의 양적 확대가 이루어진 1997년 이후부터 여러 가지 정책이 제시되고 실행되었다. 그러나 무엇보다 보육정책의 가장 중요한 뼈대는 보육의 공공성 확보와 보육의 질적 제고에 있다.

(2) 우리나라의 보육제도와 보육교사의 특징

보육제도의 기본성격은 「영유아보육법」에서 찾을 수 있으며, 크게 1991년 이전의 보

육제도와 1991년 이후의 「영유아보육법」에 의한 보육제도, 2004년부터 실시된 평가인
증 보육사업 시대로 구분할 수 있다.

　광복 이후 1960년대 초까지는 정치 사회적 혼란기로 보육제도에 대한 뚜렷한 방침이
없다가 1961년 「아동복지법」이 제정·공포되어 탁아에 대한 법적 근거가 마련되었다.
1991년 1월 「영유아보육법」의 제정·공포로 보육 관련 시설이 통합 일원화되었고, 그
해 8월에 어린이집의 조속한 확대 및 체계화를 추진함으로써 아동의 건전한 보호·교육
그리고 보육자의 경제·사회적 활동의 지원을 통해 가정복지 증진을 도모하고자 「영유
아보육법」 시행령 및 「영유아보육법」 시행규칙이 제정되었다. 특히, 보육에 관한 문제
가 가정의 전적 책임에서 벗어나 국가와 지방자치단체의 책임을 강화하였다는 점에서
특징이 있다.

　2004년 1월 29일에 전문 개정된 「영유아보육법」의 시행에 따라서 보육서비스의 질적
수준 향상과 보육의 공공성 강화 등을 통해 보육사업이 획기적으로 발전하는 계기가 마
련되었으며, 2005년 12월에는 「영유아보육법」과 동법 시행규칙의 일부 개정으로 원장
과 국가자격증제 도입 그리고 어린이집운영위원회 설치 의무화로 어린이집 운영의 책임
성과 투명성이 강화되었다. 또한 2006년 11월 10일 「영유아보육법」 시행규칙 개정으로
표준보육과정이 마련되었고, 영유아가 건강하고 안전하며 바르게 생활하는 데 필요한
내용과 신체·언어·인지·정서·사회성 등 전인적 발달을 위해 갖추어야 할 지식, 기
술, 태도가 제시되었다.

　보육제도와 보육정책의 양상에 따라 보육교사의 개념과 역할이 규정된다. 일제강점
기 시대에 설립된 탁아시설에서의 교사는 아동의 보호자와 양육자로서 그 개념과 역할
이 주어졌다. 그러나 1991년 「영유아보육법」이 제정된 이후부터 종전의 '탁아'라는 용
어 대신 보육이라는 법적 용어를 사용하게 되었고, 보육개념은 아동의 '보호' 뿐 아니라
'교육'이 함께 중요하게 강조되어 보호와 교육을 통합하는 개념으로 전환하였다. 보육
교사의 개념도 보호자 또는 양육자뿐 아니라 교수자, 상호작용자 등의 복합적인 기능을
하는 방향으로 전환되었다.

　보육현황은 〈표 1-1〉에 나타난 바와 같이 전체 4만 3,000여 개 어린이집에서 민간어
린이집과 가정어린이집 비율이 81.8%를 상회하는 반면, 국·공립 및 법인은 8.9%에 불
과하고 직장어린이집도 1.6% 정도다. 보육교직원은 31만 여명으로 집계되었고 교사
1명당 아동의 비율은 평균 4.8명이다. 가정어린이집의 경우, 1개 시설당 15.7%의 영유아

들이 교사 1명당 평균 3.5명의 비율로 나타났다.

표 1-1 한국 보육시설 현황   (단위: 명, %)

구분		계	국·공립 어린이집	사회복지법인 어린이집	법인· 단체 등 어린이집	민간 어린이집	가정 어린이집	부모협동 어린이집	직장 어린이집
어린이 집 수	개소(A)	43,742	2,489	1,420	852	14,822	23,318	149	692
	(비중)	100.0	5.7	3.2	1.9	33.9	53.3	0.3	1.6
아동 수	정원(B)	1,800,659	179,939	137,017	61,483	946,519	419,352	4,682	51,667
	(비중)	100.0	10.0	7.6	3.4	52.6	23.3	0.3	2.9
	현원 (C) 계	1,496,671	159,241	104,552	49,175	775,414	365,250	3,774	39,265
	남	773,987	82,306	55,049	25,478	400,579	188,152	2,012	20,411
	녀	722,684	76,935	49,503	23,697	374,835	177,098	1,762	18,854
	(비중)	100.0	10.6	7.0	3.3	51.8	24.4	0.3	2.6
	이용률	83.1	88.5	76.3	80.0	81.9	87.1	80.6	76.0
보육 교직원 수	인원 (D) 계	311,817	28,977	19,045	8,749	141,977	102,947	856	9,266
	남	14,270	884	1,878	729	9,117	1,527	25	110
	녀	297,547	28,093	17,167	8,020	132,860	101,420	831	9,156
	(비중)	100.0	9.3	6.1	2.8	45.5	33.0	0.3	3.0
어린이집 1개당 아동 수(C/A)		34.2	64.0	73.6	57.7	52.3	15.7	25.3	56.7
보육교직원 1인당 아동 수(C/D)		4.8	5.5	5.5	5.6	5.5	3.5	4.4	4.2

출처: 보건복지부 보육통계(2014. 12. 31.).

학습과제

1. 현대사회의 특징과 보육교사의 중요성을 논의하시오.

2. 부모와 교사의 차이점은 무엇인지 설명하시오.

3. 보육교사의 전문적 역량을 개발하기 위한 요건들은 무엇인지 논의하시오.

4. 우리나라와 다른 나라의 보육교사를 비교하시오.

참고문헌

강미자(2013). 보육교사의 역할스트레스가 정서적 고갈에 미치는 영향. 열린유아교육연구, 18(4), 153-179.
김지영, 윤진주(2011). 보육교사의 전문성 발달과 효능감, 역할 수행 간의 관계. 아동교육, 20(4), 127-137.
문혁준, 안효진, 김경회, 김영심, 김정희, 김혜연, 배지희, 서소정, 이미정, 이희경(2011). 보육교사론. 서울: 창지사.
성미영, 김진경, 서주현, 민미희, 김유미(2015). 보육교사론. 서울: 학지사.
이성혜, 김연하(2013). 어린이집의 교육풍토, 보육교사의 전문성 인식과 보육과정 운영의 질. 한국보육지원학회지, 9(3), 75-93.
이순형, 권기남, 김진욱, 민미희, 김정민, 김은영, 이성옥, 정현심, 심도현, 안혜령(2013). 보육교사론. 경기도: 양서원.
임동호(2012). 보육교사의 전문성 인식이 직무만족에 미치는 영향. 한국보육학회지, 12(1), 1-17.
한윤옥, 이은승(2013). 보육교사의 전문성 인식이 직무만족에 미치는 영향. 홀리스틱교육연구, 17(2), 93-110.

Katz, L. (1987). The nature of professions. Katz, L. & Steiner, R. (Eds.). *Current topics in early childhood education*. Norwood: Ablex.
Kimberly, A., Gordon. B,, & Ana, G. (2013). *Early Childhood Education: Becoming a Professional*. Los Angeles: Sage Publications.

제2장
보육교사의 개념

학습개요

「영유아보육법」에 따르면 보육교사는 보육시설에 재원하고 있는 어린이들을 보육하고, 그들의 건강을 관리할 뿐만 아니라 보호자와 상담을 하고 보육시설의 관리와 운영과 같은 행정적인 업무도 담당하는 역할을 맡고 있는 사람을 의미한다. 보육교사는 부모의 대리양육자로서 영유아를 건강하고 안전하게 보호, 양육하는 임무를 이행한다. 보육교사는 영유아의 발달 특성에 적합한 교육을 제공하기 위해 보육과정의 설계와 보육활동을 촉진한다. 상호작용자로서 보육교사는 학부모, 동료, 교사 및 지역사회와의 교류에 긍정적인 태도를 유지한다.

영유아의 보호와 교육을 맡은 보육교사는 아동에 대한 관심과 발달상태를 면밀히 파악하여 적절한 보육프로그램을 효율적으로 수행한다. 바람직한 보육교사는 보육프로그램을 이행하면서 또한 고유의 프로그램을 창출할 수 있는 전문적인 역량을 갖추기 위해 노력해야 한다.

1. 보육교사의 개념

아동은 미성숙한 존재이지만 부모 또는 교육자의 도움으로 잠재가능성이 안에서부터 밖으로 성장·발달할 수 있는 자율성이 있다. 영유아기의 아동은 미성숙한 상태에서 성장과 발달을 하기 위해 부모와 교사와의 상호 작용을 계속한다.

「영유아보육법」에 따르면 보육교사는 보육시설에 재원하고 있는 어린이들을 보육하고, 그들의 건강을 관리할 뿐만 아니라 보호자와 상담을 하고 보육시설의 관리와 운영과 같은 행정적인 업무도 담당하는 역할을 맡고 있는 사람을 의미한다. 보육교사에 대한 상세한 개념은 다음과 같다.

1) 대리양육자

보육교사는 부모의 대리양육자로서 영유아와의 애착관계 형성이 무엇보다 중요하다. 영아와의 애착관계는 안아 주고 쓰다듬어 주고 함께 눈을 맞춰 웃어 주고 먹여 주고 입혀 주고 달래 주고 잠을 재워 주는 과정에서 자연스럽게 발달한다. 이러한 일상은 주로 부모가 하는 것인데 대리양육을 맡은 보육시설에서 영유아와의 애착과 신뢰감을 조성하기 위해서는 영아에게 편안하고 안정적인 보육환경이 필요하고 이에 따라 보육교사는 영아들이 집에서 생활하는 것처럼 느낄 수 있도록 개별적으로 세심하게 보살피는 임무를 맡고 있다. 영유아들은 주변 사람들의 행동과 분위기에 민감하게 반응하기 때문에 활동시간을 함께 보내는 보육교사의 태도는 영유아에게 중요한 영향을 준다. 보육교사는 아동을 사랑하는 마음으로 다정하게 영유아를 보육할 수 있는 태도를 유지해야 한다.

대리양육자로서 보육교사는 영유아의 개별적 정서상태를 이해하고 발달상태에 대해서 면밀한 관찰과 돌봄을 제공해야 한다. 이러한 태도는 부모에게 안심하고 자녀를 맡길 수 있는 보육시설과 보육교사에 대한 신뢰감을 준다. 아울러 보육교사는 여러 명의 영유아를 보육해야 하기 때문에 일관성 있는 보육태도를 유지해야 한다. 여러 명의 영유아들과 지켜야 할 규칙을 정하고 이를 일관성 있게 지도하여 영유아들이 편안하면서도 신뢰감을 형성할 수 있도록 한다.

대리양육자로서 실제적인 역할은 우선 성장속도에 따른 영유아의 급식과 영양공급을 제공하는 것이다. 수유기의 영아에 대해서는 연령별 우유 섭취량과 수유시간을 확인하고 우유병을 위생적으로 관리하고 수유시간을 잘 맞추되 영아의 욕구충족에 따라 융통성 있게 조절한다. 또한 영아의 대소변 상태를 면밀하게 점검하여 질병 유무를 파악하고 기저귀 교환을 소홀히 하지 않는다.

또한 보육교사에게는 수유와 영양공급뿐만 아니라 청결한 위생관리도 중요하다. 영유아들이 함께 활동하는 공간에서는 각종 전염병들이 옮기기 쉬운 실정인지라 전염성이 있는 영유아들은 격리 또는 조기귀가 조치하여 질병의 확산을 줄이고 평소 영유아의 손과 장난감들을 위생적으로 관리하고 기저귀를 위생적으로 처리한다.

이상에서 살펴본 것과 같이 보육교사는 부모의 대리양육자로서 영유아를 건강하고 안전하게 보호, 양육하는 임무를 이행한다. 보육교사는 기본적으로 아동을 사랑하는 태도를 갖추고 여러 명의 영유아를 일관성 있게 보육할 수 있는 규칙을 영유아들이 공감하고 지키도록 한다. 교사에 대한 애착과 신뢰감이 잘 형성되면 영유아의 발달에 유익한 경험이 촉진되고 부모들이 지속적으로 자녀를 맡기고자 할 것이다.

2) 보육설계 및 활동 촉진자

보육교사는 영유아의 발달 특성에 적합한 교육을 제공하기 위해 보육과정의 설계와 보육활동을 촉진한다. 보육과정의 설계 시 담당한 반에 속한 개별 영유아의 능력과 적성, 학습, 동기발달, 환경적 배경 등을 면밀히 파악하여 보육의 목표와 적절한 교수방법을 설계한다. 현행 누리과정에 제시된 연령별 보육내용에 기초하여 보육교사는 영유아들의 개별적인 특성과 전체 반의 수준을 고려해서 계획을 세우고 활동방법을 짜야 한다. 연령대별로 적절한 활동자료 및 시설을 준비하고 효율적으로 진행한다. 영유아들이 안전하고 자유롭게 활동하는 실내·외의 보육환경을 확보하고 주기적으로 환경의 변화를 조성한다.

영유아기에는 신체 영역뿐 아니라 인지·정서 등 모든 영역의 발달이 활발하게 진행된다. 인간발달에서 초기 단계가 어떻게 되는가에 따라 이후의 발달이 영향을 받기 때문에 영유아기의 발달은 매우 중요하다. 보육교사는 보육활동에서 발달을 촉진시키는 프로그램을 시행해야 한다. 피아제의 인지발달단계에서 2~6세 영유아기의 특성은 자기중심적인 성향이 있기 때문에 영유아는 사물이나 사람에 대한 지각이 자기 관점에서 벗어나지 못한다. 또한 에릭슨의 인간발달단계에서 영유아기는 주도성의 특징이 있다. 이 시기의 영유아는 자기 스스로 입고 먹고 노는 활동을 즐기고 자율적으로 탐색하는 것을 좋아한다는 점을 감안하여 보육교사는 자기주도적인 탐색활동의 촉진자로서 영유아가 스스로 선택하고 활동 시에 실수를 하더라도 스스로 잘못된 점을 알고 고치는 과정을 면밀하게 관찰하는 태도가 중요하다. 보육설계 및 활동 촉진자로서 보육교사는 영유아가 스스로 놀이나 과제를 선택하고 해결하기 위한 촉진자가 되어야 한다.

3) 상호작용자

영유아의 발달은 선천적·유전적 요소와 후천적인 환경과의 상호작용을 통해 이루어진다. 유전적인 잠재능력을 최대한 발휘하기 위해서는 후천적인 환경에서 상호작용이 잘 되어야 한다. 상호작용으로는 언어적 의사소통 및 비언어적 소통이 있다. 보육시설에서 상호교류가 잘되기 위해서는 영유아의 말, 표정, 행동 등에 대한 적극적인 경청과 적절한 반응이 필요하다. 보육교사는 영유아가 놀이활동을 할 때에 자유롭게 할 수 있도록 도와주며 적절한 시기에 개입하여 영유아들과 대화를 나누는 상호작용자로서의 역할을 한다. 상호작용 과정에서 영유아가 흥미 있게 놀면서 교사에게 질문할 경우, 친절하게 반응하면서 스스로 답을 찾을 수 있도록 하는 것이 중요하다. 이 과정에서 영유아들이 실수를 해도 곧바로 수정하기보다 왜 틀렸는지 스스로 찾는 방법이 영유아 발달을 촉진한다.

상호작용자로서 보육교사는 학부모, 동료, 교사 및 지역사회와의 교류에 긍정적인 태도를 유지한다. 영유아의 가정과 연계를 효율적으로 하기 위해 학부모와의 원활한 의사소통이 요구된다. 가정과 보육시설 간의 상호작용에 교사의 역할이 중요하다. 즉, 영유아를 맡기는 부모는 어린이집에서 생활하는 데 필요한 영유아의 상세한 정보를 제공하고, 교사는 학부모와 수시로 교류하여 학부모가 안심하고 자녀를 어린이집에 맡길 수 있고 교사에 대한 신뢰감을 형성하도록 돕는다. 이렇게 부모와의 상호작용으로 질적인 보육활동이 확보될 수 있다.

또한 보육교사는 동료교사들과 우호적인 상호 관계를 유지하여 보육활동을 위한 정보를 주고받고 영유아의 문제들을 의논하고 해결방안을 찾을 수 있다. 상호작용에서 교사는 협력적인 태도가 필요하다.

상호작용자로서 보육교사는 지역사회와의 교류에 참여하는 역할을 한다. 즉, 지역사회의 보육 관련 행사에 참여하고 자원봉사자로 활동할 수 있다. 또한 지역공동체로부터 각종 지원을 받을 수 있는데, 아동의 건강관리나 치료를 위해 지역사회의 병원이나 심리센터 등의 지원을 받는다. 또한 국경일이나 기념일을 전후하여 지역사회 관련 전문가를 초청하여 실제적인 정보를 얻을 수도 있다. 지역사회 간의 원활한 상호작용을 위해 보육교사가 적극적으로 관여한다.

한편, 다양한 문화공존사회에서 영유아들은 어려서부터 다양한 문화양식을 가진 또래 아동들과 자연스럽게 사귀는 기회를 통해 미래의 문화에 적응하는 데 도움을 받을 수 있다. 보육교사는 영유아와의 관계를 비롯하여 학부모와의 의사소통, 동료교사 및 지역사회와의 교류 그리고 특히 요즘 증가 추세에 있는 다문화가정에 대한 편견 없는 태도를 유지하여 영유아의 전인적인 발달을 촉진할 수 있다.

4) 생활지도자

영유아들은 하루 일과 중 어린이집에서 보내는 시간이 길다. 보육교사와 함께 지내는 시간이 많은 만큼 어린이집은 단순히 보호와 교육의 공간이 아닌, 생활공간이다. 영유아들은 어린이집에서 교사와 또래들과 함께 집단생활을 하면서 사회화과정을 거친다. 사회화과정에 중요한 역할을 하는 사람이 보육교사다. 어린이집에서 영유아들이 집단생활을 하게 되면 집에서와는 다른 문제를 겪는다. 집에서는 옷이나 장난감들을 마음대로 쓰고 아무 데나 놓아도 되지만, 어린이집에서는 정리정돈하지 않으면 안 된다. 영유아끼리 놀다가 싸우기도 하고 대·소집단 활동시간에 이리저리 돌아다니면서 다른 아이들을 방해하기도 하는 등 생활상의 여러 가지 문제들이 생긴다. 이러한 문제들은 집단생활에서 발생하는 것들인데, 보육교사는 담당한 반의 집단활동을 운영하는 입장에서 공동의 질서를 유지하기 위한 생활규칙을 세울 필요가 있다.

영유아의 집단생활을 올바르게 지도하는 역할을 교사가 맡는다. 즉, 보육교사는 어린이집에서 생활하는 동안 일관성 있는 생활규칙을 세워 지키는 모범적 태도를 유지해야 한다. 생활규칙을 이론적으로 지도하는 것보다는 일상생활에서 자연스럽게 영유아와 교사 간의 상호작용을 통해 생활규칙을 터득하게 하는 것이 적절하다. 영유아는 어린이집에서 일어나는 실제적인 상황을 겪으면서 적응능력과 사회생활에 적합한 태도와 관습 등을 갖춤으로써 사회화과정을 거치게 된다. 생활지도자로서의 보육교사는 영유아와의 일상생활에서 일관성 있는 생활규칙을 세워야 하는데 만약 그때그때 상황에 맞춰 가변적으로 지도하거나 영유아에 따라 다른 기준을 적용한다면 생활지도의 일관성을 상실하고 영유아에게 올바른 가치관을 지도하기 어려울 것이다.

한편, 자녀 수가 적은 현재의 가족구조를 고려할 때 어린이집의 집단생활이 맞지 않아 힘들어하는 영유아들이 있다. 보육교사는 이러한 영유아의 상태를 파악하여 집단환경에서 순조롭게 적응하도록 도울 수 있는 교육방법을 고안하여야 한다. 집단생활에서 가능한 교육적 효과는 사회성발달이다. 따라서 영유아들이 자기위주로 생각하고 행동할 때 다른 또래에 대한 상호작용을 자연스럽게 유도하고 함께 즐거운 생활을 유지하도록 돕는 생활규칙을 이해하기 쉽게 설명해 주는 역할이 중요하다.

보육교사는 또래 간의 상호작용을 지원하면서 집단의 질서를 일관성 있게 유지하는 생활지도자로서 영유아의 롤모델이라는 점을 고려하여 공동의 생활규칙을 어기는 행동을 하지 않아야 한다. 영유아들은 교사의 언어표현, 제스처, 보육태도 그리고 옷차림까지도 그대로 모방하는 특성이 있기 때문에 세심한 부분까지 신경을 써서 영유아들이 집단생활에서 또래와의 상호작용을 적절히 하는 가운데 사회화과정이 원만하게 이루어지도록 한다.

5) 문제해결자

보육교사는 하루에도 여러 번 영유아들의 질문에 적절한 답을 해야 하고 보육활동은 어떻게 진행해야 할지, 어떤 교구와 자료를 활용해야 하는지, 또 영유아 간의 싸움은 어떻게 중재해야 하는지 등에 대해 결정하는 문제해결자다. 유능한 보육교사들이라면 문제상황에 처할 때에 명확하고 신중한 결정을 적시에 할 수 있다. 영유아들의 활동을 면밀하게 관찰하는 가운데 예고하지 않은 문제가 발생하는 경우, 문제의 원인과 해결방법을 정확하게 판단해야 한다. 문제의 해결을 명확하게 이행하기 위해서는 무엇보다 영유아의 관심과 흥미를 잘 파악하고 문제의 원인을 다각도로 판단할 수 있는 판단력이 필요하다. 따라서 보육교사는 문제해결을 잘하고 어린이들을 납득시키기 위해 복잡다양한 문제상태를 합리적으로 파악하는 판단력을 갖춰야 한다. 이러한 판단력은 보육교사의 축적된 보육경험에서, 또는 동료교사로부터 얻는 간접경험 그리고 관련 보육학 지식과 심리학적 참고지식에서 형성된다.

보육교실에서 활동하는 영유아들은 사이좋게 놀다가도 갑자기 다투고 때리고 울고 선생님을 찾는다. 보육교사가 예기치 않은 상황을 신속하게 파악해서 명확하게 대처하기 위해서는 문제에 대한 분석능력과 판단력이 필요하다. 문제해결자로서 보육교사는 담당 반에서 빈번하게 발생하는 다툼과 문제를 해결하는 역할을 수행할 때에 상황을 잘못 판단해서 문제를 더욱 악화시키는 사례가 발생한다는 점을 주의해야 한다. 따라서 영유아 간의 다툼문제가 생겼을 때에 위험한 사태가 아니라면 직접적인 간섭은 피하고 양방 간의 다툼의 사유를 주의 깊게 듣고 다툼에 대한 공동 책임을 설명하고 화해를 유도하고 지지해 주는 쪽으로 문제해결을 한다. 영유아 간의 싸움을 해결하기 위해서 무엇보다 어느 한쪽으로 치우치지 않고 균형을 유지하는 것이 중요하다.

6) 환경조성자

영유아들이 하루 종일 생활하는 공간인 어린이집은 무엇보다 안전해야 한다. 보육교사는 안전하고 편안한 환경을 구성하고 관리하는 역할을 한다. 환경구성에서 영유아의 연령별 특성을 고려하고 발달적 요구에 따른 실내외 환경을 효율적으로 조성하는 것이 필요하며 영역별 교재와 교구들이 적절하게 배치되어야 한다.

환경조성자로서 구체적인 역할은 우선 보육실 내외의 물리적 환경을 조성하는 것이다. 담당 반 영유아들의 발달수준이나 흥미는 각자 다르고 개인차가 있기 때문에 영유아의 개별적인 발달요구를 고려하여 적절한 시설과 교재, 교구를 설치한다. 실내 환경구성 시 영역별로 최적의 위치에 배치하고, 보육실의 크기 등을 참작하여 보육활동에 적합한지 고려하며, 주기적으로 환경에 변화를 주어야 한다. 또한 영유아들이 주어진 환경과 즐겁게 상호작용을 하면서 발달요구를 충족하고 잠재능력을 최대한 발휘할 수 있도록 흥미롭고 다양한 환경을 제공한다. 보육교사는 특히 환경구성 시 안전사고가 발생하지 않도록 시설물이나 교구들의 안전상태를 점검해야 하고 실내뿐 아니라 실외에서 유해한 장난감이나 부서진 시설이 있는지 주기적으로 확인해야 한다. 영유아의 건강과 위생적 환경을 위해 실내 공간의 자연채광 정도, 환기, 습도, 냉온방 상태 등도 면밀하게 점검한다.

환경조성자로서 보육교사는 물리적 환경과 아울러 심리적 환경의 조성에도 신경 써야 한다. 같은 교재나 장난감이라도 이들을 어떻게 배치하고 어떤 방식으로 제공해 주느냐에 따라서 영유아의 반응은 다르게 나타난다. 또한 보육교사는 영유아의 심리상태를 잘 파악하여 그에게 흥미 있는 교구나 시설을 선택할 수 있도록 환경을 조성하여 전인적인 발달을 촉진한다.

7) 평가자

보육평가에는 보육시설의 평가, 보육인력의 평가 그리고 보육대상인 영유아의 평가 등이 있다. 영유아의 평가는 보육교사가 담당하고 있는 영유아에 대한 평가로서 초·중등 학생의 평가가 언어, 수리, 과학 등 지식에 대한 평가를 중점적으로 하는 방식과는 달리 보육교사가 보육프로그램을 효율적으로 이행하기 위해서 영유아의 정확한 발달수준과 관심 및 흥미영역에 대한 파악을 위해 영유아의 발달상태와 일상생활에서의 행동상태 등을 관찰한 내용을 근거로 평가하는 것을 말한다. 영유아의 개별적인 요구와 흥미를 평가하기 위해서는 지속적으로 특이한 행동에 대한 관찰과 분석이 필요하다. 보육교사는 담당 반 영유아의 발달상태 및 관심사항 등을 관찰한 내용을 분석하고 평가하여 현재의 보육프로그램을 수정하거나 향후 재편성 시에 반영한다.

영유아의 행동상태나 발달수준에 대한 평가는 주로 일상생활의 활동상황에 대한 참여관찰 또는 비참여 관찰방법으로 이행되지만 일지, 체크리스트 등이 동원되기도 하고 지능검사, 사회성 검사 등 표준화된 검사를 평가 자료로 활용하기도 한다. 참여관찰은 외부의 평가자가 하기 어렵기 때문에 주로 보육교사가 영유아들과 일상생활을 하며 보육활동을 하는 과정에서 정확하게 관찰하고 평가할 수 있다. 평가의 결과에 따라 발달상태의 이상이 있을 때에 보육교사는 부모와 상담하여 조처해야 한다. 신체발달이 지체되었을 때에는 영양공급과 운동요법을 동원하여 정상화를 이루도록 하고 언어적 발달이 뒤처진 평가결과가 나온 경우에는 학부모와 상담 후 전문 언어치료를 받도록 한다. 만약 영유아의 발달요구에 제대로 대처하지 않으면 영유아는 적시에 발달과제를 이루지 못해 발달장애가 될 우려가 있다.

아울러 평가자로서의 보육교사는 역할과 자질에 대한 평가를 받는다. 교사로서의 자격뿐 아니라 업무추진능력, 보육프로그램의 계획과 수행, 영유아와의 상호작용 등에 대한 평가가 실시되어야 하고 보육교사의 질적인 향상을 위해 지속적으로 연수받고 수정하는 노력을 해야 한다.

2. 바람직한 보육교사

앞에서 제시한 보육교사의 개념은 대리양육자, 보육설계 및 활동 촉진자, 생활지도자, 환경조성자, 상호작용자, 문제해결자, 평가자 등이다. 다른 직업에도 필수적인 사항이지만 보육교사는 무엇보다 직업에 대한 특별한 소명의식과 전문적인 역량이 요구된다. 영유아의 보호와 교육을 맡은 보육교사는 기본적으로 아동에 대한 관심과 발달상태를 면밀히 파악하여 적절한 보육프로그램을 효율적으로 수행한다. 이러한 보육활동을 위해서 보육교사는 전문적인 역량을 갖춰야 한다. 즉, 보육교사는 보육프로그램을 이행하는 동시에 고유의 프로그램을 창출할 수 있는 전문적인 역량을 갖추기 위해 노력해야 한다. 이 절에서는 보육과 보육교사의 창의적인 역량개발을 위해 코메니우스, 로크, 프뢰벨 등 역사적인 아동학자들이 보육에 대한 새로운 시도와 방법을 제시하였던 내용들을 심도 있게 살펴본다.

1) 어린이에게 적합한 교육방법을 창안한 코메니우스

코메니우스는 아동교육의 원리와 방법들을 자연현상에서 구상하였다. '언어 이전에 사물'이라는 말대로 사물에 대한 감각적 수용을 우선으로 하는 방법은 직관적 교수법의 기본 특성이다. 언어는 인문주의 교육에서 주장하듯 목적이 아니고 수단이다. 『언어입문』이라는 책에서 제시된 언어교육의 특징은 학습자 자신의 모국어를 통해 라틴어 공부에 접근했고, 짧고 간단한 구로 시작해서 점차 더 복잡한 문장을 향해 나아가는 방법을 사용했다는 점이다. 라틴어를 가르치기 위해서 그림을 사용했는데 주로 사물을 라틴어와 모국어 이름으로 적은 그림들로 이루어졌다.

코메니우스
(John Amos Comenius)

코메니우스는 세계 최초로 그림책 『세계도해』를 만들었다. 그림이 들어간 교과서를 만든 이유는 단순한 흥미유발을 위함이 아니었다. 어린이들이 자연의 원리에 따라 성장해야 하기 때문이다. 자연은 질서 있고 점진적이기 때문에 교육도 체계적이고 점진적으로 실시되어야 한다. 수업은 단지 언어 위주로 또는 추상적인 개념을 통해서가 아니라 구체적이고 직접적인 방법으로 사물을 제시해야 한다. 어린이를 교육하는 교사들은 교육내용의 일반적인 원리들을 먼저 가르치고, 그다음에 세세한 것을 고찰하도록 하며 사물은 연이어서 가르치되 하나씩 점차적으로 가르쳐야 한다. 또한 아동의 교육과정에서 획득한 지식을 명확하게 하기 위해 사물 간의 차이를 분별하는 능력의 개발을 촉진하는 역할을 해야 한다.

　감각적 직관교육에서 코메니우스의 학문적 업적은 자연의 원리에 입각한 직관교수법, 인간의 성장과 발달에 맞는 수업방법 등을 개발하였고, 아동교육에 적절히 활용함으로써 교육의 효율성을 높였다. 사물에 대한 직접적인 감각을 중시한 교육은 곧 사물에 대한 정확한 인식과 비판력을 키워 주며 창의성이 발달하는 중요한 기초다.

2) 아동의 경험을 중시한 교육가 로크

로크(John Locke)

　교육의 기본 요인으로 작용하는 유전과 환경에 대하여 생각해 볼 수 있다. 인간의 발달이 타고난 유전적 인자에 의한다는 입장이 있고, 인간은 환경과의 상호작용을 통해 경험을 쌓음으로써 성장한다고 말할 수도 있다. 로크에게 교육의 기본 요인은 후천적인 환경에 있다. 교육은 아동이 경험할 수 있는 환경조건을 제공해야 하고 아동의 호기심을 계속 자극하는 학습을 마련해야 한다는 입장이다. 경험을 중시하는 교육, 지식보다 신체의 중요성을 일깨우는 교육은 기존의 교육풍토에서 벗어나는 획기적인 창안이었다.

　로크의 아동교육이론은 네덜란드에 망명했던 시절, 클라케 부부에게 보낸 편지들을 엮은 『Some Thoughts concerning Education』(이하 『교육론』으로 표기함)에 주로 들어 있다. 『교육론』 외에도 1677년에 쓴 『학습에 관해서』에서 학습방법에 대한 구체적인 방법이 제시되었고, 또한 『신사를 위한 독서와 학습에 관한 고찰』 역시 신사의 몸가짐이나 언어 등 실질적인 내용이 실려 있다. 로크 자신은 엄격한 교육을 받았지만 당시 공교육에 대해 강한 비판을 하였는데, 특히 교육기관에서 실시하는 암기위주의 교육에 대한 교육적 역효과를 파악하여 지식교육에 비중을 크게 두지 않는 한편, 신체단련과 덕성교육을 주된 교육의 과제로 제시하였다.

　로크의 아동교육은 경험주의 철학의 실천적인 적용이다. 로크는 아동의 신체교육, 덕성교육 및 외국어교육을 전개함에 있어 교육을 추상적인 관념의 둘레에서 맴돌게 하지 않고 생동적인 경험을 바탕으로 올바른 사고력을 키우는 실제적인 차원에서 다루었다. 그의 『교육론』을 좁은 의미에서 보면, 신사가 되기 위해 어려서부터 닦아야 할 품성을 제시한 교육지침서다. 그러나 내용이 매우 평이하고 실제적이기 때문에 많은 사람들이 생활에 활용하기 편한 교육방법론으로 규정될 수 있다.

로크에게 바람직한 교사란 교육기관에서 암기위주의 교육에 대한 교육적 역효과를 인지하고 지식교육에 비중을 크게 두지 않는 덕성교육을 이행하는 교사다. 무엇보다 외국어 교육에서 암기위주의 교육방법으로 아동을 지도하는 방법이 얼마나 큰 교육적 역효과를 가져오는지 로크는 가정교사를 하면서 간파하였고 효과적인 학습방법을 제시하였다. 오늘날과 같이 외국어의 중요성을 인식하면서도 학습에서 실질적인 효과를 제대로 내지 못하는 외국어 교육의 문제점을 감안한다면, 로크의 교육방법이 아동의 외국어 교육에 시사하는 바가 크다. 또한 가정교육에서 아버지의 역할에 대해 살펴본다. 로크의 부권에 의한 교육과정과 방법은 우리가 사는 사회에서 일어나는 문제들 중 하나인 아버지의 교육적 역할문제에 도움될 만한 내용을 제공한다.

로크의 경험교육론은 전통적인 교육에 대한 비판적인 시각을 유지하면서, 스스로 겪은 교육적 경험들이 이론화될 수 있음을 보여 준 교육론이다. 교사는 아동의 자연적 능력인 호기심을 잘 살려야 한다. 호기심은 감정적 요구와는 분명히 다르다. "아동들에게 호기심은 지식에 대한 일종의 요구다. 때문에 이것은 하나의 좋은 특성으로 장려되어야 한다. 무지에서 벗어나기 위해 이러한 자연적인 도구를 써야 한다." 로크는 학습동기를 촉진하는 실천적 제안을 하였다. 즉, 교사는 아동들과 지내면서 유쾌함이 깨지지 않아야 한다는 것이다. 학습동기의 잠재력이 유쾌함에 있기 때문이다. 학습에서 아동의 자연적인 본성대로 초기 단계에는 놀이 중심으로 교육이 이루어져야 한다. "놀이에서 유쾌한 마음을 가지는 것은 연령과 성격에 따라 차이가 있겠지만, 일상생활에서 신체와 정신을 건강하게 유지하기 위해 필요하다. 가장 참된 교육은 아동이 하고자 하는 것 모두가 그에게 즐거움과 놀이가 되게 하는" 것이다. 아동의 학습에서는 타고난 호기심으로 지적인 요구를 발휘하게 하여야 하며 그 무엇도 그들의 흥미를 잃게 해서는 안 된다.

문학작품 읽기를 위한 교과목은 놀이를 통해 즐겁게 진행해야 한다. 읽기 학습에서 로크는 이솝 우화집을 어린이에게 권장하였다. 『교육론』150절에 나타난 읽기 학습의 내용에서 로크는 어린이의 능력에 맞춰 쉬운 책을 제공함으로써 어린이가 스스로 흥미를 느끼고 교훈을 얻을 수 있는 것이 가장 바람직하다고 했는데, 대표적인 책이 이솝 우화다. 유아기에는 글보다는 그림으로 표현하는 방법이 어린이의 흥미를 진작시키는 효과가 있다는 것이다. 로크가 설명하는 지식획득과정은 사물이 감각을 통해 내부 세계로 수용되어 관념이 형성되는 정신작용에 의해 진행된다. 지식을 획득하기 위해서 우선 감각경험이 반복적으로 쌓여야 하고, 감각내용을 토대로 내부의 관념 세계를 형성하는 정신작용이 이어져야 한다. 어린이의 언어습득도 이러한 과정을 거쳐 내면화된다. 따라서 교사는 어린이들이 사물을 인식할 때 언어를 이용한 방법보다는 그림과 같은 시각적인 교재를 이용한 감각의 작용을 통해 얻는 방법이 가장 적절한 방법이라는 점에 유의하여 지도해야 한다.

로크는 일선 교육기관에서 실시하는 외국어 수업에 대해 비판했다. 외국어를 다른 학과목들에 비해 과도하게 높이 평가하는 것은 그리 바람직하지 못하고 아울러 라틴어 같은 고전어에서 문법을 지나치게 강조하는 것 또한 올바른 교육방법이 아니라는 것이다. 외국어의 회화와 강독에서는 실제로 활용되는 생생한 언어를 익혀야 한다. 초보자들에게는 이솝 우화와 같은 간단한 교재가 적절하다. 라틴어는 신사에게 절대 필수적이지만 문법 암기에 치우치는 것보다 윤리적, 역사적 그리고 정치적 내용들을 곁들여 읽는 것이 바람직하다. 모국어 학습에서는 구술능력과 아울러 서술 표현능력이 병행되어야 한다. 구두로 또는 문자로 표현할 줄 모르는 것처럼 신사에게 결정적인 결함은 없다. 문법을 지나치게 강조하는 논리학과 수사학은 가치 없는 형식과목이므로 되도록 지양해야 할 것이고 토론연습은 진리를 추구하는 과정에 유익하다.

교사는 교육과정 계획 시에 부분적인 지식획득을 지양해야 한다. 만유인력의 법칙, 지동설 등 자연과학 지식들은 자연의 일부를 파악한 지식일 뿐, 전체에 대한 진리의 지식은 아니다. 교육과정이 전체에 대한 인식능력을 길러 주지 않고 단편적인 자연과학 과목에 편중된다면, 사고의 융통성과 통찰력은 기대하기 어렵다. 성장세대의 머리에 어떠한 지식으로든 채우기만 하는 것이 교육의 과제는 아니다. 그들의 마음을 올바르게 하여 어떠한 것이든 받아들일 수 있게 하는 것이 중요하다. 사람들이 사고의 한 종류나 방식에만 익숙해진다면, 사고능력은 굳어지고 융통성이 결여된다. 사고를 자유롭게 하기 위해 사람들은 되도록 많은 지식들을 습득하고 다양한 지식들을 이해하는 능력을 길러야 한다. 지식의 풍성함에 그쳐서는 안 되고 이를 통해 다양한 사고를 형성함이 중요하다.

로크의 아동교육과 교사의 의미를 정리하면 다음과 같다.

- 로크의 교육론은 아동의 개별적 경험을 중시하는 교육의 기폭제다. 개성을 발휘하면서 절제의 미덕을 갖추는 교육의 바람직한 조화가 그의 교육론에 있다. 로크의 교육론은 루소(J. Rousseau)에게 많은 영향을 주었다. 아동이 교육의 주체라는 점을 로크를 통해 깊이 인식했던 루소는 어떻게 하면 어린이 자신이 배워야 할 것을 스스로 깨우치는지, 그 방법을 규명하였다. 그는 지식획득 과정에서 로크의 감각적 지식론에 의거하여 사물에 대한 감각경험을 지식획득의 첫 출발점으로 삼았으며 이성적 능력도 감각경험에서 유래되는 것으로 설명하였다. 감각경험을 쌓기 위한 방법으로『에밀』에서 실물교육, 놀이, 발견학습을 제시하였다. 로크가 교육학에 미친 파급효과는 직접적으로는 그의 저서들에 의한 것이지만, 루소와 같은 다른 교육사상가들이 그를 인용하는 간접적인 효과도 있었다.
- 교육과정에서 놀이의 도입은 이전의 교육이론에서는 볼 수 없는 특징이다. 놀이에서 유쾌한 마음을 가지는 것은 신체와 정신을 건강하게 유지하기 위해 중요하다. 아동의 경험교육으로 로크가 소개한 것은 문학작품 읽기다. 아동의 능력에 맞춰 쉬운 책을 제공하여 흥미를 마음껏 발현하고 그 가운데 교훈을 얻을 수 있게 한다. 이솝우화와 같은 책이 가장 바람직하다. 따라서 교사는 글보다는 그림으로 표현하는 방법으로 어린이의 흥미를 진작시키는 활동을 계획하고 이행하는 것이 바람직하다. 음성으로부터가 아닌 사물 자체 또는 사물에 대한 그림들로부터 얻는 교육적 효과는 후에 여러 학자들이 아동교육의 방법을 전개하는 데 기여하였다.

3) 어린이를 위한 교육기관과 놀이교구의 창시자 프뢰벨

프뢰벨은 1808~1810년까지 페스탈로치(Johann Heinrich Pestalozzi)가 운영하던 이베르텐의 학교에 머물면서 교육적인 영향을 받았다. 이후 1816년 그리스하임에 일반 독일 교육연구소를 창설하여 교육연구와 잡지 출간업무를 담당하였다. 이 연구소는 1817년에 카일하우로 옮겼으나 1829년에 폐쇄되었다. 1836년에 블랑켄부르크에 세계 최초의 유치원인 '자기 교수와 자기 교육으로 이끄는 직관교수의 학원(Anstalt für Anschauungsunterricht und zu Selbstbelehrung)'을 창설했다. 계속해서 1839년 블랑켄부르크에 '유아교육 지도자 강습소'와 '조그만 어린이의 작업소'를 개설하였다. 여기서 실시되었던 교육은 놀잇감을 이용한 인성개발이었다. 1840년 프뢰벨은 유아를 위한 학교에 적합한 용어를 킨더가르텐

프뢰벨(Friedrich Wilhelm
August Fröbel)

(Kindergarten)이라고 발표하였다. 그해 6월, '일반 독일 유치원(Der allgemeine deutshe Kindergarten)'이 세워졌다.

주요 저서로는 『인간교육(Die Menschenerziehung)』(1826), 『어머니와 애무의 노래(Mutter und Koselieder)』(1844) 등이 있다. 『인간교육』에서 교육의 의미는 바로 인간성 교육에 있음을 밝혔다. 자연에서 받은 인간의 기능과 기관의 내부적 발육을 자연스럽게 돕는 데 가능한 한 방해받지 않도록 하는 것을 목표로 하는 루소의 '소극적인 교육'이라는 개념을 '발달 순응적이라는 개념'으로 전개시켰고, 이것이 모든 교육방법의 기초가 되어야 한다고 주장했다.

프뢰벨의 교육원리들은 코메니우스, 루소, 페스탈로치의 교육이론과 함께 근대 교육사상의 기초를 이루고 있다. 인간 교육의 기본 틀로서 통일의 원리, 자기활동의 원리, 노작의 원리, 유희의 원리 등이 있다. 그는 신의 성품을 닮은 창조적인 인간의 본성을 중시하여 교육방법에서도 어린이의 자기활동을 중시하고 놀이와 노작을 통한 교육을 해야 한다고 주장한다.

프뢰벨은 놀이를 유아교육의 핵심적인 원리이자 방법이라고 하였다. "놀이는 아이들의 내적 세계를 밖으로 표현한 것이다. 놀이는 어린이의 가장 순수한 정신적 산물이며 인간생활 전체의 모범이다. 놀이는 기쁨과 자유와 만족, 편안함과 세계의 화합을 만들어 낸다."

놀이를 자기활동의 원리이며 인간형성의 근본 요소라 하여 이상적인 놀이교구를 만들었다. 은물(Spielgaben)을 통한 놀이교육은 단순히 어린이의 신체를 육성하고 강화할 뿐 아니라 심정의 발달과 정신의 도야와 내적의 각성을 촉진한다. 이는 내면적인 것과 정신적인 것에 중점을 두는 것으로 이런 내적인 것을 달성하기 위해서는 외부에 자기를 표현해야 하고 그러기 위해서는 재료가 필요하다는 것이다. 기하도형이나 여러 실물에 의거한 은물은 이러한 의도에서 나왔다.

프뢰벨이 고안한 은물은 열 가지 종류로 구성되어 있다. 은물은 어린이가 사물의 형태와 유형을 통해 다양성 속에서 단일성을 찾도록 그리고 우주의 조화를 표현한 수학의 원칙들을 이해하도록 고안한 것이다. 구체·점·선·정육면체 등의 장난감을 사용하는 유희를 통하여 자연스러운 발달이 이루어진다는 것이다. 은물을 사용하여 놀이활동을 할 때 교사는 어린이가 같이 놀자고 요구하거나 더 이상 놀지 못할 경우에 함께 놀아야 한다. 놀이활동 시 교사는 어린이에게 모범적인 놀이를 보여 준다든지 놀이방법을 알려주는 역할을 한다. 놀이를 하면서 어린이의 개성이 발전되기 위해서는 교사가 놀이를 이해해야 하고 적절한 은물교구를 쓸 수 있도록 도와주고 자극해야 한다. 놀이를 통한 교육은 어린이들이 자율적으로 선택하여 즐겁게 생활하는 것이기 때문에 교사는 무엇보다 바람직한 발달을 할 수 있도록 참고 기다리며 용기와 사랑을 잃지 않아야 한다.

4) 최초의 어린이집 창설자 몬테소리

몬테소리는 세계 최초로 어린이집을 세운 사람이다. 이탈리아 여의사였던 몬테소리가 정신장애아동들을 치료하다가 어린이의 정신질환은 치료로 해결하는 것이 아니라 교육으로 해결해야 한다는 발상에서 1907년에 빈곤가정의 아동들을 위한 어린이집(Casa dei Bambini)을 창설했다.

몬테소리(Maria Montessori)

몬테소리는 어린이집을 운영하면서 현장의 경험을 토대로 어린이의 특성을 발견했고, 그의 고유개념인 흡수정신, 정상화, 자동성 등을 설명하였다. 인간 본성의 이해에서 하나의 특이한 개념은 흡수정신이다. 인간은 본능적인 면에서 동물보다 상대적으로 자유롭다(Hebenstreit, 1999/2011: 325). 기계적으로 행동하지 않고 의지와 의식적인 결정에 따라 행동하기 때문이다. 이러한 인간관에 대해서 겔렌(A. Gehlen, 1993)도 저서 『인간. 그의 본성과 세계 안에서 그 위치』에서 인간의 생물학적 존재양식에서부터 인간이해를 시작했다. 태어난 직후의 젖먹이 인간은 결함을 가진 존재다. 겔렌(1993: 20-26)은, 예를 들어 개구리나 물고기 등의 동물은 태어나면서부터 본능적인 능력이 우수하여 짧은 미성숙기간을 거쳐 완숙한 존재가 된다고 설명하였다. 반면, 인간은 다른 동물들에 비해 덜 발달된 상태, 즉 결함을 지닌 채 태어나 오랫동안 보호를 받으며 발달의 과정을 겪어야 한다는 것이다. 생물학적으로 볼 때 다른 동물에 비해서 인간은 완전하지 않다. 이러한 인간의 결함상태를 뒤집어 보면 그만큼 발전할 수 있는 가능성이 있다는 것이다. 인간은 결함상태를 극복하기 위해 직립보행과 언어습득을 하고 점차 "문화"(Gehlen, 1993: 33)를 창출하는 존재로 발전한다. 인간의 삶은 직립보행과 언어능력을 갖추기까지 오랜 시간이 필요하다. 이를 다른 식으로 볼 때 인간, 특히 어린이에겐 가변적인 적응능력이 있다. 즉, 고정된 행동방식을 갖고 태어나지 않기에 주변 환경을 받아들이는 흡수정신이다

(Hebenstreit, 1999/2011: 326). 몬테소리가 파악한 어린이는 성장하기 위해 주변의 환경을 받아들이는 데 육체의 영양분과 함께 정신의 영양분(Montessori, 1988: 61-63)이 필요한 존재다. 동물이 본능적인 성숙에 그치는 반면, 인간은 본능적인 욕구에 그치지 않고 더 나아가 문화를 일군다는 것이다.

몬테소리의 이론은 1907년에 세계 최초로 설립한 어린이집(casa dei bambini)에서 정신지체아들을 대상으로 한 교육활동과 유아관찰을 통해 정리된 것이다. 관찰에서 얻어진 결과는 어린이들이 질서 있는 정신상태를 유지하려는 성향을 가지고 있을 뿐만 아니라 선천적으로 탐색적이며 뭔가 꾸준히 만들고 부수고 여러 형태로 응용하면서 즐거워한다는 것이다. 그래서 어린이들이 교구를 가지고 활동할 수 있는 욕망을 불러일으키기에 충분히 준비된 환경을 조성해야 한다. 즉, 민감한 시기에 체계적인 감각 교육을 위한 작업은 이 과정에 적합한 환경을 준비하는 것이다. 어린이는 미성숙한 존재가 아니라는 걸 입증하는 시도들은 근대 루소로부터 간헐적으로 이어져 왔지만 몬테소리와 같이 관찰방법을 통해 어린이의 자동성을 찾아낸 경우는 주목할 만하다. 그런데 몬테소리가 강조한 어린이의 자유로움은 원하는 대로 내버려 두는 방관이 아니고 잘못을 전혀 바로잡지 않는 것도 아니다. 그렇다고 반권위주의 교육은 더욱 아닌, 부모나 교사가 "성장에 필요한 모든 노력을 뒷받침하는 일을 하며 분별 있게 사랑을 담은 배려를 하면서 발달을 돕는 데에서 어린이의 자유가 확보된다."(Hebenstreit, 1999/2011: 348) 교사들은 어린이에게 항상 문을 열어 놓고 교육과 동시에 보호가 필요할 때 적절한 배려와 뒷받침을 해야 하는 것이다. 오스왈드(P. Oswald)는 몬테소리 교육과 교사론을 정리하여 '어린이집의 어린이와 교사를 위한 지침'을 제시하였다.

- 교사는 교구정리의 의무가 있다. 환경을 유심히 관리하고 깨끗하게 정돈해야 한다.
- 교사는 물건 사용하는 법을 가르쳐야 한다. 어린이들에게 실제 생활에서 물건들을 사용하는 방법을 가르쳐 준다.
- 교사는 어린이를 환경과 관계 짓는 데 관심을 가져야 한다.
- 교사는 어린이가 부를 때 신속하게 가 주어야 한다.
- 교사는 어린이의 이야기를 귀 기울여 듣고 요청 시 답변해야 한다.
- 교사는 작업 중인 어린이를 방해하지 말고 존중해야 한다.
- 교사는 실수하는 어린이를 수정해 주지 않는다.

- 교사는 쉬고 있거나 다른 어린이를 지켜보는 어린이를 존중하고 그를 부르거나 작업을 하는 데 방해하지 않는다.
- 교사는 말 없는 가운데 배려하고 사려 깊은 말씨와 사랑으로 사기를 북돋아야 한다.
- 교사는 교사를 필요로 하는 어린이에게 자신이 가까이 있음을 느끼게 한다.

몬테소리 교육의 교사는 어린이의 독립을 도와주기 위해 준비된 환경을 조성하여야 한다. 활동 현장에 전면적으로 나서지 않지만 어린이의 활동동기를 진작하는 역할을 이행한다.

이상으로 어린이를 미숙하고 성인의 축소판이라고 여겼던 시대에 어린이에게 적합한 교육방법을 창안한 코메니우스, 아동의 경험을 중시한 교육가 로크, 어린이를 위한 교육기관과 놀이교구의 창시자 프뢰벨 그리고 어린이집을 창설하고 영유아의 교구활동을 체계적으로 조직한 몬테소리는 어린이를 진정으로 사랑했던 교사였고, 아동의 전인적 발달을 위한 소명의식을 지닌 교사론을 역설하였다.

현재 우리나라 보육교사는 어떠한가? 보육교사를 사회경제적 지위로 파악할 때 비교적 낮은 편에 속한다. 보육업무는 정신적 · 육체적으로 열악한 근무조건에서 영유아들과 상호작용해야 하는 실정이다. 보육의 보편성과 공공성이 하루빨리 정착되어 보육교사가 안정된 사회경제적 대우를 받는 것이 기본적으로 보장되어야 한다. 보육교사라는 직업을 선택하기 위해 우선 어린이를 사랑하는 마음이 중요하고 자격이수에 필요한 과목을 공부하고 보육실습과정을 거치는 동안 스스로 보육에 대한 사명감을 테스트하여야 한다. 직업에 대한 소명의식을 가질 때 보육교사는 어린이의 전인적 발달을 위해 전문적인 역량을 충분히 발휘할 수 있다.

학습과제

1. 「영유아보육법」에 따른 보육교사의 개념은 무엇인지 알아보시오.

2. 생활지도자로서 보육교사의 구체적인 사례를 드시오.

3. 코메니우스의 감각교수법이 보육현장에서 어떻게 활용되는지 논의하시오.

4. 몬테소리의 보육교사에 대한 특징을 설명하시오.

참고문헌

고경화(2000). 로크의 아동교육에 대하여. 한국영유아보육학, 20, 177-191.

고경화(2003). 예술교육의 역사와 이론. 서울: 학지사.

고경화(2004). 미메시스와 유아의 모방교육을 위한 그 의미 연구. 유아교육연구, 24(2), 69-85.

고경화(2005). 유아의 자연성 전개를 위한 표현교육연구. 신흥대 논문집, 28, 217-237.

곽노의(1996). 프뢰벨. 서울: 양서원.

조옥희, 권영자(1999). 몬테소리 유아교육. 서울: 중앙적성출판사.

Froebel, F. W. A. (2005). 인간의 교육(이원영, 방인옥 역). 서울: 양서원. (원본 1826년).

Gehlen, A. (1993). *Der Mensch. Seine Natur und seine Stellung in der Welt.* hrsg. von K-S-Rehberg. Frankfurt Vittorio Klostermann. (원본 1940년).

Hebenstreit, S. (2011). 몬테소리 평전(이영아 역). 서울: 문예출판사. (원본 1999년).

Katz, L. (1987). The nature of professions. In Katz, L., & Steiner, R. (Eds.), *Current topics in early childhood education.* Norwood: Ablex.

Locke, J. (1989). *Some thoughts concerning Education.* (Ed.) by J.W.Yolton. Oxford: Clarendon Press.

Montessori, M. (1988). *Kinder sind anders* 12ed. Stuttgart: Klett-Cotta.

Montessori, M. (1996). 어린이의 발견(이정순 역). 서울: 청목. (원본 1941년).

Montessori, M. (2014). 흡수하는 마음(정명진 역). 서울: 부글북스. (원본 1949년).

Schmutzler, H-J. (2001). 프뢰벨과 몬테소리(곽노의, 이명환 역). 서울: 밝은 누리. (원본 1997년).

제**3**장
보육교사직의 선택

학습개요

　　보육교사는 무한한 가능성을 가진 영유아를 대상으로 영유아가 자신들의 잠
재력을 충분히 발휘하여 전인적으로 성장할 수 있도록 하며, 교육과 동시에 돌
봄을 수행해야 한다는 점에서 보육교사직이 가지는 차별성이 있다. 이러한 점에
서 보육교사직을 선택하기에 앞서 더욱 조심스럽고 신중한 선택이 필요하다. 보
육교사직을 선택하는 데는 본인의 적성에 적합하다고 판단한 자발적 동기와 주
변의 권유, 경제적 필요 등 다양한 요인들이 작용한다. 이러한 선택 동기는 직업
수행 태도에 영향을 주고 결과적으로 교사와 오랜 시간 생활하는 영유아에게도
영향을 미칠 수 있다. 따라서 개인의 동기와 적성은 보육교사직 선택에 있어 신
중하게 고민해 보아야 할 부분이다.

　　이 장에서는 보육교사직의 특성 및 다양한 경로의 직업 선택 동기를 살펴봄
으로써, 영유아 및 사회에서 요구하는 보육교사상을 이해하고 자발적 동기가 교
사 역할 수행에 미치는 긍정적 영향에 대해 알아보고자 한다.

1. 보육교사직에 대한 이해

　　우리가 살고 있는 사회에는 수많은 종류의 직업이 있다. 인구가 증가하고 문명이 발달
할수록 직업은 점점 세분화되고 전문화되어 가고 있으며 현재 직업의 종류는 약 40만여
종에 이르며 급속도로 다양화되고 있다. 직업은 개인의 생계유지 수단인 동시에 자신의

능력을 실현하는 자아실현의 과정이며, 사회구성원으로서의 역할을 수행하고 사회적 책무를 담당하는 과정이라 할 수 있다(강기수, 김희규, 2012). 이처럼 직업이 사회적 측면에서 개인이 맡아야 하는 직무성과 함께 생계유지나 과업을 위하여 수행하는 노동 행위의 이중적 의미를 갖는다는 맥락에서 학생을 가르치고 지도하는 교직 역시 다양한 직업의 하나로 볼 수 있다.

교직은 인간을 상대로 하는 직업이며, 이들의 전인적인 성장을 도모해야 하는 직업이라는 점에서 다른 일반 직업과의 차별성을 갖는다. 더욱이 대상으로 하는 인간이 더욱 미성숙하고 주변 환경의 영향을 쉽게 받는 영유아라는 점에서 보육교사직의 차별성과 중요성을 찾을 수 있다.

1) 교직의 특성

교사는 미성숙한 인간의 지적 · 정의적 · 신체적 영역을 바람직한 방향으로 조화롭게 성장할 수 있도록 인도해 주고, 교육을 통해 교육하는 대상들이 사회발전에 기여할 수 있도록 하는 사람이다. 교직은 이러한 교사들이 교육현장에서 학생들을 가르치는 직업을 말하며, 인간 형성에 기여하고 미성숙한 세대를 바람직한 인간으로 성장하도록 도와주는 봉사적이고 공공적인 특성을 갖는다는 점에서 일반적인 직업과는 다른 특성을 가진다. 교직만이 갖는 고유한 특성을 살펴보면 다음과 같다(류동훈, 2004).

첫째, 교직은 인간을 대상으로 하는 직업이다. 물론 다른 직업도 인간을 대상으로 하고 있지만 전인으로서의 인간 전체를 총체적으로 대상으로 하는 것은 아니다. 그러므로 교직은 지식을 가르치는 것과 함께 전인적인 인간, 즉 인간다운 인간을 길러 내는 것이 더욱 중요한 직업이라고 할 수 있다.

둘째, 교직은 인간의 정신적인 생활을 대상으로 하는 직업이다. 법률가나 의사 등도 인간을 대상으로 하고 있지만 그 주된 관심은 병적인 증상이나 법률적인 측면의 한정된 정신적 기능을 대상으로 한다는 점에서 교직과 차이를 갖는다. 교직은 미성숙한 학생들의 건전하고 이성적이며 건강한 정신을 양육하는 직업인 것이다.

셋째, 교직은 미성숙자를 대상으로 하는 직업이다. 인간을 대상으로 하는 직업의 대부분이 주로 성인을 대상으로 하는 것에 비해, 교직은 아직 성숙되지 않은 무한한 성장 가능성을 가진 인간을 대상으로 한다. 따라서 교직은 무한한 가능성을 가진 인간을 성숙한 인격을 가진 이상적인 인간으로 성장·발달할 수 있도록 도와주는 직업인 것이다.

넷째, 교직은 봉사직이다. 교직도 다른 일반 직업처럼 경제적 보수를 목적으로 하기도 하지만 다른 직업에 비해 봉사가 더욱 요구되는 것은 분명하다. 교직은 무한한 가능성을 가진 어린이들의 개성과 소질을 계발해 주는 고귀하고 숭고한 직업으로 다른 직업과 달리 물질적·경제적 추구보다는 국가와 사회에 대한 소명의식과 헌신적인 자세가 요구된다. 교직을 천직 또는 성직이라고 부르는 것은 이런 의미인 것이다.

다섯째, 교직은 국가와 민족의 장래에 지대한 영향을 주는 공적 사업이다. 교직은 개인적 측면으로 볼 때 미성숙한 학생들을 가르치며 사적인 관계를 맺는 것이지만, 교육 대상이 구성원이 될 사회를 고려하지 않으면 안 된다. 이처럼 국가나 사회적인 측면에서 보면 교직은 민족의 장래를 짊어질 지도자를 양성하는 것이다.

여섯째, 교직은 전문성을 지닌다. 교직은 고도의 지적 능력을 필요로 하며 교직 수행을 위하여 계속적으로 연구해야 한다. 또한 교원이 되기 위해서는 장기간의 준비교육이 필요하며, 교원이 된 후에도 계속적인 자기 성장을 위해 노력해야 한다.

일곱째, 교직은 인류의 문화유산을 보존·계승하고 새로운 문화를 창출하는 데 기여하는 직업이다. 교사는 인류가 축적해 온 문화유산을 교육을 통해 다음 세대에 전달하는 동시에 현재를 출발점으로 하여 보다 나은 문화를 창조하는 데 주역이 되어야 한다.

이상에서 살펴본 바와 같이 교직은 봉사와 희생정신을 가지고 미성숙자를 대상으로 그들의 전인적 성장을 조장하여 건강한 사회구성원으로서의 역할을 수행할 수 있도록 참된 인간을 길러 내는 것이며, 국가 및 인류 발전에 기여하는 미래 지향적인 직업이라 할 수 있다.

2) 교직관의 유형

교직관은 교직의 본질과 성격을 어떻게 지각하고 인식하느냐에 관한 기본 관점으로, 교사의 인지적 영역뿐만 아니라 정의적 영역인 가치관과 태도를 포함하는 개념이다. 우리가 어떤 인생관을 가지고 있느냐에 따라 삶에 대한 태도가 달라지듯이 교직에 대한 기본 시각과 관점에 따라 교사의 아동관, 교육방법에는 커다란 차이가 난다. 이처럼 교직관이 교사 개인뿐 아니라 교육 전체에 미치는 영향이 크다고 볼 때, 교직관에 대한 이해를 통해 바람직한 교직관을 갖는 것은 교직을 선택함에 있어 선행되어야 할 중요한 조건이라 볼 수 있다. 교직관은 성직관, 노동직관, 전문직관의 세 가지 유형으로 구분할 수 있다. 교직관의 유형과 특징을 정리해 보면 다음과 같다(강기수, 김희규, 2012; 류동훈, 2004).

(1) 성직관

성직관의 역사는 성직자가 교사를 겸하였던 서양의 중세로부터 시작된다. 교직이 독립된 직업이 아니라 성직자가 겸하여 맡았던 것 때문에 교직을 성직이라 부르고 성직시하는 전통이 계속 이어져 온 것이다.

성직관에 의해서 교육하는 일은 인간의 정신을 다루고 인격과 인간을 형성하는 직업이기 때문에 다른 직업과는 비교조차 할 수 없는 숭고한 가치를 지닌다. 따라서 고도의 정신적 봉사활동인 교직은 물질적 가치보다 정신적 가치에 더 관심을 가져야 하며, 세속적인 것과는 거리가 먼 직업이 되어야 한다는 것이다.

성직관에서는 교직을 성직으로 보기 때문에 성인군자와 같은 교사를 이상적인 교사상으로 설정하고 있다. 교사는 성직자다운 자질과 자세를 가져야 하며, 보다 높은 도덕적·윤리적 행동수준을 보여야 한다. 이처럼 교사는 한없는 사랑과 헌신, 희생과 봉사를 베풀어야 하는 사람이기 때문에 물질적 처우개선, 승진 등 세속적 관심사에 골몰하는 교사는 성직관에서 그리는 교사상에서 일탈해 있다고 할 수 있다. 특히, 교사가 단체를 결성하고 정책에 참여하는 것은 그 본분에 어긋나는 것으로 보이며, 교사로서 적합한 인격을 갖추고 학문적 지식만 갖고 있으면 특별한 교직기술 없이도 누구나 교사가 될 수 있다고 본다.

성직관은 가장 전통적인 교육관으로 인간의 정신적 가치와 교사의 인격을 중시한다는 점에서 가지는 의의가 크다고 할 수 있으나 다원적 가치와 민주적 생활양식이 중시되는 현대사회에서 정신적 보상과 헌신만을 요구하고 그러한 삶을 기대하는 것은 지나친 편견이라 할 수 있다.

(2) 노동직관

노동직관은 교사를 노동자 계급의 일원으로 보는 관점으로 성직관과는 상반되는 교직관이다. 노동직관에서의 교사는 비록 인간 형성이라는 숭고하고 고귀한 업무에 종사하고 있다고 할지라도 학교라는 직장에서 일정한 근무조건에 따라 노동을 제공하고 그 대가로 보수를 받는다는 점에서 노동자라는 의미로 이해된다. 따라서 교사도 다른 노동직과 마찬가지로 노동조건의 개선과 처우개선을 위해 단결하고, 집단적으로 교섭할 수 있으며, 노동자로서의 권리 행사를 통해 지위를 향상시킬 수 있다고 본다.

노동직관에서의 교사는 현실적이고, 실제적이며, 투쟁적인 특성을 갖는다. 학교의 교육내용과 교육방법은 일반 대중의 요구에 따른 교육내용을 다루고, 집단주의적인 교육방법을 적용할 것을 강조하며, 교사의 정치활동을 중요한 사실로 인식한다.

그러나 교직은 인격을 가진 아동들을 대상으로 한다는 점에서 일반 노동과 성격이 구분되어야 한다. 노동직 관점에서의 교직관이 교직의 문제를 실제적이고 사실적인 차원에서 접근하고 교사들의 사회경제적 지위를 향상시키고 교육에 대한 부당한 침해를 차단할 수 있다는 점에서 긍정적일 수 있으나, 노동의 성격을 동일시함으로써 교직의 특수성을 약화시키고 나아가 교사들이 갖는 직업에 대한 긍정적 인식이나 자긍심 등을 상실하거나 교원의 윤리성을 약화시킬 수 있다는 점을 고려해 보아야 한다.

(3) 전문직관

전문직관은 성직관과 노동직관의 장점을 통합하려는 교직관으로, 대부분의 교사가 기대하는 교직관이며 장차 교원의 지위향상과 전문성 신장을 위해서 실현되어야 하는 교직관이다.

전문직 관점에서 교직을 이타적 봉사활동으로, 바람직한 인격형성을 추구하는 직업으로 본다는 점은 성직관에서의 교직 관점과 유사하다. 또한 교원의 자질향상과 교권확립, 경제적 · 사회적 지위향상을 위해 적극적인 자세를 취해야 한다는 점에서 노동직관과 유사하나 교원의 단체행동권이나 동맹 파업권을 인정하지 않는다는 점에서 차이를 갖는다.

전문직으로서의 교직에 있어서 가장 중요한 요소는 전문성과 자율성이다. 교사는 교과 전공과 관련된 지적 전문성을 지녀야 한다. 교사가 되기 위해서는 일정 기간 동안 전문적 훈련을 받아 자격을 갖추어야 하며, 교직 직무를 수행하기 위해 각종 연수 및 세미나 등에 적극적으로 참여해야 한다. 아울러 교원단체를 통해 자신들의 권익을 옹호하고 사회적으로 고도의 직업윤리가 강조되어야 한다. 또한 교사는 전문성이 요구되는 교육내용과 방법을 선정하고 결정하는 데 있어 자율성을 보장받아야 한다. 교사는 국가가 정한 교육목표에 따라 전문적 지식을 어떻게 효율적으로 전달하느냐를 고민해야 하며, 이러한 제반 사항을 자율적이고 창의적으로 결정할 수 있어야 한다.

전문직관에서 교사는 정치 · 종교 · 인종 · 성 · 지역 등에 있어 중립적이어야 하며, 보다 바람직한 교육을 위해 전문가로서의 위치에 걸맞은 대우를 받아야 한다. 교사가 사회적으로 높은 지위를 가지고 경제적으로 많은 보상을 받을 때 우수한 인력이 교직으로 흡수되고 교직의 전문적인 수준과 교육의 질이 향상될 수 있다고 보는 것이다.

교직이 전문적이 되기 위해서는 교사들의 사회경제적 지위가 향상되어야 하며, 이를 뒷받침하는 법적 · 제도적 장치가 마련되어야 한다. 또한 교사 스스로 전문성과 자율성 및 책임감을 겸비한 전문직업인으로의 능력을 신장하려는 노력이 필요하다.

3) 보육교사직의 특성

교직은 인간을 대상으로 교육활동을 하는 직업으로, 그 대상의 특성에 따라 교사의 역할이나 요구되는 능력이 달라진다. 특히, 연령이 낮은 영유아를 대상으로 하는 보육교사들은 인지 · 사회 · 정서적으로 미성숙한 아이들을 대상으로 하는 직업이라는 점에서 더 많은 인내력을 가져야 하며, 영유아들이 자신의 잠재력을 충분히 발휘하여 전인적으로 성장할 수 있는 질 높은 경험을 제공하는 능력을 갖추어야 한다.

이처럼 영유아에 대한 보호자와 양육자의 역할을 수행함과 동시에 영유아의 발달을 촉진할 수 있는 전문적인 역할을 수행해야 하는 보육교사들에게 요구되는 특성을 일반 교직과 비교하여 정리해 보면 다음과 같다.

첫째, 보육교사직은 생의 초기 급격한 변화를 경험하는 어린 영유아를 대상으로 하는 직업이다. 영유아는 6세 미만의 취학 전 아동을 의미하는 것으로, 보육교사는 출생에서 만 2세까지의 영아와 만 3세에서 만 5세까지의 유아를 보육하는 역할을 수행하게 된다. 영유아기는 미숙한 존재로 생의 전반에 걸쳐 가장 급속한 변화가 일어나는 시기이며, 각 연령마다 개개인의 발달수준 차이가 많이 나타나는 특성을 보인다. 이런 면에서 보육교사는 영유아의 발달 특성을 이해하고 그에 적합한 최적의 경험을 제공할 수 있어야 한다.

영유아의 발달단계에 대한 전문적 지식을 갖춘 교사는 해당 연령의 영유아들이 보이는 공통된 발달 특징과 차이점들을 인식하며, 서로 다른 발달요구를 가지고 있음을 이해한다. 이러한 이해는 각 연령의 아이들을 어떻게 지원해야 하는가에 대한 사고의 토대가 된다. 영유아가 어느 발달단계에 있는지, 이들을 어떻게 지원할 것인지를 파악할 수 있는 교사의 능력이 요구된다.

둘째, 보육교사직은 인간의 전인발달을 도모해야 하는 직업이다. 국가수준의 표준보육과정 및 만 3~5세 누리과정의 목적은 영유아의 심신의 건강과 조화로운 발달을 도와 민주시민의 기초를 형성하는 것이다(보건복지부, 교육과학기술부, 2013). '심신의 건강과 조화로운 발달'은 영유아의 신체 · 인지 · 언어 · 사회 · 정서발달의 전인발달을 의미하는 것으로 보육교사는 영유아 개개인의 잠재능력을 최대한 계발하여 전인으로 성장하도록 도와야 한다. 영유아기는 전 생애에 걸쳐 성장 · 발달의 기초가 형성되는 시기이므로 발달의 모든 영역이 고르게 발달되는 것이 가장 바람직하다. 보육교사는 보육과정을 계획하고 실행할 때 특정 발달에 치우치거나 특정 발달을 소홀히 하는 편중된 계획을 세우지 않아야 하며, 각 발달 영역의 내용들이 서로 연계되고 통합되어 고르게 경험됨으로써 궁극적으로 전인적 인간으로 성장할 수 있도록 도와주어야 한다.

셋째, 보육교사직은 부모 역할을 대신하는 직업이다. 영유아는 그들과 관계 맺는 사람들과 어떠한 경험을 하였는가에 따라 안정감과 신뢰감을 갖게 된다. 생의 초기 다른 사람과의 안정적인 관계를 통해 갖게 되는 신뢰감은 이후 영유아의 건전한 사회 · 정서발달 및 인지발달에 중대한 영향을 미치게 된다. 부모와 떨어져 장시간 어린이집에서 생활하는 영유아에게 보육교사는 부모와 같은 한없는 사랑을 베풀어야 하며 그들의 요구를 민감하게 지각하고 반응해 주어야 한다. 또한 연령이 낮은 영유아는 신변을 보호하는 능력이 부족하고 면역력이 약한 탓에 질병에 걸릴 확률이 높다. 보육교사는 이른 시기에 집단생활을 시작하는 영유아를 여러 가지 위험으로부터 안전하게 보호해야 한다. 보육교사는 불시에 일어나는 응급상황에 대처할 수 있는 응급처치요령 등을 익히고 실행할 수 있는 실무능력을 갖추어야 하며, 청결한 환경을 유지하고 올바른 식습관을 형성해 줌으로써 영유아의 영양 및 건강관리를 책임져야 한다.

넷째, 보육교사직은 관련된 사람들과의 긴밀한 인간관계를 유지하는 소통능력이 요구되는 직업이다. 보육교사가 직무를 수행하는 어린이집은 영유아와 부모, 동료교사, 원장 등과의 관계가 다른 교직에 비해 보다 밀접하고 긴밀하게 이루어지는 특성을 갖는다. 교사는 관련한 사람들과의 협력적 관계 유지가 영유아의 성장에 주요 변인임을 인식해야 한다. 교사는 부모 및 가족과 개방적인 태도로 대화하고, 정보를 교환하고 상반된 의견을 조정하며, 부모 및 가족들이 부모 역할이나 가족구성원으로서의 역할을 원활히 수행할 수 있도록 지원해야 한다(양옥승, 이원영, 이영자, 이기숙, 2003).

보육교사의 소통능력은 동료교사와의 관계에서도 요구된다. 교사 간의 관계는 서로의 마음을 위로하고 의지하는 관계이기도 하지만 원의 일이나 직무에 관련해서는 철저히 교사 대 교사로 경쟁심이 일어나기도 하며 질투의 감정이 공존하는 관계를 형성하기도 한다(문형은, 2011). 부모와의 관계와 마찬가지로, 함께 일하는 동료와의 친밀하면서도 협력적인 관계 유지가 영유아의 성장에 중요한 영향을 미칠 수 있다는 점에서 보육교사직은 동료 간 친교적 분위기를 유지할 수 있는 소통능력을 필요로 한다.

다섯째, 보육교사직은 국가 발전에 기여하는 공적 책임을 지닌 직업이다. 영유아는 한 나라의 미래를 책임질 인재이며, 국가 간 경쟁이 심화되는 21세기 정보화 사회에서 인재육성은 한 나라의 경쟁력을 좌우하는 결정적 요인이 된다(황영준, 정창호, 2014). 현대의 많은 국가들이 막대한 경비를 투자하여 의무교육제도를 강화하거나 사립교육기관에 적극적으로 지원하는 것 등은 교육이 곧 국가와 민족의 흥망성쇠와 직결되는 중차대한 문제이기 때문이다(강기수, 2000: 이수정, 2008 재인용). 또한 교육 대상을 연령별로 구분해 보았을 때 국가적 투자 대비 교육의 효과는 영유아기 동안의 투자 효과가 가장 큰 것으로 알려져 있다(Heckman & Masterov, 2004). 따라서 보육교사직은 영유아가 국가 발전의 원동력이 되는 건강한 국민으로 성장하는 기반을 만드는 역할을 해야 하며 이러한 점에서 영유아 개개인과의 사적인 관계를 넘어 사회적·국가적 책임을 함께하는 직업이라 할 수 있다.

여섯째, 보육교사직은 전문성을 지닌 직업이다. 보육교사는 국가수준의 보육과정에 기초하여 영유아의 발달수준과 흥미, 가족 및 지역사회의 요구를 반영한 보육활동을 계획·실행하고 영유아에 대한 체계적 관찰과 평가 등 고도의 전문적 지식과 기술을 갖추어야 한다. 이러한 보육교사직을 수행하기 위해서는 사전에 체계적이고 전문적인 교육을 통해 이론 및 교수 실제에 대한 준비가 필요할 뿐 아니라, 보육교사직을 수행하는 동안에도 지속적인 직무향상을 위한 교육을 필요로 한다. 또한 교사는 보육 관련 정책결정 과정에도 참여하여 의견을 개진할 수 있는 능력이 있어야 하며, 기본적인 문서의 기록 및 보관을 위한 행정 업무 관리 능력도 갖추어야 한다.

이처럼 영유아의 발달을 촉진할 수 있는 전문적 지식과 기술을 위해 장기간의 교육기간이 필요하다는 점, 교원단체 및 윤리강령이 제정된 직업이라는 점 등에서 보육교사직은 전문성을 지닌 직업이라고 할 수 있다.

이상에서 살펴본 바와 같이 보육교사직은 전 생애에 걸쳐 성장·발달의 기초가 되는 시기인 영유아를 대상으로 하는 직업이라는 점에서 다른 교직과 구분되는 특성을 갖는다. 보육교사직은 교육 대상의 발달단계별 특징에 대해 이해하고 전인적으로 발달할 수 있도록 도와야 하며, 어리고 미숙한 영유아를 대상으로 한다는 점에서 부모의 대리 역할도 수행해야 한다. 미래의 인재를 양성한다는 책임을 갖고 관련된 사람들과 협력적으로 소통하며, 영유아의 최적의 성장을 돕기 위한 전문성을 지닌 직업이라 할 수 있다.

2. 보육교사의 직업 선택 동기와 역할 수행

동기란 인간의 행동을 일으키는 근원적인 힘으로서, '할 마음이 구체적으로 마음속에 있어 그 일을 선택할 뜻이 있고, 그 일을 위한 행동을 개시할 용의가 있으며, 일단 그 일을 선택해서 시작하게 되면 열심히 할 뿐만 아니라 시작할 때의 목적이 관철될 때까지 그 일을 지속한다'는 의미를 포함하고 있다. 이처럼 행동 동인으로서의 동기는 하고자 하는 일을 선택하고 실제적으로 참여하도록 하는 강화요인으로 작용하기도 하지만, 또한 선택한 일을 포기하지 않고 추진력 있게 수행할 수 있는 원동력이 된다는 점에서 그 의미를 찾을 수 있다. 다시 말해, 동기가 강한 집단은 장애요인을 극복하고 목표에 도달하기 위해 포기하지 않고 노력할 것이나, 동기가 약한 집단은 같은 정도의 장애요인이라도 더 강하게 인식할 것이며, 그 행위도 소극적일 수 있다는 것이다(이승주, 2000; 이진안, 1997: 신은희, 2003 재인용).

이렇듯 직업을 선택하게 되는 동기는 직업의 선택, 지속 및 수행과정의 질적 수준을 결정하는 중요한 요인이 된다. 마찬가지로, 보육교사가 자신의 직업을 선택할 때 어떠한 동기로 시작하게 되었는지는 보육교사직을 수행하는 과정에 지속적으로 영향을 줄 것이며, 이러한 영향은 보육교사 개인의 생각과 태도를 통해 어린이집에서 함께 생활하는 영유아에게도 영향을 줄 수 있다는 점에서 보육교사의 직업 동기는 중요한 의미를 갖는다.

이러한 맥락에서 보육교사직을 선택하게 되는 동기 유형을 수동적 동기, 자발적 동기, 사회적 동기로 구분하여 살펴보고, 자발적 동기와 사회적 동기의 주요 관련 요인인 교직 적성과 보육교사에 대한 사회적 이미지가 교직 수행에 미치는 영향에 대해 살펴보고자 한다.

1) 수동적 동기

보육교사직을 선택하는 수동적 동기는 다른 방향으로 진학하거나 취직하고 싶었지만 잘되지 않았거나, 교직 선택 상황에서 다른 여러 여건에 비해 가장 적절해서, 또는 우연한 기회에 타인의 권유로 인해서 교직을 선택하게 되는 것을 말한다. 예비 영유아교사의 교직 선택 동기를 알아본 유미림, 탁수연(2010)의 연구에 따르면, 대부분의 예비 교사들이 '아이들이 좋아서' '어릴 적 꿈' '선생님으로서의 보람' 등 자발적이고 능동적인 취업동기를 가지고 있었으나 조사 대상의 16%의 예비 교사들은 '그냥' '주변 사람의 권유' 등 우발적이거나 부모나 교사 등의 추천에 의한 수동적 동기에 의해 교사직을 선택하는 것으로 나타났다.

교직을 선택하는 동기는 교직 만족도 및 효능감에 영향을 미치는 요인이 된다. 특히, 우발적이고 자신의 의지에 반하는 수동적 동기는 교직 만족도 및 교사의 태도, 학생의 학업 성취, 교사 효능감에 부적 영향을 미치며 교직에서 오는 스트레스를 높여 교사의 정신적·육체적 소진을 가져오는 결과를 초래하게 된다(김주경, 2003; 김현진, 2012).

이처럼 교직을 선택하는 동기가 교사 효능감 및 유아에게도 영향을 미칠 수 있다는 점에서 보육교사직을 선택할 때는 좀 더 신중할 필요가 있으며, 예비 교사들의 자발적이고 능동적인 동기를 강화할 수 있는 프로그램 개발 및 교사 스스로의 반성이 필요할 것이다.

2) 자발적 동기와 교직 적성

어릴 때부터 처음 만나는 사람들과도 어색해 하지 않고 쉽게 친해지며 좋은 관계를 유지해 나가는 능력이 있다고 생각합니다. 제가 가진 이러한 친화력은 학교생활에서도 좋은 인간관계를 맺을 수 있게 했습니다…… (중략) 실습을 하며 영유아들과 함께 지내다 보면 스트레스들이 싹 사라지고 너무나 행복해지는 저 자신을 발견할 수 있었습니다.

(예비 보육교사와의 면담 중에서)

보육교사직을 자발적 동기로 선택한다는 것은 '영유아를 좋아하고 함께 놀이하는 것이 즐겁기 때문에' 등 기본적으로 아이들을 좋아하고 함께하는 것을 즐거워하는 것과 관련된다. 이러한 자발적 동기에 대해 이수정(2008)은 〈표 3-1〉과 같이 설명하고 있다.

표 3-1　보육교사직을 선택하는 자발적 동기 내용

자발적 동기
• 보육교사직이 내 적성에 알맞다고 판단했기 때문에
• 나 자신의 성격이 보육교사직에 알맞다고 생각해서
• 유아를 가르치는 일 자체에서 즐거움을 얻을 수 있다고 생각해서
• 나 자신에게 자아실현의 계기가 될 수 있을 것 같아서
• 평생을 보육교사직에 헌신하겠다는 각오가 일찍부터 있었기 때문에
• 정신세계를 추구하는 좋은 직업인이 될 수 있다는 생각에서

출처: 이수정(2008). '보육교사의 직업선택 동기, 전문성 인식 및 역할수행에 대한 연구'를 재구성.

　이처럼 직업을 자발적 동기에 의해 선택할 때는 자신의 적성이나 직업적 소명감과 어느 정도 관련성이 있는가 등을 고려하게 된다. 다시 말해, 자발적 동기는 자신의 적성이 교직에 적합하고 자신이 추구하였던 삶을 실현할 수 있을 것이라는 자아실현 가능성에서 출발한다고 할 수 있다. 실제 교사들은 교직 선택의 동기로서 개인의 적성을 가장 먼저 고려하고 있으며, 이와 같은 동기에서 교직을 선택한 교사집단이 교직생활에 더 만족하는 것으로 나타났다(김주경, 2003). 교사에게 적합한 적성으로는 긍정적 정서, 자기계발, 유아에 대한 친화력, 유아 존중 및 수용, 소명감, 대처능력 및 안전관리능력, 유아 특성에 대한 이해, 대인관계능력, 창의성 등이 해당되며(박희영, 2014), 구체적인 특성은 〈표 3-2〉와 같다.

표 3-2　유아교사의 교직 적성

구분	내용
긍정적 정서	긍정적 생각, 안정적인 감정상태, 감정조절능력……
자기계발	다양한 분야의 지식, 풍부한 호기심, 능력향상을 위한 노력……
유아에 대한 친화력	유아와의 놀이 선호, 밝은 표정으로 대하기, 유아에 대한 인기……
유아 존중 및 수용	유아 수준 및 개인차 인정, 공평하고 평등한 대우……
소명감	교직에 대한 가치 인식, 규칙·규율 중시, 높은 책임감……
대처능력 및 안전관리능력	상황 판단 능력, 세심한 주의력, 위급한 사고 예방 능력……
유아 특성에 대한 이해	유아 발달 특성에 따른 행동 이해, 유아 잠재능력에 대한 믿음……
대인관계능력	타인과의 원만한 인간관계 기술, 타인에 대한 믿음……
창의성	생각과 느낌을 표현하는 능력, 교수 및 상담에 대한 흥미도……

출처: 박희영(2014). '예비유아교사의 교직 적성 및 교직 선택 동기가 교사 효능감에 미치는 영향'을 재구성.

자신에게 교직에 적합한 성격 특성이 있다고 판단하거나 교사로서의 소명의식을 가지게 될 때 갈등 없이 보육교사직을 선택하게 되며, 교직에 대한 책임감이나 효능감을 높일 수 있다. 자발적 동기는 외적 동기와 반대되는 내재적 동기와 의미를 같이한다. 내재적 동기는 "일정한 보상을 위해서라기보다는 활동 그 자체가 목적이 되는 행동"으로 (한덕용, 1984), 내재적 동기로 시작된 직업은 활동에 대해 헌신하고 활동 그 자체에 집중할 수 있으며 행위에서 유발되는 즐거움을 통해 그 활동에 완전히 몰입할 수 있다(Amabile, 1989; Csikzentmihalyi, 1990). 일에 대해 즐거움과 재미를 느끼고, 능동적인 참여를 통해 일의 효율성을 높일 수 있는 개인의 자발적 동기에 의한 직업 선택은 개인의 삶의 질을 높이는 것과 함께 교육 대상인 영유아에게도 긍정적인 영향을 줄 수 있다는 것에서 자발적 동기에 의한 직업 선택의 의미를 찾을 수 있다.

3) 사회적 동기와 교사 이미지

> 보육교사는 영유아들의 성장과 학습에 있어서 중요한 영향을 미치고 보육의 질을 결정하는 요인이기도 합니다. 그렇기 때문에 교사는 영유아의 양육과 보호뿐만 아니라 영유아의 발달수준을 촉진시키며 더 나아가 영유아의 미래를 준비시킬 수 있는 교사여야 한다고 생각합니다.
>
> ('보육교사 역할에 대한 인식' E 어린이집 A 보육교사)

사회적 동기에 의한 보육교사직 선택은 보육교사를 선택하는 데 있어 사회적으로 느끼는 권위와 존경심 등 보육교사에 대한 긍정적 이미지, 경제적인 안정이나 시간적 여유 등 사회적 인식이나 물질적 보상 같은 외적인 조건들을 반영하여 선택하게 되는 경우를 말한다. 교직 선택의 사회적 동기는 〈표 3-3〉과 같은 내용을 포함한다.

표 3-3 보육교사직을 선택하는 사회적 동기 내용

사회적 동기
• 자기 발전이나 취미생활을 할 수 있는 시간적 여유가 많아서
• 경제적으로 안정된다고 생각하여서
• 신분 보장과 함께 장기간 근무가 보장된 안정된 직업이라고 생각되어서
• 노동 강도가 낮고 근무시간이 정해져 있으며 휴가제도 등의 복지가 잘되어 있어서
• 교육자에 대한 사회적인 존경도 및 선호도가 높다고 생각하여서

출처: 이수정(2008). '보육교사의 직업선택 동기, 전문성 인식 및 역할수행에 대한 연구'를 재구성.

　교직 선택에 있어 교사에 대한 사회적 이미지는 교직을 선택하는 데 주요한 영향 요인의 하나다. 보육교사에 대해 갖게 되는 긍정적 이미지는 어린 시절 가정이나 부모 및 주변의 의미 있는 사람들과의 관계 및 학생 시절 교사와의 긴밀한 접촉을 통해 교사 역할을 내면화하며 형성된다. 또한 사회적으로 인식되는 보육교사에 대한 이미지도 보육교사직을 선택하는 데 중요한 기준으로 작용하게 되며, 보육교사에 대한 사회적 이미지는 대중으로부터 교육의 진가를 인정받고 교사 스스로도 직업적 만족을 얻는 데 필수적인 요소로서 궁극적으로 영유아에게 양질의 보육을 제공하는 것으로 귀결되는 긍정적 효과를 가질 수 있다.

　영유아를 가르치는 교사직에 대한 사회적 이미지에 대해 이현숙, 조형숙(2008)은 TV드라마에 비춰진 유아교사의 모습을 기초로 〈표 3-4〉와 같이 설명하고 있다.

표 3-4　유아교사에 대한 사회적 이미지

구분	이미지	내용
인성적 특성	사랑이 풍부한 천사형	유아에 대한 사랑, 온정, 긍정적 사고, 이타적인 사람
	청순가련형	순수하고 부드럽고 순종적인 사람
	현모양처형	도덕적이고 검소하며 가정적인 사람
	외유내강형	매사에 의욕적이고 인내심이 있는 사람
외형적 특성	여성스럽고 청순한 사람	여성스럽고 청순하며 단정하고 수수한 사람
		다소곳하고 얌전한 사람
		젊고 청순하고 밝고 예쁜 사람
		자상하고 부드러운 사람
전문적 자질 · 역할	교육 전문가	교육자, 상담자, 연구자, 조력자의 역할
	부모	양육자, 보호자, 제2의 부모 역할
	비전문가	비전공자, 아마추어, 도우미(왜곡 이미지)
	방관자	방치, 무책임(왜곡 이미지)
직업적 위상	직업의식이 확고한 직업	확고한 유아교사관과 사명감, 평생직으로 인식
	힘든 일을 하는 직업	일의 특성이 고되고 피곤하고 힘든 일
	퇴근 시간이 늦지 않는 직업	업무량이 많지 않고 정시에 퇴근하는 직업
	기본적인 보수를 받는 직업	기본생활을 할 정도의 보수 수준
	자격기준이 높지 않은 직업	공부를 잘하지 못한 사람이 선택, 중·고등 교사보다 쉬운 과정
	사회적 지위가 높지 않은 직업	• 검사, 초·중·고등 교사와 차등되는 직업 • 의대, 법대와 유아교육학과의 비교

출처: 이현숙, 조형숙(2008). 'TV드라마에 나타난 유아교사의 이미지'를 재구성.

영유아와 생활하는 교사의 인성적 특성에 대한 사회적 이미지는 유아에 대한 사랑과 밝고 긍정적인 사고를 하며, 다른 사람을 배려하는 '사랑'이라는 이미지와 아이들을 보호하고 교육하는 교육자와 양육자라는 이미지로 설명된다. 이러한 보육교사에 대한 이미지는 교사와 함께 생활하는 영유아가 인식하는 교사에 대한 이미지에서도 찾아볼 수 있다.

'우리가 잘 때 토닥토닥 두드려 주고 있어요.' (만 4세 유아)   '맨날 웃고 나를 봐서 나도 기분이 좋아지는 얼굴이에요.' (만 4세 유아)

[그림 3-1] 유아가 그린 선생님 이미지

출처: 황해익, 탁정화, 김미진(2012). '유아가 인식한 생태유아교사 이미지 연구' 재인용.

어린이집에서 교사와 함께 생활하는 영유아들은 선생님에 대해 '나를 보살펴 주는 사람' '항상 웃으며 나를 행복하게 하는 사람' '함께 놀이하며 즐거움을 나누는 사람' 등으로 인식하고 있다. 이는 영유아교사의 인성적 특성에 대한 사회적 이미지에 부합되는 것으로서 교사들이 어린이집 현장에서 어린 연령의 아이들에게 정서적 안정감을 통해 전인적으로 발달할 수 있는 기초를 형성할 수 있도록 그 역할을 다하고 있는 것으로 이해할 수 있다.

그러나 현실적으로는 영유아교사에 대한 사회적 이미지에서 교육전문가로서의 입지가 미약하게 표현되고 있으며, '비전문가' '방관자'와 같이 심하게 왜곡된 이미지로 인식되는 경향이 있다(이현숙, 조형숙, 2008). 영유아교사에 대한 이 같은 왜곡된 인식은 실제 보육교사들 스스로 교사로서의 전문적 지식, 사회봉사, 자율성, 직업윤리, 직업 전문성 등에 있어 전반적으로 높게 평가하고 있으며, 경력이 많아질수록 전문성 발달수준과 교사직에 대한 사명감과 책임감이 높아지는 현실(권영미, 2014; 명준희, 2012; 신장미,

2008)과 비교해 볼 때 안타까운 부분이라 할 수 있다.

보육교사의 전문성은 유아에 대한 자신의 중요한 영향력을 이해하고 의무와 책임을 가지는 것이다. 교사들의 확고한 전문성 인식과 사회경제적 지위 확보는 교직에 만족하

표 3-5   예비 보육교사의 교직 선택 동기 질문지

번호	내용	전혀 그렇지 않다	거의 그렇지 않다	가끔 그럴 때도 있다	대체로 그렇다	매우 그렇다
1	보육교사직이 내 적성에 알맞다고 판단하여서					
2	가르치는 일 자체에서 즐거움을 얻을 수 있다고 생각하여서					
3	평생을 교육에 헌신하겠다는 각오가 있었기 때문에					
4	어린 영유아들과 함께 생활하는 것에 매력을 느껴서					
5	영유아를 가르침과 동시에 나 자신에게 자아실현의 계기가 될 수 있을 것 같아서					
6	자기 발전이나 취미생활을 할 수 있는 시간적 여유가 많아서					
7	경제적으로 안정된다고 생각하여서					
8	신분 보장과 함께 장기간 근무가 보장된 안정된 직업이라고 생각되어서					
9	노동 강도가 낮고 근무시간이 정해져 있으며 휴가제도 등의 복지가 잘되어 있다고 생각해서					
10	교육자에 대한 사회적인 존경도 및 선호도가 높다고 생각하여서					
11	다른 방향으로 진학, 취직을 하고 싶었으나 잘되지 않아서					
12	진학 당시의 성적·경제적 상황 등 주어진 상황에 가장 적절한 선택이었기 때문에					
13	주위의(부모님, 선생님, 형제자매 등) 권유를 받아들여서					
14	졸업과 동시에 취직이 용이하다고 생각해서					
15	다른 직종과 비교해서 더 좋은 직업이 없어서					

출처: 박희영(2014). '예비유아교사의 교직 적성 및 교직 선택 동기가 교사 효능감에 미치는 영향'에서 보육교사에 맞게 재구성.

고 교육에 충실할 수 있는 중요한 요인으로 작용한다(김순영, 2005). 따라서 보육교사가 전문인으로서 보람을 느끼며 직업적 만족감과 자긍심을 높일 수 있는 사회적인 제도 마련이 필요할 것이며, 보육교사 스스로 전문직으로 인정받을 수 있게 하려는 노력과 함께 보육교사직을 선택함에 있어 자발적이고 사회적인 동기에 대한 인식을 보다 중요하게 생각해야 할 것이다.

 학습과제

1. 초·중·고등 교사와 영유아교사 역할의 공통점과 차이점에 대해 토의하시오.

2. 보육교사에 대해 느끼는 사회적 인식에 대해 알아보고 사회적 인식을 높이기 위한 방안에 대해 토의하시오.

3. 예비 보육교사로서 스스로의 직업 선택 동기를 이해하고 각각의 동기 유형이 영유아에게 미칠 수 있는 영향에 대해 토의하시오.

🗂 참고문헌

강기수, 김희규(2012). 최신교사론. 서울: 동문사.

권영미(2014). 보육교사의 전문성 인식과 사회적 지지 및 직무만족도의 관계. 영남대학교 교육대학원 석사학위청구논문.

김순영(2005). 어린이집 보육교사의 전문성 인식과 직무만족도와의 관계. 건국대학교 교육대학원 석사학위청구논문.

김주경(2003). 교사의 교직선택동기와 교직 만족도의 관계. 세명대학교 교육대학원 석사학위청구논문.

김현진(2012). 예비 유아교사의 교직에 대한 열정, 교사동기 그리고 교사효능감에 관한 연구. 열린유아교육연구, 17(6), 249-275.

류동훈(2004). 교사론. 서울: 창지사.

명준희(2012). 보육교사의 사회적 지지와 직무스트레스, 전문성 인식과의 관계. 숙명여자대학교 대학원 석사학위청구논문.

문형은(2011). 보육교사의 직무특성과 생활문화 탐색. 고신대학교 교육대학원 석사학위논문.

박희영(2014). 예비유아교사의 교직 적성 및 교직 선택 동기가 교사 효능감에 미치는 영향. 성신여자대학교 대학원 석사학위논문.

보건복지부, 교육과학기술부(2013). 3-5세 연령별 누리과정 해설서.

신은희(2003). 보육교사 교육원 졸업생의 입학동기와 교육만족도에 관한 연구. 숙명여자대학교 대학원 석사학위논문.

신장미(2008). 유아교사의 교직 전문성 인식에 관한 연구 조사. 총신대학교 교육대학원 석사학위 청구논문.

양옥승, 이원영, 이영자, 이기숙(2003). 21세기 바람직한 유아교육에 대한 한국유아교육학회의 입장. 서울: 정민사.

유미림, 탁수연(2010). 예비 영·유아교사의 교직선택동기와 만족기대의 인식. 한국보육학회지, 10(1), 127-141.

이수정(2008). 보육교사의 직업선택 동기, 전문성 인식 및 역할수행에 대한 연구. 남서울대학교 대학원 석사학위논문.

이현숙, 조형숙(2008). TV드라마에 나타난 유아교사의 이미지. 어린이미디어연구, 7(2), 57-85.

한덕용(1984). 내적 동기 이론의 연구 경향과 과제. 사회심리학연구, 2(1), 54-93.

황영준, 정창호(2014). 교사를 위한 교직 윤리. 경기도: 교육과학사.

황해익, 탁정화, 김미진(2012). 유아가 인식한 생태유아교사 이미지 연구. 생태유아교육연구, 11(1), 95-121.

Amabile, T. M. (1989). *Growing up creative: Nurturing a lifetime of creativity.* Buffalo, New York: C.E.F. Press.

Csikzentmihalyi, M. (1990). *Flow: The Psychology of Optimal Experience.* New York: Harper and Row.

Heckman, J. J., & Masterov, D. V. (2004). *The productivity and argument for investing in young children.* New York: Committee for Economic development. Unites States.

제2부

보육교사의 준비

제**4**장
보육교사 양성과정

학습개요

영유아기는 인간의 기본적인 능력이 형성되고 발달되는 중요한 시기이며, 이 시기 동안의 경험은 장기적이고 지속적으로 개인의 삶에 영향을 미치게 된다. 따라서 이러한 영유아의 생활에 깊이 관여하며, 다른 교육기관의 교사보다도 더 오랜 시간 영유아와 상호작용하게 되는 보육교사는 영유아의 발달을 지원하는 데 필요한 전문적 지식과 지도 기술을 갖추어야 한다.

이 장에서는 보육교사가 전문가로서의 자격을 갖추기 위한 다양한 경로의 보육교사 양성과정과 이수해야 할 보육 관련 교과목의 내용을 알아보고, 보다 발전적인 방향으로의 개선방안을 살펴봄으로써 전문적인 지식과 적용능력을 갖춘 보육교사로의 출발에 도움을 주고자 한다.

1. 보육교사 자격 취득을 위한 준비

보육기관을 선택하는 영유아의 부모는 보육시설을 선택할 때, 시설의 물리적 조건보다는 프로그램과 교사의 상호작용 유형 및 전문지식, 보육시설 원장의 운영 철학 등 인적 조건의 측면에 더 많은 관심을 둔다(서문희 외, 2009; 이미화, 민정원, 엄지원, 윤지원 2013). 이는 보육의 질적 수준을 우선시하는 부모의 요구를 반영하는 것으로, 원장과 보육교사의 능력과 자질 향상을 통한 전문성 신장에 대한 요구와 직결되는 것이라고 볼 수 있다.

보육교사의 전문성이란 질 높은 보육을 제공하기 위해 보육교사가 갖추어야 할 지식과 기술로서, 충분한 현장경험, 역할 수행, 전문직으로서의 신념과 책임감 등 개인적 특성뿐 아니라 자격 취득 준비기간인 양성과정과 자격기준 등 정책과 관련한 제도적 요인들과 관련되는 것이다(김은설, 최윤경, 김문정, 2011). 전문성이 요구되는 보육교사의 범위에는 보육현장에서 영유아와 직접적으로 상호작용하는 보육교사와 함께 보육 철학에 기초하여 실제적인 운영방향을 결정짓는 원장의 자격기준도 함께 고려되어야 한다.

1) 보육교사의 자격

보육교직원은 어린이집 영유아의 보육, 건강관리 및 보호자와의 상담, 그 밖에 어린이집의 관리 · 운영 등의 업무를 담당하는 자로서 어린이집의 원장 및 보육교사와 그 밖의 직원을 의미한다(「영유아보육법」 제2조). 보육교직원에 대한 자격기준은 1960년 「아동복리법」에 의하여 보육 사업을 실시한 이후 「유아교육진흥법」, 탁아시설의 설치운영규정, 「아동복지법」, 「영유아보육법」 등으로 관련 법이 바뀌면서 변화를 거듭해 왔으며 보육교사의 자격은 1991년 「영유아보육법」 시행과 함께 2등급제로 유지되어 오다 2004년 「영유아보육법」이 전면 개정되면서 종전의 2등급에서 1급 보육교사, 2급 보육교사, 3급 보육교사의 3등급으로 체계화되었다. 또한 종전의 인증제에서 보건복지부 장관 수여의 국가공인자격증을 부여함으로써 보육교사의 자격기준을 강화하고 자격에 대한 체계적인 관리와 질적 수준을 향상하고자 하였다(박종옥, 2010).

「영유아보육법」(제21조)에서는 보육교직원에 대한 자격을 다음과 같이 규정하고 있다.

> 보육교사는 다음의 어느 하나에 해당하는 자로서 보건복지부 장관이 검정 · 수여하는 자격증을 받은 자이어야 하며, 보육교사의 등급은 1 · 2 · 3급으로 하고 등급별 자격기준은 대통령령으로 정한다.
>
> • 「고등교육법」 제2조에 따른 학교에서 보건복지부령으로 정하는 보육 관련 교과목과 학점을 이수하고 전문학사학위 이상을 취득한 사람
> • 법령에 따라 「고등교육법」 제2조에 따른 학교를 졸업한 사람과 같은 수준 이상의 학

력이 있다고 인정된 사람으로서 보건복지부령으로 정하는 보육 관련 교과목과 학점
을 이수하고 전문학사학위 이상을 취득한 사람
- 고등학교 또는 이와 같은 수준 이상의 학교를 졸업한 자로서 시·도지사가 지정한 교
육훈련 시설에서 소정의 교육과정을 이수한 사람

「영유아보육법」(제21조)에 의거하여 보육교직원의 자격기준을 구체적으로 살펴보면
〈표 4-1〉과 같다(보건복지부, 2015).

표 4-1   보육교사의 자격기준(2014. 3. 1. 시행)

등급	자격기준
보육교사 1급	1. 보육교사 2급 자격을 취득한 후 3년 이상의 보육업무 경력이 있는 사람으로서 보건복지부 장관이 정하는 승급교육을 받은 사람 2. 보육교사 2급 자격을 취득한 후 보육 관련 대학원에서 석사학위 이상을 취득하고 1년 이상의 보육업무 경력이 있는 사람으로서 보건복지부 장관이 정하는 승급교육을 받은 사람
보육교사 2급	1. 전문대학 또는 이와 같은 수준 이상의 학교에서 보건복지부령으로 정하는 보육 관련 교과목 및 학점을 이수하고 졸업한 사람 2. 보육교사 3급 자격을 취득한 후 2년 이상의 보육업무 경력이 있는 사람으로서 보건복지부 장관이 정하는 승급교육을 받은 사람
보육교사 3급	고등학교 또는 이와 같은 수준 이상의 학교를 졸업한 사람으로서 보건복지부령으로 정하는 교육훈련 시설에서 정해진 교육과정을 수료한 사람

출처: 보건복지부(2015). 2015년 보육사업안내.

보육교사의 자격과 함께 「영유아보육법」(제18조)에서는 어린이집 원장의 직무에 대해
어린이집을 총괄하고 보육교사와 그 밖의 직원을 지도, 감독하며 영유아를 보육하는 것
으로 규정하고 있다. 영유아의 보육에 직간접적으로 영향을 미치는 원장의 전문적 자질
에 대해 기본적으로 요구되는 자격기준에 대해 살펴보면 〈표 4-2〉와 같다(보건복지부,
2015).

표 4-2   원장의 자격기준(2014. 3. 1. 시행)

종류	자격기준
(1) 일반기준	• 보육교사 1급 자격을 취득한 후 3년 이상의 보육 등 아동복지업무에 경력이 있는 사람 • 「유아교육법」에 따른 유치원 정교사 1급 자격을 취득한 후 3년 이상의 보육 등 아동복지업무 경력이 있는 사람 • 유치원 원장의 자격을 가진 사람 • 「초·중등교육법」에 따른 초등학교 정교사 자격을 취득한 후 5년 이상의 보육 등 아동복지업무 경력이 있는 사람 • 「사회복지사업법」에 따른 사회복지사 1급 자격을 취득한 후 5년 이상의 보육 등 아동복지업무 경력이 있는 사람 • 「의료법」에 따른 간호사 면허증을 취득한 후 7년 이상의 보육 등 아동복지업무 경력이 있는 사람 • 국가 또는 지방자치단체에서 7급 이상의 공무원으로 보육 등 아동복지업무에 5년 이상 근무한 경력이 있는 사람
(2) 가정 어린이집	• 일반기준에서 정한 자격을 갖춘 사람 • 보육교사 1급 이상의 자격을 취득한 후 1년 이상의 보육업무 경력이 있는 사람
(3) 영아전담 어린이집	• 일반기준에서 정한 자격을 갖춘 사람 • 간호사 면허증을 취득한 후 5년 이상의 아동간호업무 경력이 있는 사람
(4) 장애아 전문 어린이집	• 일반기준에서 정한 자격을 갖춘 자로서 다음 각 호의 하나에 해당하는 사람 – 대학(전문대학 포함)에서 장애인 복지 및 재활 관련학과를 전공한 사람 – 장애아어린이집에서 2년 이상의 보육업무 경력이 있는 사람
(5) 대학· 교육훈련 시설이 운영하는 어린이집	• 일반기준에서 정한 자격을 갖춘 사람 • 어린이집을 운영하는 대학의 조교수 또는 교육훈련 시설의 전임교수 이상으로서 보육 관련 교과목에 대하여 3년 이상의 교육경력이 있는 사람

※ 대학·교육훈련 시설 운영 어린이집의 조건부 원장 근무를 제외하고 (1)~(4)의 어느 하나에 해당하는 사람은 보건복지부령으로 정하는 사전 직무교육을 받아야 한다.
출처: 보건복지부(2015). 2015년 보육사업안내.

2) 보육교사 자격취득 과정의 체계와 내용

「영유아보육법 시행규칙」 제12조에는 보육교사 자격을 취득하기 위해서 「고등교육법」에 의한 '대학' 또는 이와 같은 수준 이상의 학력이 있다고 인정된 사람이 이수해야 하는 보육 관련 교과목과 필요 학점이 있으며, 대학 이외의 교육훈련 시설에서 이수하여야 하는 교육과정에 대해서도 명시하고 있다. 다시 말해, 보육교사가 교직으로서의 전문성을 갖추기 위해서는 일정 수준 이상의 교육기관에서 교사로서 지녀야 할 능력과 자질 향상을 위해 요구되는 교과 내용을 이수하는 것이 필수적이다. 현재 보육교사 자격은 대학의 보육 관련학과를 졸업하거나 보육교사 교육훈련 시설(보육교사교육원)에서의 양성과정을 통해 취득할 수 있다.

(1) 대학에서의 보육 관련 교과목 및 학점 기준

전문대학, 이와 동등 이상의 학교에 입학하여 보육교사 자격증을 취득하려는 경우로 적용대상은 다음과 같다(보건복지부, 2015).

- 「고등교육법」에 의한 전문대학, 대학 등에서 보육 관련 교과목 및 학점을 이수하고 전문학사학위 이상을 취득한 사람
- 「학점인정 등에 관한 법률」에 따라 학점은행제로 보육 관련 교과목 및 학점을 이수하고 전문학사학위 이상을 취득한 사람
- 다른 법률에서 졸업 시 전문대학 이상의 학력이 인정되는 시설에서 보육 관련 교과목 및 학점을 이수하고 전문학사학위 이상을 취득한 사람

위의 대상은 대학 이상의 학력 취득 기회가 제공된다는 점에서는 동일하지만 자격을 취득하는 과정은 전문대학 및 대학, 학점은행 과정을 시행하는 평생교육원, 사이버 대학, 방송통신대학의 원격교육과정 등 다양한 경로를 통해 이루어진다. 보육교사 자격을 취득할 수 있는 보육 관련학과로는 보육학과, 유아교육학과, 아동학과, 가정학과, 사회복지학과, 사회사업학과, 가정교육학과, 가정관리학과, 초등교육학과, 심리학과, 특수교육학과, 간호(학)과, 아동복지학과, 복지행정학과 등으로 다양하며, 4년제 대학에서 2~3년제 전문대학까지를 포함한다.

대학과정을 통한 보육교사 자격취득에서 요구하는 교과목 및 학점 기준은 다음과 같다.

표 4-3 　대학에서 이수하여야 할 교과목 및 학점 기준(「영유아보육법 시행규칙」 제12조 1항)

영역	교과목	이수과목(학점)
보육필수	아동복지(론), 보육학개론, 영아발달, 유아발달, 보육과정, 보육교사론	6과목(18학점) 필수
발달 및 지도	인간행동과 사회환경, 아동관찰 및 행동연구, 아동생활지도, 아동상담(론), 특수아동이해, 장애아지도	1과목(3학점) 이상 선택
영유아 교육	놀이지도, 언어지도, 아동문학, 아동음악, 아동동작, 아동미술, 아동수학지도, 아동과학지도, 영유아프로그램 개발과 평가, 영유아교수방법(론)	6과목(18학점) 이상 선택
건강 · 영양 및 안전	아동건강교육, 아동간호학, 아동안전관리, 아동영양학, 정신건강(론)	2과목(6학점) 이상 선택
가족 및 지역사회 협력 등	부모교육(론), 가족복지(론), 가족관계(론), 지역사회복지(론), 자원봉사(론), 보육정책(론), 보육교사(론), 어린이집 운영과 관리	1과목(3학점) 이상 선택
보육실습	보육실습	1과목(3학점) 필수
전체	17과목(51학점) 이상	

※ 각 과목은 3학점을 기준으로 하며 최소 2학점 이상이어야 한다.
※ 상기 교과목 이외에 교과목 명칭이 동일하지 아니하더라도 교과 내용이 동일하다고 인정받고자 하는 경우, 동일 교과목 심의를 보육교직원 자격검정위원회로 요청하여 동일 과목으로 인정받아야 하며, 심의 절차는 자격검정위원회 운영규정에 따른다. 단, 심의 결과는 당해 대학에만 인정되고, 타 대학은 미적용(당해 사건에 개별적 효력만 인정)된다.

(2) 교육훈련 시설에서의 보육 관련 교과목 및 학점 기준

보육교사 교육훈련 시설인 보육교사교육원은 「영유아보육법」에 근거하여 설립된 교육기관으로서 어린이집에서 필요로 하는 보육교사를 양성하기 위하여 정부가 주도하여 설립한 보육교사 양성교육 전문기관이다. 전국의 보육교사교육원은 2013년 12월 기준으로 70여 개가 운영되고 있으며 이 중 대학부설이 45개, 민간시설이 25개를 차지하고 있다.

보육교사 자격 취득을 위하여 보육교사 교육훈련 시설에서의 훈련기간은 실습 160시간을 별도로, 975시간 이상을 훈련받아야 하며 훈련기관에서 이수해야 하는 교과목 및 학점 기준은 〈표 4-4〉와 같다(보건복지부, 2015).

표 4-4　교육훈련 시설에서 이수해야 할 교과목 및 학점 기준(「영유아보육법 시행규칙」 제12조 2항)

영역	교과목[학점]	이수과목(학점)
보육 기초	아동복지(론)[3], 보육학개론[3], 보육과정[3]	3과목(9학점) 필수
발달 및 지도	아동발달(론)[3], 인간행동과 사회환경[3], 아동생활지도[3], 아동상담(론)[3], 특수아동지도(특수교육학)[3], 영유아보육의 실제[3], 방과후 아동지도[2]	7과목(20학점) 필수
영유아 교육	놀이지도[3], 언어지도[2], 아동음악과 동작[2], 아동미술[2], 아동 수·과학지도[2], 교재교구개발[3], 영유아교수방법론[3]	7과목(17학점) 필수
건강·영양 및 안전	아동간호학[2], 아동안전관리[2], 아동영양학[2]	2과목(4학점) 이상 선택
가족 및 지역사회 협력 등	부모교육[3], 지역사회복지[3], 보육정책[2], 어린이집 운영과 관리[3], 정보화 교육[2]	5과목(13학점) 필수
보육실습	보육실습[2]	1과목(2학점) 필수
계	25과목(65학점) 이상	

※ 비고 1) 각 과목당 평가점수가 70점 이상인 경우에만 이수한 것으로 인정한다.
　　　 2) 학점당 시간은 15시간을 기준으로 하되, 보육실습시간은 4주 이상 연속하여 160시간 이상으로 한다.

(3) 보육 관련 교과목에 대한 이해

보육교사를 양성하는 교육기관에서 이수해야 할 교육과정은 '보육 기초' '발달 및 지도' '영유아 교육' '건강·영양 및 안전' '가족 및 지역사회 협력' '보육실습'으로 구분된다. 대학에서 이수하여야 할 교과목을 기준으로 과정별 해당 교과목의 내용을 살펴보면 다음과 같다.

① 보육 기초

보육 기초영역은 아동복지(론), 보육학개론, 영아발달, 유아발달, 보육과정, 보육교사론을 포함하며, 6과목 모두 필수과목으로 18학점을 이수해야 한다. 보육 기초영역에서 이수해야 할 과목 모두가 필수과목인 것처럼 가장 기초가 되는 과목이라 할 수 있다. 보육 기초영역은 영유아의 발달과 학습에 관한 지식, 보육에 대한 개괄적인 내용 및 보육과정, 영유아의 복지와 관련된 이해와 적용, 보육교사의 전문성·역할·자질에 관한 내용 등으로 구성된다.

② 발달 및 지도

발달 및 지도영역은 인간행동과 사회환경, 아동관찰 및 행동연구, 아동생활지도, 아동상담(론), 특수아동이해, 장애아지도를 포함하며, 1과목 이상 선택하여 3학점 이상을 이수해야 한다. 발달 및 지도영역에는 영유아의 행동 및 환경의 중요성을 이해하고 현장에서 적용하기 위해 요구되는 기초적인 교과목이 해당된다. 영유아의 행동에 대한 체계적 관찰과 연구방법, 다양한 상담기법에 대한 이해, 장애아와 특수아동의 발달 특성 이해 및 지도방법에 대한 내용 등을 포함한다. 보육현장에서 장애아 통합보육이 증가하고 있는 현실을 반영하여 특수아동과 장애아 지도과목이 세분화되어 구성된다.

③ 영유아 교육

영유아 교육영역은 놀이지도, 언어지도, 아동문학, 아동음악, 아동동작, 아동미술, 아동수학지도, 아동과학지도, 영유아프로그램 개발과 평가, 영유아교수방법(론)을 포함하며, 6과목 이상 선택하여 18학점 이상을 이수해야 한다. 영유아 교육 관련 과목은 실제 보육현장에서 직접 교수하는 데 필요한 과목으로 교사의 전문성과 효능감을 높일 수 있는 영역이다. 영유아 교육의 기본활동인 놀이의 기초이론과 바람직한 놀이지도 방법을 비롯하여 언어 및 문학, 음악 · 동작 · 미술의 예능 관련 과목, 수 · 과학 과목의 기본내용, 현장에서 적용할 수 있는 구체적 교수방법 등이 포함된다.

④ 건강 · 영양 및 안전

건강 · 영양 및 안전영역은 아동건강교육, 아동간호학, 아동안전관리, 아동영양학, 정신건강(론)을 포함하며, 2과목 이상을 선택하여 6학점 이상을 이수해야 한다. 건강 · 영양 및 안전영역은 영유아의 질병에 대한 이해와 적절한 대처방법, 영유아의 건강하고 안전한 생활을 위한 환경구성 및 지도방법, 위생적인 식재료 제공 및 올바른 급 · 간식 지도 등의 영양에 관한 내용 등으로 구성된다. 어린 연령의 아이들을 보육하는 기관에서는 영유아를 안전하게 돌보는 것이 무엇보다 중요하다는 점에서 아동 건강이나 안전관리에 대한 이해가 요구된다.

⑤ 가족 및 지역사회 협력

가족 및 지역사회 협력영역은 부모교육(론), 가족복지(론), 가족관계(론), 지역사회복지(론), 자원봉사(론), 보육정책(론), 보육교사(론), 어린이집 운영과 관리가 포함되며 1과목 이상 선택하여 3학점 이상을 이수해야 한다. 영유아와 직간접적으로 관련되는 광범위한 분야에 대한 이해의 폭을 넓힐 수 있는 내용으로 영유아와 부모 및 가족에 대한 이해, 보육시설의 운영범위에 대한 이해와 실제 운용 능력, 국가적인 정책에 대한 이해, 사회구성원으로서 강조되는 봉사 관련 내용 등이 포함된다.

⑥ 보육실습

보육실습은 보육교사로서의 실제적 준비를 위하여 보육교사의 역할을 미리 체험해 보는 교과로 3학점 과정이며, 보육실습 과목을 이수하지 않으면 보육교사 자격을 취득할 수 없다. 4주간 160시간 이상을 실습해야 하며, 실습 후 어린이집에서의 평가점수가 80점 이상이 되어야 한다. 실습기간 동안 어린이집에서의 보육교사의 역할 전반을 수행하며 보육교사직에 대한 두려움을 극복하고 자신의 적성과 보육교사로서의 자질 등을 검토해 보며 실무능력을 향상시킬 수 있게 된다.

2. 보육교사 자격 취득과정의 개선방안

영유아를 담당하는 보육교사는 단순히 영유아를 보호하는 역할뿐만 아니라, 영유아의 성장·발달을 촉진함으로써 평생의 기초를 다지는 데 지대한 영향을 미치게 된다(이순영, 이숙원, 2005). 따라서 보육교사에게는 영유아의 전인발달이 고르게 성장할 수 있게 하는 데 필요한 전문지식 및 이를 실제 수업활동으로 계획하고 영유아와의 상호작용에서 실행능력으로 발휘될 수 있는 자질이 요구된다. 이러한 맥락에서 보육교사 양성기관에서 실시되고 있는 교육과정의 내용이 매우 중요하다고 볼 수 있다.

질적으로 우수한 보육교사를 양성하기 위해서는 대학과 교육훈련 시설의 주요 교육과정 영역들이 유기적으로 연계되고 이론으로 습득한 내용들이 보육실습을 통해 현장에서 적용될 수 있도록 체계적으로 운영되어야 한다. 이러한 관점에서 현재 보육교사 양성과정에서 운영하고 있는 교육과정의 문제점 및 몇 가지 개선방안을 살펴보고자 한다.

1) 교육과정 구성의 체계화에 대한 요구

보육교사의 전문성 부분에서 부족한 자질 중 하나로 인식되고 있는 것은 교육 실제에 기초가 되는 확고한 지식을 갖추지 못하고 있다는 것이다. 보육교사에게 필요한 지식의 기초는 영유아에 대한 이해, 보육과정에 대한 이해, 교육 및 사회현상에 대한 이해, 보육 현장에 대한 이해와 적용, 보육교사의 전문성에 대한 이해, 의사소통의 기술, 연구 능력 등으로, 이러한 기초 지식들이 보육교사 양성 교육과정 교과목에 반영됨으로써 교사로 서 반드시 알아야 하는 핵심 지식을 제공할 필요가 있다(박종옥, 2010).

또한 보육교사는 교육 관련 지식 분야를 갖추는 것과 함께 다양한 교양영역에 대한 지식을 갖추어야 한다. 교사는 유아들이 자신과 주변 세계에 대해 다양한 경험을 할 수 있도록 지원해 주는 역할을 해야 하며, 이를 위해 여러 분야에 걸쳐 정확하고 폭넓은 지 식을 갖추고 있어야 한다(염지숙, 이명숙, 조형숙, 김현주, 2011). 영유아와 상호작용하는 교사는 교육학의 맥락에서 영유아의 교육을 이해하고 교육현장에서 일어나는 다양한 문제들을 해결할 수 있는 전문지식 등 교직 및 전문영역에 대한 지식과 함께 교양영역 에 대한 지식도 갖추어야 한다.

따라서 보육교사 양성과정의 교과목 영역 분류가 보다 체계적일 필요가 있다. 현 6개 영역에 교양분야를 포함하여 보육 기초 분야, 보육 전문 분야, 교양영역 분야의 3개 분 야로 분류할 필요가 있다(심의보, 2009). 다시 말해, 보육교사에게 필요한 기초 지식과 교 양영역에 대한 지식이 각 교과목에서 통합되어 습득될 수 있도록 교육과정에 대한 체계 화 작업이 필요한 것이다. 교사로서 필요한 기초 지식과 교양 지식을 규정하고 이러한 지식들이 양성 교육과정의 교과목으로 반영됨으로써 영유아에게 보다 전문적이고 다양 한 분야의 지식을 제공할 수 있는 보육교사로 성장할 수 있을 것이다.

2) 보육교사 자격 등급 간의 균형 있는 교육과정 운영에 대한 요구

현재 우리나라의 보육교사는 등급제로 구분되어 있으며, 등급에 따라 교육기간이나 자격 취득을 위해 이수해야 하는 교과목과 학점이 상이하게 운영되고 있다. 이러한 등급 에 따른 교육과정의 불균형은 보육교사의 전문성에 영향을 미칠 수 있으며, 궁극적으로 보육기관의 영유아에게도 서로 다른 영향을 미치는 결과를 초래할 수 있다.

　실제 보육교사 자격 등급 간 양성 교육과정의 개설 교과목과 교과목 배치에서의 상이점을 살펴보면, 2급 보육교사를 위한 교과목으로 제시한 아동관찰 및 행동연구, 아동문학, 영유아프로그램 개발과 평가, 아동건강교육, 정신건강(론), 가족복지(론), 가족관계(론), 보육교사(론) 과목이 3급의 경우에는 배치되어 있지 않고 2급 보육교사 양성과정에서 필수 기초과목으로 구성하고 있는 '아동발달'은 3급 보육교사 교육과정에서는 '발달 및 지도영역'에 배치되어 운영되고 있다(박종옥, 2010).

　또한 자격 취득에 필요한 학점을 살펴보면, 3급 보육과정에서는 25과목 65학점 이상을 이수해야 하는 것에 비해 2급 보육과정에서는 17과목 51학점을 이수해야 하므로 3급 보육과정이 보육 관련 과목을 더 충실하게 준비하는 것으로 인식될 수 있다. 1년 과정으로 운영되는 3급 보육교사 양성과정의 교육기간을 볼 때, 교과목 운영의 충실성을 걱정할 수도 있겠으나 3급에 비해서 상급으로 인정받고 이후 승급 기회에서도 이점을 갖는 2급 보육교사 양성과정의 보육 관련 이수학점이 3급 보육교사 양성과정과 차이를 보이는 것은 재고할 필요가 있으며 등급 간 양성과정의 학점 구성이 균형 있게 운영될 필요가 있다.

3) 필수 교과목의 학점 상향을 통한 보육교사의 전문지식 습득 강화에 대한 요구

　현재 우리나라의 보육교사 양성은 대학, 전문대학뿐 아니라 1년제 보육교사교육원에서도 이루어지고 있으며, 대학도 지정학과 졸업이 아닌 관련학과에서 필요로 하는 보육 관련 교과목을 이수하면 자격을 취득할 수 있다. 또한 대학의 비관련학과 출신자인 경우에도 학점은행과정을 통하여 보육교사 자격을 취득하게 되는 상황은 4년제 대학을 졸업했으나 보육과 관련되지 않은 전공으로 보육교사로서의 전문적 자격요건을 갖추지 못하는 문제를 발생시키기도 한다(이숙희, 2006). 자격 취득을 위해 이수해야 하는 학점에서도 2급 보육교사의 경우, 필수과목이 실습 포함 5과목뿐이며 나머지가 모두 선택과목으로 지정되어 있다는 점도 보육교사의 전문성을 방해하는 요인으로 볼 수 있다.

　이처럼 보육교사 자격 취득 이수학점이 낮고 전공학과 없이 다양한 학과에서 보육교사 양성을 가능하게 하는 지금의 상황은 학생들의 전문지식 강화를 방해하고 보육교사직을 전문직인 교직으로 인정하지 않는 사회적 인식이라는 결과를 가져올 수 있다.

따라서 보육교사의 전문성 향상을 위하여 양성과정에서 필수 이수학점을 높이고, 관련학과 출신에 대한 자격증 부여를 제한함으로써 보육교사 자격이 누구나 소수 학점만으로 취득할 수 있는 손쉬운 직업이 아닌 그 직업 준비를 위해 전공으로서 몰두하는 기간이 필요함을 강조하여야 한다(김은설 외, 2011).

보육은 보호와 교육이라는 중요한 주제를 다루는 분야다. 아동을 보호하고 교육한다는 차원에서 보육교사 역할의 중요성은 몇 번을 강조해도 지나치지 않을 것이다. 따라서 보육교사 양성기관의 교육과정은 보육교사가 그 역할을 수행하기 위해 필요한 다양한 분야를 습득할 수 있도록 체계적인 구성이 필요하다. 인생의 중요한 시기인 영유아기의 성장과 발달에 대한 체계적인 지식과 실제에서 적용할 수 있는 능력을 배양하는 것과 함께 인간에 대한 열정 등 교사의 정의적 속성도 포함하여 필요한 전문적 지식을 습득할 수 있도록 균형 있는 교육과정이 운영되어야 할 것이다.

 학습과제

1. 보육교사 양성과정의 교과목 구성에서 필수과목을 알아보고 보육교사의 전문성 향상에 해당 과목이 필수적인 이유에 대해 토의하시오.

2. 보육교사가 전문 직업으로 자리매김하기 위해 예비 보육교사로서 어떤 노력이 필요한지 토의하시오.

참고문헌

김은설, 최윤경, 김문정(2011). 보육 인력 전문성 제고를 위한 보육교사 자격 제도 개선 방안. 한국교원교육연구, 28(3), 265-286.
박종옥(2010). 영유아 교원 양성정책의 성과와 과제-자격제도 현황분석과 개선방안. 한국아동보육실천학회, 6(1), 51-70.

법제처(2014). 「영유아보육법」. 「영유아보육법 시행규칙」.

보건복지부(2015). 2015년 보육사업안내.

보건복지부, 교육과학기술부(2013). 3-5세 연령별 누리과정 해설서.

보건복지부, 육아정책연구소(2013). 제3차 어린이집 표준보육과정 해설서.

서문희, 김은설, 안재진, 최진, 최혜선, 김유경, 조애저(2009). 2009년 전국보육실태조사-가구조사-. 보건복지가족부 · 육아정책개발센터.

심의보(2009). 보육교사 양성기관의 교육과정 개선방향. 유아교육 · 보육행정연구, 13(2), 389-410.

염지숙, 이명순, 조형숙, 김현주(2011). 유아교사론. 경기도: 정민사.

이미화, 민정원, 엄지원, 윤지원(2013). 영아보육의 실태 및 질 제고 방안. 서울: 육아정책연구소.

이숙희(2006). 저출산시대가 요구하는 보육교사 양성과정에 대한 전망. 유아교육 · 보육행정연구, 10(2-1), 23-46.

이순영, 이숙원(2005). 개정 영유아 보육법에 의거한 보육교사 양성대학 교육과정 비교 · 분석 연구. 아동보육연구, 1(1), 1-18.

법제처(http://www.moleg.go.kr/)

제**5**장
보육교사 실습

학습개요

> 보육실습은 유능한 보육교사가 갖추어야 하는 실천적 지식을 형성하는 데 기본이 되며 교사로서 입문하는 데 필수적인 과정이다. 보육실습과정에서 예비 보육교사들은 그동안 수업에서 배운 이론과 지식을 일정 기간 동안 실제에 적용해 볼 수 있는 기회를 갖게 된다. 또한 보육교사의 역할에 필요한 보육과정의 이해, 영유아와의 상호작용, 교수-학습방법, 학급운영 및 행정과 사무업무 등에 관한 실제적이고 새로운 지식과 구체적인 기술, 태도 등을 직접 경험하고 배울 수 있게 된다. 그러므로 보육실습은 예비 교사들의 전문성 향상 및 성장과 발달 그리고 가치관 형성에 커다란 영향을 미칠 수 있는 종합적인 과정인 것이다.
>   이 장에서는 보육실습의 목적, 의의, 절차 그리고 보육실습생의 역할과 자질 등에 대해서 살펴봄으로써 예비 교사들의 실습에 대한 이해를 돕고자 한다.

1. 보육실습의 목적과 의의

1) 보육실습의 목적

보육실습은 보육교사 양성기관 교육과정의 일환으로 「영유아보육법」이 규정한 바에 따라 0세부터 6세 미만의 취학 전 영유아와 12세까지의 아동을 대상으로 하는 보육현장에서 예비 보육교사에게 중요한 경험을 제공하는 보육기관에서의 활동이다. 이에 예비 보육교사들이 대학에서 배운 이론적 지식과 기술을 보육현장에서 실제적으로 적용해 봄으로써 보육현장을 이해하게 되고 유능한 보육교사로서의 역할과 자질을 기르는 데 주요한 목적이 있다.

『양성교육기관에서의 보육실습지도』에서는 "보육실습이란 향후 어린이집 교사 자격증을 받고 교사가 되고자 준비하는 학생이 어린이집 현장에서 예비 보육교사의 역할을 직접 경험해 보는 과정이며, 국가가 발급하는 '보육교사 자격증'을 취득하기 위해 필수적일 뿐 아니라 양성교육기관에서 배운 이론과 지식을 현장에서 실제 적용해 보는 핵심적인 과정이기도 하다."(한국보육진흥원, 2013)라고 명시하고 있다. 이에 보육실습의 목표를 구체적으로 정리하면 다음과 같다(한국보육진흥원, 2013).

첫째, 보육의 철학과 목적 및 목표에 대한 생각을 발전시킨다.

둘째, 실제 경험을 토대로 영유아에 대한 심화된 이해를 한다.

셋째, 연령과 발달수준에 적합한 구체적인 보육내용, 놀이 중심의 상호작용, 영유아의 흥미를 고려한 효과적인 교수법 등을 관찰하고 직접 수행해 본다.

넷째, 실습기관 실내외의 환경 구성 및 자료의 적절한 활용을 경험한다.

다섯째, 보육교사의 전문적 역할과 책임, 태도를 직접 경험한다.

여섯째, 보육실습생 스스로 보육교사로서의 자질을 파악하고, 전문성을 향상시키기 위한 노력을 하며 향후 진로를 탐색한다.

일곱째, 보육실습기관과 지역사회, 부모 간 연계를 경험하고, 어린이집 내 조직 문화 등을 이해한다.

이와 같이 보육실습은 예비 보육교사들로 하여금 보육현장에서 실제적인 경험을 통해 보육에 대한 이론적 지식과 실천적 지식을 연계하여 지식 · 기술 · 태도 등 종합적인 지식을 습득하게 한다. 또한 이것은 예비 교사들이 자신의 적성과 능력을 점검할 수 있는 기회를 갖게 됨과 동시에 보육교사로서의 철학과 가치관을 형성해 나가게 되는 중요한 계기가 된다.

2) 보육실습의 의의

예비 보육교사들은 4주의 보육실습기간 동안 보육실습생으로 학생의 신분을 유지하면서 보육실습기관의 낯선 공간에서 교사라는 새로운 역할을 담당해야 한다. 또한 출퇴근이 정해진 규칙적인 생활, 새롭게 만난 보육교사 및 부모와의 인간관계 형성, 업무 수행, 영유아와의 상호작용 및 활동 진행 등의 다양한 역할을 수행하게 된다. 이러한 다양한 역할로 인해 예비 교사들은 실습기간 동안 기대감과 동시에 두려움을 가지게 된다. 이러한 심리적·신체적 어려움은 낯선 경험을 할 때면 누구나 느낄 수 있는 것이다. 예비 보육교사들이 보육현장에서 보육실습을 성공적으로 마친다면, 지식·기술·태도 측면에서 모두 성장해 있는 자신을 발견할 수 있고, 자신의 노력에 대한 만족감을 얻게 될 것이다. 이에 예비 보육교사들이 보육실습을 통해 경험하게 될 보육실습의 의의를 정리해 보면 다음과 같다(한국보육진흥원, 2013).

첫째, 이론 중심으로 배웠던 지식을 보육현장에 실제 적용해 보면서 실천적 지식을 습득하고, 영유아에 대한 이해를 향상시키는 기회를 갖는다.

둘째, 보육계획이 어떻게 이루어지고, 융통적으로 운영되며, 보육실내외에서 영유아의 놀이가 어떻게 확장되고, 활동과 자료가 흥미와 발달에 적합하게 운영되는가를 직접 관찰하여 교사의 전문적인 역할과 상호작용법을 배울 수 있는 기회를 갖는다.

셋째, 실습생이 직접 보육활동을 계획하고 실시해 봄으로써 바람직한 일과 운영을 익히고, 효과적인 교수·학습방법을 이해하는 기회를 갖는다.

넷째, 어린이집 교사의 역할에 대해 현실적으로 이해하고, 보육교사로서 자신의 능력과 자질을 평가해 보는 기회를 갖는다.

다섯째, 어린이집 원장, 보육교사 및 부모 등의 다양한 관점과 요구 등을 관찰하고, 지역사회에서 어린이집의 역할과 기능에 대해 생각해 보는 기회를 갖는다.

여섯째, 영유아에게 영향을 미치는 좀 더 넓은 관점인 사회현상, 보육정책, 부모교육 등과 영유아에 대한 심도 있는 연구 결과들에 관심을 가질 수 있다.

일곱째, 어린이집에서 4주간의 보육실습을 성공적으로 끝냈다는 자신감은 향후 새롭게 시도할 다양한 경험에 대한 도전 정신과 긍정적 태도를 갖게 해 줄 수 있다.

2. 보육실습에 관한 법적 기준 및 준비

「영유아보육법 시행규칙」(개정 2012. 8. 17.) 제12조 제1항에 보육실습기관 및 보육실습 지도교사, 보육실습 시기 및 실습 인정시간, 실습의 평가에 대한 기준이 명시되어 있다. 이러한 시행규칙의 내용은 2013년 3월 1일부터 시행하고 있다. 이에 보육실습과 관련된 법적 기준 및 준비를 살펴보면 다음과 같다(한국보육진흥원, 2013).

1) 보육실습기관

보육실습은 다음의 법적 기준이 충족되는 것은 물론 평가인증을 받은 어린이집, 최근 몇 년간 보육실습을 보내 본 경험에 따라 어린이집의 질적 수준이 높다고 판단되는 곳, 실습지도교사가 최선을 다해 예비 교사를 지도하고자 하는 곳 등에서 해야 한다. 학생들이 좀 더 우수한 곳에서 실습을 경험할 수 있도록 실습기관에 대한 선정에 신중을 기하도록 한다.

- 법적으로 인가받은 정원 15인 이상의 어린이집
- 교육과정과 방과후 과정을 운영하는 유치원(교육청에 종일제 유치원으로 등록되어야 한다)

2) 보육실습 지도교사

- 보육실습은 보육교사 1급 또는 유치원 정교사 1급 자격을 가진 자가 지도해야 한다.
- 실습 지도교사 1인당 보육실습생 3명 이내로 지도해야 한다.

3) 보육실습 교과목 및 학점 기준

(1) 보육실습 교과목
- 보육실습은 보육실습 교과목으로 이수하는 것이 원칙이며 성적증명서를 통하여 교

과목 확인이 가능해야 한다.

- 다만, 보육현장실습, 교육실습 등 교과목 명칭이 다르더라도 보육실습기관 및 실습 기간의 조건을 만족하는 경우에는 보육실습으로 인정한다.

(2) 학점 기준

- 보육실습 교과목은 반드시 2학점 이상으로 이수하여야 하고 평가점수가 80점(B학점) 이상인 경우에만 보육실습을 이수한 것으로 인정된다. 2014년 3월 1일부터는 보육실습 교과목을 3학점으로 이수해야 한다.

4) 보육실습 이수시기 및 기간

(1) 보육실습 이수시기

- 보육실습은 보육실습 교과목이 개설된 학기(계절학기 포함, 전후 방학 포함)에 해야 한다. 가능한 한 일상적인 보육이 이루어지는 3~6월, 9~11월에 보육실습을 하는 것이 바람직하다.

(2) 보육실습 기간

- 보육실습은 4주 160시간 이상 연속으로(월요일~금요일) 해야 하며, 1일 8시간 동안 하는 것이 원칙이다.
- 실습 인정시간은 평일 오전 9시부터 오후 7시 사이의 보육실습기관 운영 중에 실습을 하여야만 실습시간으로 인정된다.
- 주 1회 보육실습 또는 주말 실습 등 특정 요일에만 보육실습을 하거나, 오후 7시 이후 야간에 실습을 하여 160시간 이상이 되더라도 보육실습을 이수한 것으로 인정될 수 없다.
- 단, 야간대학(교), 한국방송통신대학교, 원격대학(교)의 경우에 한해 2회로 나누어 실시할 수 있다. 보육실습을 2회로 나누어 실시하는 경우 교과목을 학기로 나누어 보육실습 I, II를 개설하고, 이때 보육실습 교과목이 개설된 학기 중(직전, 직후 방학 포함)에 반드시 실시하여야 하므로 교과목이 개설된 학기에 각 1회씩 실시해야 한다. 보육실습 기간은 두 기간을 합산하여 오전 9시부터 오후 7시 사이에 총 4주 160

시간 이상 실습을 한 경우에 인정된다.

5) 실습의 평가

• 실습의 평가는 보건복지부 장관이 정하는 보육실습일지와 실습평가서에 근거하여 하되, 평가점수가 80점 이상인 경우에만 실습을 이수한 것으로 인정한다.
• 보육실습 내용의 적절성을 증명하는 보육실습확인서 원본을 제출한다.

6) 기 타

(1) 보육실습생 등록 · 관리

2013년 3월 1일부터는 어린이집지원시스템을 통해 보육실습생 등록 및 관리가 이루어지며, 등록된 정보는 자격 취득을 위한 정보로 '자격관리시스템'에 전송된다. 또한 보육실습확인서는 어린이집지원시스템을 통해 출력하여 어린이집 직인 날인 후 양성교육기관으로 송부하도록 한다. 보육실습생 등록 및 수정은 실습종료일 이후 2개월 이내에만 가능하며, 구체적인 방법은 다음과 같다.

> ⊙ **보육실습생 등록방법**
> 어린이집지원시스템 → [자격관리] → [보육실습생 관리] → [등록] 버튼 클릭
> (실습기관 및 실습이수자 기본사항, 실습기간 등 입력) → [저장] 보육실습생 정보 저장 완료
> ※ 실습이수자 기본사항 및 실습기간 등을 입력 완료해야만 실습 지도교사 관련사항 입력 가능
>
> ⊙ **실습 지도교사 등록방법**
> 지도교사 성명과 자격종류(자동연동)를 선택 후 자격번호 입력 → [저장] 보육실습생 및 지도교사 정보 저장 완료
> ※ 보육실습을 지도한 학생이 1명 이상일 경우 [추가] 버튼 클릭

출처: 보건복지부(2015). 보육사업 안내지침서.

(2) 보육실습확인서 작성 및 제출방법

'보육실습확인서'는 어린이집지원시스템을 통해 입력, 저장된 보육실습생 및 실습지도교사 정보가 자동으로 연동되므로 입력된 정보가 정확한지 확인한 후 보육실습확인서를 출력하여 어린이집 직인 날인 후 양성교육기관으로 송부한다. 이때 첨부서류(어린이집 인가증 사본, 지도교사 자격증 사본)는 제출하지 않는다(단, 교육과정과 방과 후 과정을 운영하는 유치원에서 실습한 경우는 제외, 이하 '유치원').

⊙ 보육실습생 등록방법

어린이집지원시스템 → 〔자격관리〕 → 〔보육실습생 관리〕 → 대상자 조회 후 〔선택〕
→ 〔제출〕 버튼 클릭 (메시지 창 확인) → 〔확인〕 버튼 클릭 (제출 완료)

※ 야간대학, 한국방송통신대학, 원격대학에서 2회로 나누어서 실습한 경우에는 보육
   실습생 등록 및 제출을 각각 해야 함. 제출된 내용은 자격 취득을 위한 정보로 전송
   되므로 제출 이후에는 수정 불가

⊙ 보육실습확인서 제출여부

어린이집지원시스템 → 〔자격관리〕 → 〔보육실습생 관리〕 → 보육실습생 관리 화면에
서 제출 완료된 보육실습생 정보 제출여부 〔미제출〕 → 〔제출〕로 변경됨

출처: 보건복지부(2015). 보육사업 안내지침서.

3. 보육실습의 유형

보육실습은 협의의 개념으로 4주 동안 어린이집에서 이루어지는 정규실습으로 정의될 수 있으나 최근에는 광의의 개념으로 사전실습, 정규실습, 사후실습을 모두 포함하여 이루어지고 있는 추세다.

1) 사전실습

(1) 사전실습의 목적

사전실습이란 정규실습 이전에 1회 또는 여러 차례에 걸쳐 단기간 동안 개별적 요구

에 의해 현장경험을 하는 실습과정을 말한다. 이 과정을 통하여 예비 보육교사들은 자신이 실습하게 될 유아교육기관의 분위기, 교육현장의 하루 일과, 영유아의 발달상태 등에 관해 경험함으로써 실습에 대한 두려움이 줄어들고 정규실습의 준비 및 효과적인 정규실습과정을 수행할 수 있게 된다. 이러한 사전실습에서는 견학, 보조교사, 영유아 관찰, 부분 참여수업 등에 예비 교사들이 참여하게 된다. 그러나 사전실습은 의무적인 것이 아니기 때문에 사전실습을 실시하지 않는 보육교사 양성기관도 많으며, 사전실습을 실시하고 있는 경우에도 정규실습을 위한 사전 방문으로 인식하고 있는 경우도 있다. 그러므로 사전실습은 예비 교사들에게 실습에 대한 이해를 돕고 정규실습에 대한 체계적인 준비를 할 수 있도록 하기 위한 일환으로 이루어지는 것이 바람직하다. 이에 사전실습에 대한 목적을 구체화하여 진행해야 하며 그 목적을 정리하면 다음과 같다(문혁준 외, 2014; 윤희경 외, 2011).

첫째, 어린이집의 하루 일과를 이해할 수 있도록 도와준다.

둘째, 어린이집의 하루 일과는 보호와 교육이 모두 중요하게 이루어진다는 것을 이해할 수 있도록 도와준다.

셋째, 실습 어린이집의 환경, 시설, 교직원, 프로그램 등을 이해할 수 있도록 도와준다.

넷째, 영유아 발달이론 및 발달 특성에 대해 이해할 수 있도록 도와준다.

다섯째, 영유아의 연령 및 발달수준에 적합한 보육 및 교수방법에 대해 이해할 수 있도록 도와준다.

여섯째, 학교에서 배운 이론과 어린이집에서의 실제 사이의 차이를 체험하며 보육 목적, 내용, 과정, 평가 등에 대한 이해를 도와준다.

일곱째, 보육교사의 다양한 역할에 대한 전반적인 이해 및 보육교사로서의 교육관 확립에 도움을 준다.

여덟째, 어린이집의 하루 일과에는 예측할 수 없는 많은 문제 상황이 일어날 수 있음을 이해하도록 도와준다.

(2) 사전실습의 내용

① 하루 일과에서의 교사의 역할에 대한 이해

보육기관의 하루 일과는 오전 7시 30분에서 오후 7시 30분까지 운영된다. 등원에서부터 자유선택활동, 간식, 전이활동, 대소집단활동, 실외놀이, 점심, 낮잠, 오후 간식 및 자유선택활동, 하원 등으로 하루 일과가 진행된다. 예비 교사들은 사전실습을 통해 하루 일과의 시간대별로 교사의 역할을 이해할 수 있는 기회를 가진다.

② 영유아의 연령별 발달 특징에 대한 이해

학교에서 배운 영유아의 발달 특징에 대한 이론이 실제로 어떠한 양상을 보이는지 직접 경험하고, 다양한 행동 특성을 보이는 영유아들을 보육교사가 어떻게 지도하고 이끌어 가는지를 경험할 수 있도록 돕는다.

③ 표준보육과정에 근거한 보육과정 및 누리과정에 대한 이해

표준보육과정에 근거한 보육의 목표, 내용, 방법 등에 대한 이해를 돕고, 연간·월간·주간·일일계획안이 어떻게 연계성을 갖고 진행되는지를 이해할 수 있도록 돕는다.

④ 다양한 문제 상황에 대한 이해

어린이집에서는 예측할 수 없는 다양한 문제 상황이 일어날 수 있음을 알게 하고, 사전실습에서 실습생에게 지도교사의 대처방법을 관찰할 수 있도록 돕는다. 이러한 관찰을 통해 문제 상황에 대한 원인과 대처 전략을 생각해 볼 수 있도록 하는 것이 필요하다.

⑤ 실습생의 정체성 형성

사전실습에서 실습생이 자신의 적성과 능력을 긍정적으로 확인하는 경험을 하게 되면, 자신감을 갖게 되어 정규실습을 효과적으로 수행할 수 있으나 영유아에 대한 부정적인 느낌, 스트레스를 경험하게 되면 앞으로 있을 정규실습에 부정적인 영향을 미칠 수 있다. 따라서 사전실습에서 보육교사로서 긍정적인 신념을 형성할 수 있어야 한다.

이와 같이 사전실습을 보다 효과적으로 실시하기 위해서 대학 또는 보육교사 양성기관에서는 우수한 보육기관을 신중히 선정하고 협력하며, 실습을 의뢰받은 보육기관에서는 사전실습에 대한 내용과 방법에 대해 충분히 협의하고 사전실습의 경우에도 책임감을 가지고 실습 지도교사를 선정하는 등의 노력이 필요하다.

2) 정규실습

정규실습은 보육교사 자격 취득을 위한 필수 과정으로서 4주에 걸쳐 보육현장에서 교사로서의 직무 수행을 전체적으로 경험해 보는 실습과정을 말한다.

일반적으로 실습생은 이 기간 동안 주로 보육현장에 대한 관찰과 보육 일과에 대한 보조교사로서의 참여, 보육활동의 계획 및 실행 후 평가 등의 과정을 수행하게 된다.

(1) 정규실습의 내용

정규실습은 관찰, 놀이 및 활동지도, 일과지도, 다양한 영역에서 보조교사로의 참여, 보육활동의 계획 및 실행, 영유아에 대한 기록 및 사무관리 등을 경험할 수 있는 내용이 포함되어 있어야 한다.

① 관찰실습

관찰은 보육실습 기간 동안 계속적으로 이루어지지만 실습 초기에 영유아 행동 및 놀이에 대한 관찰과 일과 운영에 대한 관찰시간을 충분히 갖고 관찰 내용에 대해 실습 지도교사의 지도를 받는 것이 필요하다. 관찰의 주된 내용은 영유아의 연령에 따른 보육실 환경 구성의 특성, 일과의 진행, 영유아의 발달 및 놀이 특성, 보육교사의 역할 및 영유아와의 상호작용을 포함한 다양한 관찰을 실행해 본다.

② 놀이 및 활동지도

실습생이 보육기관에서 지도교사가 계획하고 주도하는 수업활동 및 환경 구성 등에 여러 가지 형태로 참여하는 과정으로 집단활동 유형별, 다양한 교과활동별로 부분수업과 부분연계수업을 경험할 수 있도록 계획하고 마지막으로 전일수업활동을 계획하여 다양한 실습의 기회를 갖는다.

③ 일과지도

영유아의 하루 일과, 즉 낮잠, 식사, 간식, 화장실 가기, 전이활동 등의 활동지도와 건강과 안전지도, 건강과 영양 교육, 위생적인 환경 조성과 관련된 내용 등을 포함하여 실습생은 보조교사로서 주교사의 일과지도를 지원해 주는 역할을 할 수 있도록 한다.

④ 다양한 영역에서의 보조교사로 참여

보조교사로서의 참여는 보육실습 기간 동안 계속적으로 진행되며, 보조교사로 참여하면서 영유아와 친밀한 관계 형성, 영유아에 대한 이해, 일상생활지도 등 보육교사로서의 업무를 파악한다.

⑤ 보육활동의 계획 및 실행

보육활동에 대한 실습은 실습담당교사의 지도 아래 보육실습생이 직접 보육활동을 계획하고 실행해 보는 것으로 부분수업, 부분연계수업, 종일수업 등이 포함된다. 일과 중의 특정 시간이나 한두 영역의 보육활동 수행에서 시작하여 반일 또는 귀가까지 하루를 보육실습생이 직접 계획하여 수행하는 방식으로 진행한다.

⑥ 영유아에 대한 기록 및 사무관리

보육기관의 사무관리는 보육기관 운영과 관련된 문서 작성, 보관, 관리 등을 포함한 물품대장, 회계 관련 문서를 관리하는 것이며, 영유아에 대한 기록은 입학원서, 생활기록부, 각종 영유아의 발달 체크리스트 등이 포함된 기록물이다. 실습생이 실습기간 동안 직접적으로 배우는 일은 쉽지 않으나 교사로서 전반적인 보육업무를 수행할 수 있도록 지도교사의 업무를 보조하면서 간접적으로 배울 수 있는 기회를 가질 수 있다.

이에 주차별로 진행할 수 있는 보육실습 실시 내용의 예시를 제시하면 〈표 5-1〉과 같다.

표 5-1 보육실습 4주간의 실시 내용 예시

주	월	화	수	목	금
1주	보육실습 일정 협의 관찰(일과, 보육환경, 영유아-교사 상호작용) ----------------------------〉 보조교사 역할 수행(실내외 놀이 참여, 일과지도) ----------------------------〉 영유아 이름 익히기, 영유아와 친밀감 형성하기 ----------------------------〉				
1주	2주차 영역별 보육활동 찾기			2주차 영역별 보육활동 신청 및 계획안 제출	
2주		영역별 보육활동 실행		영역별 보육활동 실행	
2주	2주차 활동 자료 준비 제작 3주차 영역별 보육활동 찾아보기			3주차 영역별 보육활동 선정 및 계획안 제출	
3주		영역별 보육활동 실행 및 놀이지도			연계활동 실행
3주	3주차 영역별 보육활동, 연계활동 자료 준비 및 제작 4주차 반일(일일)보육활동 선정			4주차 영역별 보육활동 및 반일(일일)보육활동계획안 제출	
4주		반일(일일) 보육활동 실시	최종평가회	실습일지 정리 제출	
4주	반일(일일)보육활동 자료 점검				

출처: 한국보육진흥원(2013). 양성교육기관에서의 보육실습 지도.

이처럼 정규실습에서 실습생이 기관 및 해당 반의 하루 일과에 익숙해지면, 보육실의 흥미영역 중 1개 영역에 해당하는 보육활동을 계획하여 직접 실행해 보고, 점차 몇 개의 영역으로 확대해 본다. 마지막으로 반일이나 일과 전체에 대한 보육계획안을 실습생이 직접 작성하고, 교재교구를 준비하여 영유아를 지도하는 과정으로 보육실습을 하게 된다.

(2) 영아반 보육실습의 내용

보육실습의 과정은 관찰과 참여로 시작하여 실제 보육활동의 계획과 실행 및 평가 순서로 진행되지만, 각 어린이집에 따라 실습의 내용에는 차이가 있으며, 실습반의 영아반(만 0~2세)과 유아반(만 3~5세)의 연령에 따라서도 보육실습 내용에 차이가 있다.

- 만 0세반의 보육실습 내용에는 수유 및 이유, 기저귀 갈기, 잠 재우기, 안아 주기 등의 일상적 양육과 사회·정서적인 친밀한 상호작용, 안전이 중요하며, 개별적인 보살핌과 개별적인 놀이지도가 중심이 되므로 보육실습에 대한 내용이 포함되도록 한다.
- 만 1~2세반의 보육내용에도 영아들의 일상적 양육이 중요하므로 이를 포함하여야 하며, 대집단 형태가 아닌 개별적인 영역별 활동 및 놀이활동을 중심으로 보육실습이 운영되도록 지도한다.
- 보육일과 운영 중 일상생활지도에 대한 보육실습생의 역할(정리정돈/수유, 이유, 점심 및 간식/낮잠/이 닦기 등)에 대해 안다.

이에 영아반의 주차별 보육실습 실시 내용에 대한 예시를 제시하면 〈표 5-2〉와 같다.

표 5-2 만 0~1세 영아반 4주간 보육실습 내용 예시

기간	실습 내용
1주	• 관찰 기록 - 흥미영역 구성 및 활동 준비, 하루 일과의 진행과정 관찰 - 영아와 영아, 영아와 보육교사 간 상호작용 및 보육교사의 업무 관찰 • 영아반의 일과 특성 이해하기 - 기저귀 갈기, 배변훈련, 수유 및 이유, 급식지도 등 • 2주차 보육활동 계획 및 검토 - 2주차 영역별 보육활동 계획안 작성: 지도교사의 검토 및 지도받기 - 계획안 보육활동에 필요한 자료 및 교재교구 준비 • 관찰 및 보육실습에 대한 평가: 지도교사, 보육실습생
2주	• 영아와 보육교사 간의 상호작용 관찰 기록 • 영아 개인에 맞는 보육활동 구성 및 지도 실습 • 일상적인 생활지도방법 익히기 • 영역별 보육활동 실습 - 흥미영역 활동 2회 진행 - 보육활동에 대한 평가: 지도교사, 보육실습생 • 3주차 보육활동 계획 및 검토 - 영역별 보육활동 및 연계 보육활동에 대한 계획안 작성: 지도교사의 검토 및 지도받기 - 계획한 보육활동에 필요한 자료 및 교재교구 준비 • 2주차 보육실습 및 보육활동에 대한 평가: 지도교사, 보육실습생

3주	• 영아와 보육교사 간의 상호작용 관찰
	• 4주차 보육활동 계획 및 검토
	  − 일일보육(홍미영역 활동 1개, 전이활동 1개, 실외 자유선택활동 1개 진행 포함)에 대한 보육활동계획안 및 일일계획안 작성: 지도교사 및 원장의 검토 및 지도받기
	  − 계획안 보육활동에 필요한 자료 및 교재교구 준비
	• 3주차 보육실습 및 보육활동에 대한 평가: 지도교사, 보육실습생

4주	• 영아와 보육교사 간의 상호작용 관찰 • 반일(또는 일일)보육활동 구성 및 실습 • 반일(또는 일일)보육활동에 대한 평가: 지도교사, 보육실습생 • 보육실습 최종 평가회: 원장, 지도교사, 보육실습생 • 보육실습 종료 − 보육실습생 평가표, 일지, 출근부 정리

출처: 한국보육진흥원(2013). 양성교육기관에서의 보육실습 지도.

(3) 유아반 보육실습의 내용

유아반은 영아반과 달리 보호적인 측면보다는 교육적인 측면에 초점을 두고 실습생이 다양한 유형의 활동을 경험하도록 한다.

• 유아반의 보육실습 내용에는 영아반의 기본 내용 이외에 기본생활습관 및 일상생활지도, 안전지도에 대한 내용이 포함되도록 한다.
• 유아반은 개별, 소집단, 대집단 활동을 모두 진행하며, 홍미영역의 활동도 다양하게 경험해 볼 수 있도록 계획한다.

표 5-3   만 3~5세 유아반 4주간의 보육실습 내용 예시

기간	실습 내용

1주	• 관찰 기록
	  − 홍미영역 구성 및 활동 준비, 하루 일과의 진행과정 관찰
	  − 유아와 유아, 유아와 보육교사 간 상호작용 및 보육교사의 업무 관찰
	• 2주차 보육활동 계획 및 검토
	  − 2주차 영역별 보육활동에 대한 계획안 작성: 지도교사의 검토 및 지도받기
	• 관찰 및 보육실습에 대한 평가: 지도교사, 보육실습생

2주	• 유아 놀이 관찰 및 유아와 보육교사, 유아–유아, 유아–교구 간의 상호작용 관찰 기록 • 영역별 보육활동 실습 　– 흥미영역 활동 2회 (개별활동 1회, 소집단 활동 1회) 진행 　– 보육활동에 대한 평가: 지도교사, 보육실습생 • 3주차 보육활동 계획 및 검토 　– 연계활동 및 대소집단 활동에 대한 계획안 작성: 지도교사의 검토 및 지도받기 　– 계획한 보육활동에 필요한 자료 및 교재교구 준비 • 2주차 보육실습 및 보육활동에 대한 평가: 지도교사, 보육실습생
3주	• 유아 놀이 관찰 및 유아와 보육교사, 유아–유아, 유아–교구 간의 상호작용 관찰 • 영역별 보육활동 실습 　– 연계 보육활동 1회, 대소집단 보육활동 1회 진행 　– 보육활동에 대한 평가: 지도교사, 보육실습생 • 4주차 보육활동 계획 및 검토 　– 반일 또는 일일보육(흥미영역 활동 2개, 대집단활동 1개, 실외 자유선택활동 1개 포함)에 　　대한 보육활동계획안 및 반일(일일)계획안 작성: 지도교사, 원장의 검토 및 지도받기 　– 3주차 보육실습 및 보육활동에 대한 평가: 지도교사, 보육실습생
4주	• 유아 놀이 관찰 및 유아와 보육교사, 유아–유아, 유아–교구 간의 상호작용 관찰 • 반일(일일)보육활동 실습 　– 하루 일과와 활동을 보육실습생이 스스로 계획하고 준비하여 실행해 보는 과정 　– 보육활동과 관련된 환경 구성 • 보육활동에 대한 평가 및 보육실습 평가회: 원장, 지도교사, 보육실습생 • 보육실습 종료 　– 보육실습생 평가표, 일지, 출근부 정리

출처: 한국보육진흥원(2013). 양성교육기관에서의 보육실습 지도.

3) 사후실습

　사후실습은 일정 기간의 정규실습 이후에 갖게 되는 현장경험으로 정규실습과정에서 나타난 문제점을 보완하고 심화시키는 과정이다. 사후실습은 많은 양성교육기관에서 실시하고 있지만 사전실습과 마찬가지로 아직은 의무적인 과정이 아니며, 실습생의 필요에 따라 사후실습의 참여여부, 시기, 기간 등을 선택할 수 있다(윤희경 외, 2011).

(1) 사후실습의 내용

　사후실습에는 활동 계획 및 실행, 보육과정 및 일과의 계획, 의사결정능력 또는 문제해결능력의 향상 등을 경험할 수 있는 내용이 포함되어 있어야 한다.

① 활동 계획 및 실행

정규실습에서의 활동에 대한 계획 및 실행에 있어서 미흡한 부분을 사후실습을 통해 보완하고 심화할 수 있도록 하는 경험을 제공해야 한다.

② 보육과정 및 일과의 계획

영유아의 연령과 발달적 특징을 고려한 보육과정을 체계적으로 계획하고 통합적으로 운영할 수 있도록 경험을 제공해야 하며, 일과를 계획하고 실행할 수 있는 기회를 제공해야 한다.

③ 의사결정능력과 문제해결능력의 향상

보육기관에서의 하루 일과는 매순간이 의사결정과정의 연속이므로 실제적인 보육현장을 경험함으로써 의사결정능력을 기르도록 도와야 한다. 또한 교실 안팎에서 일어나는 다양한 상황에 적절하게 대처할 수 있는 능력을 기르도록 도와야 한다.

즉, 정규실습 이후에 실습과정에서 나타난 문제점을 파악하고 보완하고 학급 운영에 보다 능동적으로 참여함으로써 보육 철학 및 보육에 대한 정체성을 확립하는 과정으로 사후실습은 꼭 필요하다. 사후실습기관은 정규실습기관과 동일한 기관 및 다른 기관을 선택하여도 되며 사전실습과 마찬가지로 의무적인 과정은 아니다. 따라서 사후실습의 참여여부, 시기와 기간은 양성교육기관이나 실습생의 필요에 따라 결정될 수 있다(문혁준, 백혜리, 김정희, 김혜연, 김민희, 2013).

4. 실습평가

1) 보육실습 평가의 목적과 목표

보육실습 평가는 두 가지 입장에서 접근할 수 있다. 우선 실습담당교수의 입장에서는 실습생으로서 학생의 보육실습 수행 정도를 파악하는 기능이 있으며, 학생에게는 보육교사의 전문성 확보를 위해, 그리고 필수적으로 이수해야 하는 교과인 동시에 자신의 보육 역량에 대한 이해를 높이는 자기평가의 기능이 있다(한국보육진흥원, 2013).

보육실습 평가는 다음과 같은 목적과 목표를 갖는다.

(1) 보육실습 평가의 목적

- 이론과 실습을 겸비하여 영유아에 대한 심화된 이해를 돕는다.
- 보육실습의 진행 정도를 파악하여 실습의 질을 진단한다.
- 실습생의 보육 역량을 강화하여 전문성을 확보한다.
- 예비 보육교사의 발달과정을 이해하며 반성적 사고를 촉진한다.
- 보육교사의 역할 수행에 대해 긍정적 태도를 기른다.

(2) 보육실습 평가의 목표

- 보육실습의 목표달성 여부를 확인한다.
- 실습생의 보육실습 성취도를 구체화한다.
- 실습생에게 보육교사로서의 향후 진로에 도움을 준다.
- 실습생에게 보육교사로서의 역량 여부에 대한 자기 이해를 돕는다.
- 보육실습 결과를 확인하여 보완점을 파악한다.
- 국가자격증 부여의 조건인 학과목 이수 인정의 근거자료가 된다.

2) 실습생의 자기평가

학생은 실습생으로서 4주 동안 보육실습기관의 원장이나 지도교사에게 지속적으로 평가를 받는다. 학생은 실습을 통해 평가의 대상이기도 하면서 자신을 스스로 평가해 볼 수 있는 기회를 갖기도 한다. 실습생이 스스로 하는 자기평가는 보육실습의 과정과 결과에 기초하여 자신을 객관적으로 평가하는 것이며, 보육교사로서 특별히 요구되는 태도, 자질, 역할, 능력 면에서 자신을 파악할 수 있다.

보육실습의 주체는 실습생 자신이므로 이러한 실습의 기회를 자신의 역량을 발견하는 데 도움을 주는 중요한 계기로 삼아야 한다. 그러므로 항상 연구하는 자세로 보육실습에 임해야 하고, 실습을 완료하는 단계에 이르면 자신을 스스로 평가하고 진단하는 시간이 반드시 필요하다.

자기평가의 결과에 기초하여 추후 자신에게 부족한 점을 이론과 실제 교과목 수강을

표 5-4　보육실습 자기평가표 예시

보육실습생의 자기평가표

보육실습생 성명: _____

번호	평가항목	못함			잘함	
1	보육목표를 달성할 수 있는 보육내용을 영유아의 흥미, 수준에 근거하여 적합하게 선정하였는가?	1	2	3	4	5
2	영유아의 흥미와 능력, 사전경험을 잘 관찰하여 영유아 지도계획에 활용하였는가?					
3	보육활동계획안이 적절하게 계획되고 성실하게 준비되어 실행에 무리가 없었는가?					
4	보육활동계획에 따라 자료를 충실히 준비하였는가?					
5	영유아의 행동을 민감하게 파악하며 상호작용에 최선을 다했는가?					
6	다양한 흥미영역에 고루 참여하여 영유아의 놀이가 지속되고 확장되도록 놀이를 촉진하였는가?					
7	영유아의 기본생활습관이 형성되도록 동기를 잘 유발하였는가?					
8	대소집단 활동 시 보육교사로서 다양한 교수법을 활용하여 효과적으로 활동을 이끌었는가?					
9	영유아의 부정적 정서나 갈등적 상황을 잘 파악하여 긍정적으로 수용하고 적절하게 해결되도록 지도하였는가?					
10	영유아의 개별적 특성, 개인차를 고려하여 지도하였는가?					
11	영유아를 존중하는 언어를 사용하고, 영유아가 잘 알아들을 수 있도록 어휘, 발음, 음성의 고저, 빠르기 등에 노력을 기울였는가?					
12	보육실습일지의 내용과 평가 등을 성실히 기록하였는가?					
13	영유아의 안전, 위생, 건강에 각별히 신경을 썼는가?					
14	영유아의 낮잠, 간식, 점심, 배변활동, 이닦기, 손닦기, 옷입기 등 일상생활을 영유아 스스로 즐겁게 할 수 있도록 지도하였는가?					
15	보육실의 통풍, 채광, 정리정돈 등 청결한 환경을 위해 노력하였는가?					
16	보육실습기관의 지도 방침에 적극 협력하였는가?					
17	보육실습 지도교사와의 관계를 원만히 유지하며 성실히 임했는가?					
18	보육실습 동료들과 잘 협력하였는가?					
19	영유아의 수준과 흥미에 적합한 활동을 계획하고 다양한 행동을 적절히 지도하고자 관련 문헌이나 전문 서적을 찾아보고자 노력하였는가?					
20	실습기간을 통해 보육교사로서의 전문성이 스스로 향상되었다고 여기는가?					
	합 계					

출처: 한국보육진흥원(2013). 양성교육기관에서의 보육실습 지도.

통해 향상시킬 수 있고, 가능하다면 다양한 현장에서 여러 경험을 추가하여 성공적인 보육교사로서의 진로에 한 걸음 더 나아갈 수 있다.

보육실습생은 보육실습의 과정과 결과를 다양한 방법으로 평가해 볼 수 있다.

- 보육실습 종료 후 보육실습 소감 기록
- 보육일지상에서 매일의 자기평가 작성 기록
- 보육실습 자기평가 실시

3) 양성교육기관에서의 평가

보육교사 양성교육기관에서 보육실습기관과 동일한 평가기준을 사용할 수 있으나 다양한 평가 도구나 준거를 활용하여 종합적인 평가를 실시하는 것이 바람직하다. 양성교육기관은 보육실습생의 보육실습 결과를 최종적으로 평가한다.

(1) 평가 내용
- 보육실습기관에서 송부된 보육실습평가서
- 작성이 완료된 보육실습일지
- 보육실습생이 제출한 각종 자료(포트폴리오, 사진자료, 보육계획안 등)
- 보육실습생의 자기평가표
- 지도교수와의 면담
- 실습 평가회 참여 정도

(2) 보육실습 평가표
보육실습생에 대한 평가표는 5개 영역으로 구성되어 있고, 영역별 평가 내용과 배점 기준은 다음과 같다.

표 5-5 보육실습생 평가 영역 및 배점

평가 영역	배점	세부 배점	평가 내용
근무태도와 자질	20	5	근무사항(출석, 결석, 지각, 조퇴 등)
		5	태도(성실성, 근면성, 친절, 적극성, 복장 및 용모, 예절)
		5	자질(영유아 존중, 책임감, 인성, 열의)
		5	관계 형성(실습지도교사와의 관계, 동료실습생과의 관계)
보육활동 계획과 실행	30	15	보육활동 계획 (영역별, 반일 또는 일일보육활동 계획의 적합성과 충실한 준비)
		15	보육활동 실행 (영역별, 반일 또는 일일보육활동의 효과적이고 적절한 실행 정도)
예비 보육교사 로서 역할 수행	30	5	영유아 행동 및 놀이 관찰, 보육환경 관찰
		10	보육일과 진행 보조 및 일상생활지도
		15	영유아 상호작용과 놀이 참여
보육실습 일지 작성	10	10	구체적이고 충실한 보육실습일지 작성과 일일자기평가 및 지도교사 평가 반영
총평	10	10	실습기간 동안 예비 보육교사로서 향상된 정도
총 실습 점수	100		

출처: 한국보육진흥원(2013). 양성교육기관에서의 보육실습 지도.

표 5-6　보육실습확인서 양식(2013. 3. 1. 이후)

보 육 실 습 확 인 서

1. 실습 이수자 기본사항

이름	주민등록번호	양성교육기관명

2. 실습기관

실습기관명		실습기관 보육정원	
기관 종류		최초인가일	
주소			
연락처			

3. 실습 지도교사

이름	자격 종류	자격번호

4. 실습 기간

실습 기간	년　월　일～　　년　월　일(　　주간)
실습 시간	총 시간(매주　　요일 ～　　요일까지, 오전　　시 ~ 오후　　시)

위 사람은 「영유아보육법 시행규칙」 제12조 제1항에 의한 보육실습을
충실히 이수하였음을 확인합니다.

　년　월　일

어린이집 원장　　　　　　(서명 또는 인)
학과장　　　　　　　　　(서명 또는 인)

※첨부서류(실습기관 시설인가증사본 1부, 보육실습 지도교사 자격증사본 1부)

※ '어린이집지원시스템'을 통하여 보육실습확인서를 출력한 경우 첨부서류를 제출하지 않아도 된다(단, 유치원
은 양성교육기관에서 양식 제공).
※ 기관 종류: 어린이집, 교육과정과 방과 후 과정을 운영하는 유치원 중 선택
　자격 종류: 보육교사 1급, 유치원 정교사 1급 중 선택

4) 보육실습일지 작성 요령

표 5-7   보육실습일지 작성 예시(영아반)

보 육 실 습 일 지		결재	실습생	지도 교사	원장

반명	만 1세 ○○반	일시	2015년 ○월 ○일 ○요일
날씨	흐린 후 맑음	결석 영유아	김○○(감기), 박○○(여행)
주제	더워요	소주제	여행 가는 놀이를 해요

시간 및 일과	활동계획 및 실행	평가 및 유의점
~09:00 등원 및 맞이하기	• 부모와 교사가 반갑게 인사하기 　- 교사가 부모에게 인사하는 모습을 영아에게 　　보여 주며 영아와도 함께 인사를 나눈다. 　- 투약의뢰서 유무를 확인한다. • 혼자서 양말을 벗어요. 　- 교사는 영아가 혼자 양말을 벗어 볼 것을 제 　　안한 뒤 쉽게 벗을 수 있도록 양말 끝을 잡아 　　준다. 　- 스스로 시도하고 벗을 것에 대하여 '○○가 　　혼자 벗었구나'라고 격려한 뒤 서랍장에 넣 　　는 것도 혼자 넣도록 교사가 제안한다.	교사가 영아 스스로 해 볼 수 있도 록 충분히 기다려 주거나 최소한 의 도움을 주며 영아가 성취감을 느낄 수 있도록 배려해 주었다.
09:00~ 09:20 오전 간식	• 손 씻기 및 오전 간식(롤케익, 우유) 　- 소독비누로 거품을 내서 씻도록 하고 물로 　　씻을 때 비누가 남지 않도록 도와준다. • 즐겁게 먹어요. 　- 간식을 먹으며 영아에게 등원하면서 경험한 　　것, 가정에서의 일상을 물어보며 관심을 갖 　　는다. 　- 간식을 먹으며 영아의 이름을 개별로 불러 　　주고 눈을 마주치며 '선생님은 ○○를 사랑 　　해' 노래를 불러 준다.	준비된 간식을 스스로 먹고 정리 할 수 있도록 도왔다.

09:20~ 10:20 오전 실내 자유놀이	• 신체영역: 둥근 고리 끼우기 놀이해요. - 둥근 고리를 놀잇감에 끼워 보거나 손목에 끼우고 흔들어 본다.	둥근 고리를 놀잇감에 끼우는 것 보다 영아들의 손목에 끼우는 것 에 더 재미를 나타내었다.
	• 언어영역: 울퉁불퉁 종이에 끄적여요. - 다양한 질감의 종이에 부드럽고 무독성의 영 아용 크레파스로 끄적거리기를 한다.	여러 질감의 종이 중 큰 벽지에 끄 적거리기를 하는 것을 가장 선호 하였다.

	• 역할 · 쌓기영역: 밀가루 반죽에 빨대를 꽂아요.
	 - 밀가루 반죽을 소꿉그릇에 담아 보기, 반
	  죽을 모형 소꿉칼로 칼집을 내서 만져 보
	  거나 손으로 두드리기, 손가락으로 찔러
	  보기 등의 다양한 방법으로 촉감을 느끼도
	  록 한다.
	 - 반죽에 빨대를 꽂고 생일 초처럼 불어 보거
	  나 생일축하노래를 부르는 놀이를 한다.
		월령이 낮은 영아가 빨대를 꽂을
		때 빨대가 잘 안 꽂혀지자 교사가
		함께 꽂으며 도움을 주었다.

10:20~
10:35
정리정돈 및
배변
	• 정리정돈하기
	 - 교사가 영역별, 영아 개별로 곧 정리할 것임
	  을 알려 주고 노래를 부르며 정리를 시작한다.
	 - 정리 중에 뛰어다니는 영아들이 있어 부딪히
	  지 않도록 함께 손을 잡고 '장난감 집 찾아주
	  기' 놀이를 하며 영역을 둘러본다.	

10:20~
10:35
정리정돈 및
배변
	• 친구들도 기저귀가 있어요.
	 - 기저귀 갈이를 하기 전에 자신의 기저귀를 보
	  면서 또래들의 기저귀를 함께 보도록 한다.
	 - 기저귀를 보는 것에 익숙한 영아들은 교사가
	  기저귀를 갈기 위해 또래들의 이름을 부를
	  때마다 그 영아의 사진과 이름이 붙은 개별
	  장을 가리키기도 한다.
	
	• 영아용 변기에서 소변 보기
	 - 월령이 높은 영아들 중 팬티형 기저귀를 입
	  는 영아들은 영아용 변기에 앉아서 소변을
	  보도록 시도해 본다.
		교사는 변기에 앉기를 시도하는
		영아에게 미소 짓기와 긍정적인
		언어로 격려해 주면서 변기에 앉
		는 두려움이 감소되도록 지원하
		였다.

10:35~
11:30
실외놀이
	• 실외놀이: 모래로 놀아요.
	 - 체를 준비하여 교사가 모래를 체로 걸러 줄
	  때 떨어지는 모래를 만져 보고, 걸러진 부드
	  러운 모래를 만져 본다.
	 - 모래를 다른 친구에게 뿌리지 않도록 안전에
	  만전을 기한다.
		모래를 만지기 거부하는 영아에게
		는 충분히 또래들의 놀이를 지켜
		보면서 작은 통에 담긴 모래를 제
		시하여 만져 보도록 권유하였다.

11:30~ 11:45 정리 및 손 씻기	• 정리, 손 씻기 및 이동	모래를 털고 닦는 데 시간이 오래 걸렸다.
11:45~ 12:15 점심	• 점심 (잡곡밥, 콩나물, 닭양념찜, 깻잎나물, 김치) - 영아들이 먹고 싶어 하는 반찬을 먼저 먹고 나물은 먹지 않으려 하자 교사가 양을 줄여 준다.	나물을 먹고 싶어 하지 않는 영아들이 많아서 처음에 있던 양을 덜어 준 후 조금씩 나누어 제공하였다.
12:15~ 13:00 이 닦기 및 기저귀 갈기	• 이 닦기 및 기저귀 갈기 시 보조교사로 참여하여 돕는다. - 자신의 차례에 교사의 도움을 받아 양치질을 할 수 있도록 보조교사로 참여하여 돕는다. - 세수하고 로션 바르기 - 잠옷이나 편안한 옷으로 갈아입고 제한된 영역에서 블록과 책을 통하여 조용한 놀이를 즐긴다.	영아가 이 닦기, 세수하고 로션 바르기를 할 때 도움을 주었으나 혼자 해 보겠다고 하는 영아들이 있어 영아 스스로 로션을 바를 수 있도록 손에 로션을 주었고 교사가 도와주었다.
12:15~ 15:00 낮잠 준비 및 낮잠	• 내 이불, 내 베개를 찾아요. - 영아가 옷을 갈아입는 것까지 낮잠 준비를 모두 마치면 이불을 깔아 주면서 개별 영아의 이름을 불러 준다. - '○○ 베개는 어디에 있나요?' '이불은 어디에 있을까?' 하고 자신의 이불과 베개를 찾아볼 수 있도록 한다.	대부분의 영아들이 자신의 베개와 이불을 찾을 수 있었다.
15:00~ 15:30 낮잠 깨기 및 정리정돈/ 기저귀 갈기	- 낮잠에서 깨면 교사가 개별로 다리를 주물러 주거나 기지개를 켜도록 돕는다. - 기저귀를 확인하고 갈아 준다. - 교사가 정리 시 자신의 베개를 가져올 수 있는 영아에게 '○○ 베개는 어디에 있나요?' '선생님께 가져올까요?' 라고 물어본다. - 가져온 영아에게는 '도와줘서 고마워요.' 라고 말한다. - 옷을 갈아입도록 도와준다.	낮잠을 충분히 잘 수 있도록 조용한 음악을 틀어 주었다.
15:30~ 16:00 오후 간식	• 손 씻기 및 오후 간식(단호박범벅)	호박을 먹는 것에 대해 거부감 없이 잘 먹었고, 더 달라고 손짓과 말소리로 의사를 표현하였다.

16:00~ 17:30 오후 실내외자유 놀이	• 오후 실내자유놀이 　- 신체영역: 둥근 고리 끼우기 놀이해요. 　- 언어영역: 울퉁불퉁 종이에 끄적여요. 　- 감각 · 탐색영역: 누구의 기저귀일까요? 　- 역할 · 쌓기영역: 밀가루 반죽에 빨대를 꽂아요. • 오후 실외자유놀이 　- 유희실에서 놀이를 한다.	
18:00~ 19:30 귀가 및 가정 과의 연계	- 영아는 통합 보육실에 가서 놀이를 하다 부모님이 오시면 통합 보육 선생님께 인사를 하고 귀가한다.	
실습생 평가	- 실외놀이에서 정리 후 실내로 이동할 때 단순히 정리하는 것이 아니라 놀이로 연결하여 활동을 진행하므로 영아들이 정리와 자신의 신변을 처리하는 것을 즐겁게 참여하였다. 일상적인 하루 일과를 진행하면서도 영아의 개별적 발달을 고려하여 관심과 흥미에 적절히 반응하여 기본생활습관지도로 연결하는 것을 배울 수 있다. - 한 영역에 오래 머물지 못하는 영아의 특성을 고려하여 영역 간 연계할 수 있는 활동이 진행되므로 안정적인 교실 운영을 경험하였다.	
지도교사 조언 및 평가	- 영아에게 하루 일과의 흐름을 활동 중심으로 나누어 진행하는 것보다 개별적인 흥미나 발달수준을 고려하여 개별적인 활동으로 진행하는 것이 적절합니다. 따라서 놀이 후 정리도 개별적인 놀이가 끝난 후에 자연스럽게 이루어져야 하며, 영역 간의 구분을 나누어 놀이하기보다 자연스럽게 놀이의 흥미를 나타내면 놀이의 흐름을 지속하여 영역 간에 연계가 이루어지도록 계획하는 것이 중요합니다.	

출처: 한국보육진흥원(2013). 양성교육기관에서의 보육실습 지도.

 **학습과제**

1. 보육실습에서 사전실습과 정규실습, 사후실습으로 나누어 단계별 실습생의 역할에 대해 토의하시오.

2. 보육실습에서 영아반과 유아반의 공통점과 차이점에 대해 토의하시오.

참고문헌

문혁준, 백혜리, 김정희, 김혜연, 김민희(2013). 보육실습. 서울: 창지사.

문혁준, 안효진, 김경회, 김영심, 김정희, 김혜연, 배지희, 서소정, 이미정, 이희경, 정다운, 조혜정(2014). 보육교사론. 서울: 창지사.

보건복지부(2015). 보육사업 안내지침서.

윤희경, 최경애, 조유나, 조혜경, 황혜경, 오애순, 이정란(2011). 보육실습. 서울: 창지사.

한국보육진흥원(2013). 양성교육기관에서의 보육실습지도.

제6장
보육교사 임용

학습개요

> 보육교사로서의 양성과정을 마치면 전문적인 보육교사로서 역할을 수행하기 위해 보육교사 자격증을 취득하게 된다. 어린이집에서는 우수한 교사를 확보하고 배치하기 위해 보육교사의 자격을 갖춘 자를 임용하게 된다. 그러므로 보육교사의 자격을 갖춘 자가 어린이집에 근무하기 전에 임면보고는 어떻게 이루어지고 있는지 살펴보고, 이에 보육교사의 복무조건 및 관련 사항을 알아보고자 한다.

1. 보육교사 임면

1) 신규 임용

임용이란 모집과 선발을 거쳐 우수한 교사인력을 확보하여 배치하는 과정을 의미한다. 보육교사로 임용되기 위해서는 보육교사 자격을 소지하거나 기간 내에 자격 취득이 예정되어 있어야 한다. 보육교사 자격은 「영유아보육법」 제9조와 동법 시행규칙 제8조 제1항에 명시된 바에 따르며, 보육교사 자격을 갖춘 교사를 채용할 때는 공개경쟁을 원칙으로 한다.

어린이집에서 보육교사를 모집하는 방법으로는 인터넷 및 홈페이지를 통한 모집이나 기타 광고, 대학의 관련학과와 연계한 모집, 현재 근무지의 교사 권유에 의한 연고 모집, 주변 인물을 통한 모집, 개별 지원자의 내방, 실습제도를 통해 직접 직무 수행을 해 보았던 실습교사를 정식으로 채용하는 등 광범위하다(김성희, 윤은수, 정정옥, 2011).

채용공고를 보고 지원한 지원자 중에서 해당 어린이집에서 필요로 하는 자질을 갖춘 교사를 선별하여 채용하기 위해 일반적으로 서류전형과 면접이 이루어진다. 즉, 공개채용의 과정을 통해 적합한 자격을 갖춘 후보자 중에서 전형과정을 거쳐 채용한다. 그 후 인성검사 및 신체검사를 하며 선발된 교사에게 합격통보를 하게 된다. 그리고 근로계약 체결을 하고 성범죄 경력 조회와 아동학대 관련 범죄 전력 조회를 하고 이상이 없을 시 최종 채용한다.

(1) 서류전형

기관별로 서류의 종류나 형식은 다를 수 있지만 서류전형을 위해서 지원자는 이력서, 자기소개서, 기타 포트폴리오 등을 준비하도록 한다. 이력서에는 인적 사항, 학력, 경력, 자격증, 가족사항, 수상경력, 외국어능력, 봉사활동 등을 포함하여 기록한다.

자기소개서에는 면접자 이해를 위한 성장과정, 지원동기, 경력사항 등을 기록한다. 어떤 경험을 통해 무엇을 배웠는지, 교사로서의 성장과 발전에 도움이 되었던 점은 무엇인지 등을 구체적으로 기록한다.

(2) 면접

면접은 임면권자(어린이집의 설립자나 원장)가 보육교사 지원자와 면대면으로 이루어진다. 면접을 통해 지원자의 성품, 지식과 교양 정도, 리더십 등을 파악할 수 있으며, 서류에 기재되어 있는 대로 직무 수행능력을 갖추고 있는지 등을 파악할 수 있다. 또한 질문에 대한 지원자의 대답을 통해 보육 철학, 교직관, 교사로서의 자질 및 인성 등 지원자가 보육교사로서 적합한지 알아볼 수 있다.

(3) 신체검사

채용 신체검사는 서류전형과 면접을 통해 채용이 결정되어 근로계약을 체결하기 전에 신체검사를 받아야 한다. 보육교사 지원자가 신체검사를 통해 폐렴, 간염 등 전염성 질병을 앓고 있지 않을 때 최종 채용된다.

(4) 근로계약 체결

임면권자와 채용예정 보육교사는 근로계약을 체결하며 임금, 근로시간, 근로조건 등을 명시한다.

(5) 성범죄 경력 조회

「아동·청소년의 성보호에 관한 법률」 제56조에 따라 임면권자는 채용하고자 하는 보육교사의 성범죄 기록을 관할 경찰서에 요청하여 확인할 수 있으며 성범죄 기록이 있을 경우 채용이 되지 않는다.

(6) 아동학대 관련 전력 조회

채용 시 임면권자는 「아동복지법」 제29조 4항에 따라 보육교사로 채용하려는 자 또는 사실상 노무를 제공하려고 하는 자의 아동학대 관련 범죄 전력 조회의 동의서를 첨부하여 관할 경찰서에 요청한다. 아동학대 관련 범죄 전력 조회 결과, 이상이 있을 시는 채용에 제한되는 자로 배제하여야 한다.

(7) 채용보고

임면권자는 채용이 결정되면 보육통합정보시스템에 등록을 한 후 14일 이내에 관할 시·군·구청장에 보고한다.

2) 임면보고

(1) 보육교직원 채용 및 임면 보고 절차

신규 채용된 보육교사에 대해 임면권자는 다음의 서류를 구비하여 14일 이내에 관할 시·군·구청장에 보고한다. 보건복지부(2015)의 『보육사업 안내지침서』에서 제시한 임면보고 절차를 살펴보면 [그림 6-1]과 같다.

보육교직원 채용	• 채용주체: 어린이집 설립자 • 채용조건: 자격 기준을 갖춘 자 ※ 어린이집 원장 및 보육교사는 국가자격증을 발급받은 자를 채용하여야 함

⇩

교직원
임면보고
	• 임면보고 절차: 어린이집 → 시·군·구청장(채용 후 14일 이내)
	• 임면보고 시 구비서류
	• 인사기록카드, 채용신체검사서, 자격증 사본, 성범죄경력 조회결과서, 아동학대
	  관련 범죄 전력 조회 회신서
	※ 자격증 사본은 일정 자격이 필요한 자(간호사, 영양사 등)에 한하며, 원장 및 보
	  육교사는 보육통합정보시스템으로 확인 가능한 경우 제외
	※ 인사기록카드 서식 전산화로 '아이사랑보육포털' '보육통합시스템'을 통해 임
	  면보고 가능(2015. 2. 2.~), 2015. 6. 30.까지는 기존 제출방법과 시스템을 통한
	  제출이 가능하나 2015. 7. 1.부터는 시스템을 통해서만 교직원 임면보고 가능

⇩

교직원 자격의 적격성 확인	• 확인주체: 시·군·구청장 • 확인대상: 어린이집 원장, 보육교사, 특수교사, 치료사, 영양사, 간호사 • 확인방법: 각 자격별 자격증명 서류 및 보육통합정보시스템

⇩

결격사유 및 범죄경력 조회	• 결격사유 조회 및 범죄경력 조회 주체: 시·군·구청장 • 내용: 교직원 결격 사유(「영유아보육법」 제20조)

⇩

경력관리 시스템 입력관리	• 교직원 임면 사항을 경력관리시스템에 입력관리

[그림 6-1] 보육교직원 채용 및 임면보고 절차

(2) 대체교사(임시교사)의 임면보고

어린이집 원장은 보육교사 등의 출산휴가, 육아휴직, 장기 병가 등의 사유 발생 시 영유아 보육을 담당하기 위해 채용된 대체교사에 대한 임면 사항을 관할 시장·군수·구청장에게 보고하여야 한다.

근로계약에 의하여 어린이집 운영시간인 오전 7시 30분에서 오후 7시 30분 사이에 정규 보육교사를 대신해서 일정 시간을 근무하는 보육교사, 누리과정 보조교사 등은 근무일수, 1일 근무시간이 명시된 근로계약서를 첨부하여 시장·군수·구청장에게 시간제 보육교사로 보고하여야 한다.

3) 보육교사 면직

「영유아보육법」 제47조에 의하면 보육교사가 영유아 사고에 대해 책임을 질 때는 대리감독자로서의 책무를 다하지 못했을 때와 보육활동과 관련하여 자신의 과실이나 고의로 영유아에게 피해를 입혔을 때와 같이 자신의 직무에 따른 책임을 다하지 못했을 경우 자격정지 및 자격취소의 면직을 당하게 된다.

(1) 보육교사의 자격정지(「영유아보육법」 제47조)

제47조 보육교사의 자격정지를 보면 보건복지부 장관은 보육교사가 다음 각 호의 어느 하나에 해당하면 1년 이내의 범위에서 보건복지부령으로 정하는 바에 따라 그 자격을 정지시킬 수 있다.

- 보육교사가 업무 수행 중 그 자격과 관련하여 고의나 중대한 과실로 손해를 입힌 경우
- 제23조에 따른 보수교육을 연속하여 3회 이상 받지 아니한 경우

이에 보육교사의 자격정지 개별기준은 〈표 6-1〉과 같다.

표 6-1   보육교사의 자격정지 개별 기준

위반행위	근거법조문	처분 기준		
		1차 위반	2차 위반	3차 위반
가. 어린이집의 원장이 업무 수행 중 고의나 중대한 과실로 손해를 입힌 경우로서 다음의 어느 하나에 해당하는 경우	「영유아보육법」 제47조 제1호	-	-	-
1) 영유아에게 중대한 생명·신체 또는 정신적 손해를 입힌 경우	-	자격정지 1년	자격정지 1년	자격정지 1년
2) 비위생적인 급식을 제공하거나 영유아 안전 보호를 태만히 하여 영유아에게 생명·신체 또는 정신적 손해를 입힌 경우	-	자격정지 6개월	자격정지 1년	자격정지 1년
3) 그 밖의 경우	-	자격정지 2개월	자격정지 4개월	자격정지 6개월
나. 「영유아보육법」 제23조 2에 따른 보수교육을 연속으로 하여 3회 이상 받지 아니한 경우	「영유아보육법」 제47조 제2호	자격정지 1개월	자격정지 3개월	자격정지 6개월

(2) 보육교사의 자격취소(「영유아보육법」 제48조)

제48조 어린이집의 장 또는 보육교사의 자격취소를 보면 보건복지부 장관은 보육시설의 장 또는 보육교사가 다음 각 호의 어느 하나에 해당하면 그 자격을 취소할 수 있다.

- 거짓이나 그 밖의 부정한 방법으로 자격증을 취득한 경우
- 자격 취득자가 업무 수행 중 그 자격과 관련하여 고의나 중대한 과실로 손해를 입히고 금고 이상의 형을 선고받은 경우
- 「아동복지법」 제17조의 금지행위를 하여 동법 제71조 1항에 따른 처벌을 받은 경우
- 「영유아보육법」 제22조 2에 따른 명의대여 금지 등의 의무를 위반한 경우
- 자격정지 처분기간 종료 후 3년 이내에 자격정지 처분에 해당하는 행위를 한 경우
- 자격정지 처분을 받고도 자격정지 처분기간 이내에 자격증을 사용하여 자격 관련 업무를 수행한 경우

- 자격정지 처분을 3회 이상 받은 경우
- 거짓이나 그 밖의 부정한 방법으로 보조금을 교부받거나 보조금을 유용하여 금고 이상의 형을 선고받은 경우

※ 「아동복지법」 제17조의 금지행위
- 아동을 매매하는 행위
- 아동에게 음란한 행위를 시키거나 이를 매개하는 행위 또는 아동에게 성적 수치심을 주는 성희롱 등의 성적 학대행위
- 아동의 신체에 손상을 주거나 신체의 건강 및 발달을 해치는 신체적 학대행위
- 아동의 정신건강 및 발달에 해를 끼치는 정서적 학대행위
- 자신의 보호·감독을 받는 아동을 유기하거나 의식주를 포함한 기본적 보호·양육·치료 및 교육을 소홀히 하는 방임행위
- 장애를 가진 아동을 공중에 관람시키는 행위
- 공중의 오락 또는 흥행을 목적으로 아동의 건강 또는 안전에 유해한 곡예를 시키는 행위 또는 이를 위하여 아동을 제3자에게 인도하는 행위
- 정당한 권한을 가진 알선기관 외의 자가 아동의 양육을 알선하고 금품을 취득하거나 금품을 요구 또는 약속하는 행위
- 아동을 위하여 증여 또는 급여된 금품을 그 목적 외의 용도로 사용하는 행위

2. 복무규정

보육교직원 채용 시 임금, 근로시간 및 그 밖의 근로조건 등을 명시한 근로계약을 체결하고, 복무규정의 내용은 곧 근로계약의 내용이 되며, 교직원은 복무규정에 따라 직무에 종사할 의무를 지니게 된다.

1) 교직원의 근무시간

어린이집 원장의 근무시간은 평균 8시간을 원칙으로 한다. 다만, 어린이집의 운영시간(평일 12시간 원칙)을 고려하여 연장근무를 할 수 있다. 어린이집 원장이 1일 8시간 근무하는 경우에는 보육교사 중 원장 업무를 대행할 자를 지정하여 어린이집 운영에 지장이 없도록 하여야 한다.

어린이집 원장이 휴가, 병가, 연수, 보수교육 등의 불가피한 사유로 직무를 수행할 수 없는 경우 보육교사가 그 직무를 대행할 수 있는 기간은 1개월(연속, 휴일 포함) 이내로 제한하며 1개월을 초과할 경우 대체원장을 배치하여야 한다.

보육교사의 근무시간은 1일 8시간을 원칙으로 하고, 어린이집의 운영시간(07:30~19:30)을 고려하여 출퇴근 시간을 탄력적으로 운영할 수 있다.

2) 동일 어린이집에서의 겸임 제한

보육교직원(원장, 보육교사 등)은 전임이어야 하므로, 다른 업무를 겸임할 수 없다. 다만, 어린이집 원장이 간호사 또는 영양사 자격이 있는 때에는 간호사 또는 영양사를 겸임할 수 있고, 정원 20인 이하 어린이집의 원장은 보육교사를 겸임할 수 있다. 이 경우에도 원장이 간호사와 영양사 모두를 겸임할 수 없다.

3) 다른 기관의 겸임 제한

보육교직원은 전임이어야 하며, 다른 기관의 업무를 겸임할 수 없다. '전임' 이란 근무시간 동안 상시 해당 직무에 종사하여야 함을 의미하고, '다른 시설의 업무' 란 다른 어린이집뿐만 아니라 다른 사회복지시설 및 유치원, 종교시설 등 보육교직원의 전임 규정에 위배될 수 있는 모든 기관을 포함한다.

4) 교직원의 휴가 등 기타 복무관리

보육교직원의 휴가는 보육공백을 최소화할 수 있도록 순번제로 실시하고, 보수교육,

출산휴가 등으로 어린이집의 원장, 보육교사 또는 그 밖의 보육교직원의 공백이 생기는 경우에는 이를 대체할 수 있는 대체원장, 대체교사 또는 그 밖의 인력을 각각 배치하여야 한다.

　　교직원의 휴가, 휴일, 휴직 등 근로시간과 관련이 있는 사항에 대하여서는 「근로기준법」 등 노동 관련 법령에 따른다. 고용, 산전후 휴가, 육아휴직 등과 관련이 있는 사항에 대하여서는 「남녀고용평등과 일·가정 양립 지원에 관한 법률」의 규정을 준용한다.

　　보육교직원의 최저임금 보장 등과 관련이 있는 사항에 대하여서는 최저임금법의 규정을 준용한다. 기타 교직원의 복무, 근로 등과 관련하여서는 개별 법을 준용한다.

(1) 휴가

보육교사의 휴가는 연가, 병가, 공가로 구분되며 이외에 특별휴가가 포함된다.

① 연가

　　연가는 연차 유급휴가로 1년에 일정 일수를 쉬지만 통상 임금이 지급되는 휴가를 말한다. 「근로기준법」 제60조 1항에서 1년간 8할 이상 출근한 보육교사에게 15일의 유급휴가를 주어야 한다. 일반적으로 어린이집에서는 여름방학과 겨울방학 기간을 활용하여 연 2회 분할하여 연가를 사용하도록 하고 있다.

② 특별 휴가

　　보육교사가 사용할 수 있는 특별휴가에는 경조사휴가, 출산전후휴가, 여성휴가, 입양휴가 등이 있다.

(2) 휴직

　　「남녀고용평등과 일·가정 양립 지원에 관한 법률」 제19조에서 보육교사는 만 8세 이하 혹은 초등학교 2학년 이하의 자녀를 양육하기 위해 1년 이내의 육아휴직을 신청할 수 있다. 육아휴직기간은 근속기간에 포함되고, 육아휴직을 마친 후에는 직무에 복귀하는 것을 원칙으로 한다.

5) 보육교직원 보수 및 복리후생

보육교직원 인건비 지급 기준은 국고보조 어린이집(정부 인건비 지원 어린이집)에 적용함을 원칙으로 한다. 국고보조 어린이집이 아닌 어린이집(인건비 미지원 어린이집)은 다른 법령에서 특별히 규정한 경우를 제외하고는 시설의 재정 형편에 따라 원장과 교직원이 협의하여 보수 기준을 달리 정할 수 있다. 또한 복리후생을 위해 지불하는 항목으로는 4대보험, 퇴직금, 교육지원 등이 있다.

(1) 4대보험

어린이집에 재직하는 보육교사가 의무적으로 가입해야 하는 국민연금, 건강보험, 고용보험, 산재보험이 4대보험이다.

(2) 퇴직금

어린이집에서 1년 이상 연속하여 근무하고 퇴직하는 경우 근속기간을 일괄 계산하여 퇴직금이 지급된다.

(3) 보수교육 비용지원

현직에 있는 보육교사는 「영유아보육법」 제23조 2항에 따라 직무·승급 교육을 받아야 한다. 현직 보육교사가 직무교육 및 승급교육을 이수할 경우 국가 및 지방자치단체에서 보수교육 비용을 지원할 수 있다.

이에 근거한 근로계약서의 예시가 다음에 제시되어 있다.

근 로 계 약 서

○○어린이집(년)

　(기관명) 대표 ×××(이하 '갑' 이라 함)와 근로자 △△△(이하 '을' 이라 함)는 다음과 같이 근로계약을 체결하고 상호 성실히 이행할 것을 확약한다.

제1조(담당업무): '을' 의 담당업무는 (   )로 하되, 업무상 필요한 경우 갑은 을의 담당업무를 변경할 수 있다.

제2조(근로장소): '을' 의 근로장소는 (   )로 하되, 업무상 필요한 경우 갑은 을의 근로장소를 변경할 수 있다.

제3조(근로시간 및 휴게시간): '을' 의 근로일 및 근로일별 근로시간과 휴게시간은 다음과 같다. 단, 업무상 필요한 경우 변경할 수 있다.

　가. 근로일 – 평일, 토요일

　나. 근로시간 – 평일 ○○ ～ ○○ (휴게시간 ○○ ～ ○○)

　　　　　　　토요일 ○○ ～ ○○ (휴게시간 ○○ ～ ○○)

제4조(임금):

① '을' 의 임금은 월급총액 (   )원으로 한다.

　(※ 월 급여는 매년 ○○시 보육정책위원회에서 결정되는 최저임금을 기본으로 직원의 경력, 능력, 태도, 업무 성과, 기여도 등을 반영하여 상향 조정할 수 있다.)

　(※ 필요한 경우 수당별 금액 기재)

② 전항의 임금은 매월 (   )일부터 (   )일까지 기산하여 당월 (   )일에 '을' 이 지정하는 은행계좌로 송금한다.

※ '국고보조시설' 의 경우 아래 조항으로 대체

제5조(임금)

① '을' 의 임금은 매년 보건복지부 장관이 정한 인건비 지원 기준에 따라 (   )호봉 갑(을) 월급 총액 (   )원으로 시작한다. (※ 필요한 경우 수당별 금액 기재)

② 전항의 임금은 매월 (   )일부터 (   )일까지 기산하여 당월 (   )일에 '을' 이 지정하는 은행계좌로 송금한다.

제6조(휴일)

① '을' 의 유급휴일은 주휴일(매주 ○요일)과 근로자의 날로 한다.

② 그 밖의 유급휴일은 '갑' 의 복무규정에 따른다.

제6조(휴가): '갑' 은 '을' 에게 「근로기준법」에 따라 연차유급휴가(전년도 8할 이상 출근 시 연간 15일, 입사 첫 해는 전월 개근 시 월 1일을 주며 실제 사용한 일수는 이듬해 15일에서 차감)를 주며, 그 외 휴가는 '갑' 의 복무규정에 따른다.

제7조(준용): 본 계약서에 명시되지 않은 사항은 복무규정 및 「근로기준법」의 관련조항을 준용하도록 한다.

20　　년　월　일

갑(사용자)	을(근로자)
사업장명:	이 름:　　　　(인)
대 표 자:　　　(인)	주민등록번호:
소 재 지:	주 소:

○○ 어린이집

출처: 중앙육아종합지원센터(2015). 어린이집 운영서식 및 문서자료집.

3. 보육교직원 배치 및 업무

신규 채용한 교사배치의 기준과 배치방법 등은 각 어린이집이 처한 상황에 따라 상이
할 수 있으나, 법적인 기준을 참고하여야 한다.

1) 보육교직원 배치 기준

「영유아보육법」 제17조 및 동법 시행규칙 제10조의 규정에 준하여 보육교직원 배치
기준은 〈표 6-2〉와 같다.

표 6-2 보육교직원의 배치(「영유아보육법」 제17조)

구분	배치 기준			자격 기준	비고
	연령별	영유아	배치 인원		
원장	전 어린이집별 1명			「영유아 보육법 시행규칙」 10조	• 20명 이하 보육교사 겸직 가능
보육교사	만 1세 미만	3명	1명		
	만 1세 이상~만 2세 미만	5명	1명		
	만 2세 이상~만 3세 미만	7명	1명		
	만 3세 이상~만 4세 미만	15명	1명		
	만 4세 이상~미취학 유아	20명	1명		• 40명당 1명 보육교사 1급 소지자
	취학아동	20명	1명		
	장애아동	3명	1명		• 9명당 1명 특수교사 자격 소지자
간호사	영유아 100인 이상 어린이집				• 현원 기준(시설장이 간호사 자격이 있는 경우 겸직 가능)
영양사	영유아 100인 이상 어린이집				현원 기준
취사부	영유아 40인 이상 어린이집				현원 기준 (방과 후 제외)

2) 보육교사의 배치방법

어린이집 원장은 채용된 보육교사의 적성과 경력, 특기, 연령, 성별, 결혼 여부 등을 고려하고 보육교사의 의사를 반영하여 적절히 학급에 배치하여 효율적인 보육을 도모할 수 있도록 한다.

3) 교직원 간의 업무

일반적으로 매년 새로 시작하는 3월 이전에 교직원 간의 업무조직과 분담이 이루어진다. 이때 어린이집 원장은 교직원 개개인의 적성, 특기, 관심 등을 고려하여 업무 분장을 결정하는 것이 바람직하다. 또한 경력교사와 신입교사를 적절하게 안배하여 경력교사의 다양한 교육경험을 신입교사가 익히고 배울 수 있도록 한다.

 학습과제 ···

1. 보육교사의 임명절차에 대해 토의하시오.
2. 보육교사가 되기 위한 자격 기준과 교사 배치에 대해 살펴보고 자격 기준의 보완점에 대해 토의하시오.

🗖 참고문헌 ···

김성희, 윤은수, 정정옥(2011). 보육시설 운영과 관리. 서울: 형설출판사.
박선혜, 김미정(2013). 보육교사론. 서울: 공동체.
보건복지부(2014). 보육사업 안내지침서.
보건복지부(2015). 보육사업 안내지침서.
중앙육아종합지원센터(2015). 어린이집 운영서식 및 문서자료집.

제3부

보육교사의
어린이집 적응

제**7**장
보육교사의 윤리와 자질

학습개요

　보육교사는 국가에서 정한 법률에 따라 보육교사 자격 취득 과목 학점을 취득하고 160시간 이상의 보육실습 과정을 거쳐 배출된다. 그러나 보육교사 자격을 취득하였다 하더라도 자격 취득 이전에 교사로서 갖추어야 할 개인적 · 전문적 자질에 대해 스스로 점검하고 발달시키기 위한 개인의 노력이 필요하다. 교사의 자질은 어떠한 범주로 제시하여 규정하기 어려운 부분이 있다. 왜냐하면 교사의 자질에 대해 논의할 때 그들의 인격적 조건이 중요한 부분이고 이러한 영역을 측정하기란 매우 어렵기 때문이다. 그러므로 교사의 자질을 스스로 개발해야 하고 이것이 교사양성의 목적이 되어야 할 것이다.

1. 보육교사의 윤리의식

　교육평가용어사전(2005)에 의하면 윤리란 단체가 직업상으로 지켜야 할 기본적인 윤리적 덕목이나 권고를 압축해서 제시해 놓은 것이다. 교직도 전문직으로서 남달리 직업윤리를 강조하고 있다. 우리나라에서도 교직윤리의 준수 및 확립을 위해 정부, 사회단체 및 교직단체에서 교직윤리 등을 규정하고 있다. 한국교원단체총연합회의 교원윤리강령(1958)과 사도헌장 · 사도강령(1982) 등이 대표적인 예다.

　윤리란 우리가 올바르다고 믿는 것을 행동으로 옮길 수 있도록 돕는 안내서(이기숙,

2004)이며, 교사의 윤리의식은 자신이 가지고 있는 도덕적 가치이고, 상황과 맥락에서 어떻게 판단할 것인가는 교사의 인식과 실천의지에 달려 있다고 할 수 있다. 그렇기 때문에 교사의 윤리의식과 도덕적 가치는 같은 말로 사용되기도 한다(조경옥, 2001).

교사의 윤리의식은 가르치는 과정에서 발생할 수 있는 다양한 의사결정에서 필요한 가치기준이 될 수 있다. 카츠(Katz, 1989)는 윤리강령을 직업의 특성상 발생할 수 있는 여러 가지 종류의 유혹들을 잘 다룰 수 있는 기준을 세울 수 있도록 도와주는 것이라고 정의하고, 유아교육에서 특히 윤리강령이 필요한 이유를 다음과 같이 네 가지로 제시하고 있다(박은혜, 2011 재인용).

첫째, 유아교사의 힘과 지위다. 유아교사들은 대부분 유아들의 인격을 존중하고, 그들의 요구를 들어주기 위해 노력하며, 학급의 모든 유아들을 공평하게 대하기 위하여 노력한다. 그러나 경우에 따라서 유아들을 함부로 대하기도 하고, 공평하지 못하게 일을 처리하는 경우도 있으며, 유아의 의사를 무시하기도 하고, 유아의 마음에 상처를 주기도 한다. 이와 같은 상황에서 불만을 제기하거나 이를 적절하게 수정하도록 요구할 수 있다면 문제가 없겠지만 유아들은 스스로 자신을 방어할 수 있는 능력이 아직은 부족하다. 또한 교사는 유아들에게는 상대적으로 높은 지위를 가질 수 있으나 부모들과의 관계에서는 반드시 그렇지 않다. 이는 부모들이 유아들의 권리를 옹호하는 의뢰인이기 때문이다. 부모들의 요구는 물리치기 어렵지만 유아들에게는 특별한 양해를 구하지 않고도 교사가 원하는 행동을 할 수도 있다. 유아교사를 위한 윤리강령은 바로 이러한 상황에서 유아들의 안녕을 위하여 올바른 가치판단을 내릴 수 있도록 도와준다.

둘째, 유아의 다양성이다. 교사는 학급 전체의 유아들에게 관심을 기울여야 하지만 상황에 따라서 교사 개인의 관심을 필요로 하는 유아가 있을 수도 있다. 이때 교사는 개인과 집단의 요구 가운데 어떠한 것을 받아들여야 하는가? 어떤 아이는 인지적으로 매우 뛰어나서 학급의 다른 아이들을 대상으로 하는 활동을 주면 매우 지루해하고 산만해진다. 이럴 때 교사는 어떻게 해야 하는가? 자신이 속한 기관의 철학과 일치하지 않는 교육을 요구하는 부모와의 갈등은 어떻게 해야 하는가? 윤리강령은 서로 다양한 요구를 가진 유아나 부모로 인하여 발생하는 문제들을 해결하는 데 도움을 준다.

셋째, 경험적 기초의 애매성이다. 유아교육과정은 다른 각급 학교의 교육과정과는 달리 유아의 경험과 과정을 중요시한다. 다시 말해서, 이는 반드시 가르쳐야 하는 유아교육의 내용이 미리 결정되어 있는 것이 아니라 끊임없이 변할 수 있다는 것이다. 이러한 교육과정 운영의 자율성은 때로는 흥미진진함을 불러일으키기도 하지만 유아교사가 끊임없이 의사결정을 해야 한다는 의미가 된다. 교사가 내리는 대부분의 의사결정 과정에는 교사의 의도 여부에 관계없이 교사 개인의 가치가 포함되기 마련이다. 즉, 유아교사는 다른 어떤 학년의 교사보다도 교사 개인의 가치에 따라 교육과정과 내용 및 방법을 정할 가능성이 높아진다. 윤리강령은 이렇게 불확실성이 높은 상태에서 철학적인 기초를 제공해 줌으로써 교사의 결정에 방향을 잡아 주는 역할을 할 수 있다.

넷째, 역할의 애매성이다. 최근 유아교육기관에 맡겨지는 유아들의 연령은 점점 낮아지고, 시간은 더욱 길어지며, 그 숫자는 점점 더 많아지고 있다. 유아들의 연령이 어리고 기관에서 지내는 시간이 더 길어지면 먹이고, 입히고, 씻기고, 기본생활습관을 길러 주어야 하는 등 교사들의 역할이 한없이 넓어진다. 이렇게 역할이 넓어지다 보면 부모의 역할과 구분이 어려워지는 문제가 생긴다. 특히, 이 모든 문제에 있어 부모의 의견과 일치하지 않는 경우 교사는 자신과 부모 그리고 유아 사이에서 판단을 내리기 어려운 딜레마에 빠지게 된다. 윤리강령은 바로 이러한 딜레마 상황에서 교사가 옳은 판단을 내릴 수 있도록 도와준다.

윤리의 필요성 인식에 따라 교사의 역할 수행이 달라질 수 있다. 김태훈(2008)은 교사의 질은 교사의 윤리의식에 따라 좌우될 수 있으며, 학교에서 전개되는 제반 활동도 교사가 어떤 윤리의식을 정립하고 있느냐에 의존하게 된다고 한다. 실제로 성인 대학생을 대상으로 한 '내 인생의 스승'이란 주제로 설문을 조사한 결과, 존경받는 스승의 첫 조건을 '윤리의식'으로 보는 응답자가 가장 많았다고 한다. 대부분의 성인이 기억하는 교사에 대한 이미지를 통해 보더라도 교사의 윤리의식이 매우 중요했음을 시사한다고 볼 수 있다. 그러나 교사에게 바람직한 도덕적 가치나 윤리의식이 있다 하더라도 구체적인 사례나 내용이 제시되지 않거나 해결되지 않는 문제 상황이 지속된다면 바람직한 윤리적 행동으로 이행하기가 어려운 실정이다. 따라서 보육교사의 윤리의식을 높일 수 있도록 어려움을 파악하고 다양한 문제 상황에서 지원할 수 있는 방안을 모색해 보는 노력이 필요하다. 보육교사 개인이 처한 문제 상황에서 해결하고자 하는 노력을 중점으로 윤리의식을 높일 수 있는 방안을 살펴보면 다음과 같다.

첫째, 보육교사의 긍정적인 정서와 윤리실천 의지다. 보육교사의 정서는 교수·학습 과정에서 교수행위에 대한 지각을 형성하게 하고, 가치판단을 통한 영유아의 흥미를 지속시키며, 놀이에 몰입하도록 도움을 주고 만족감과 자아정체성을 형성하는 데 중요하다(연선영, 2001). 특히, 돌봄의 역할이 매우 강조되는 특성을 가진 어린 연령의 영유아를 담당하는 교사는 친숙한 상호관계 형성에서 정서를 더욱 중요한 요인으로 고려해야 한다(Goldstein & Lake, 2000).

정서는 감정 또는 기분과 다르게 대상 지향적이고 시간이 경과함에 따라 쉽게 변화하는 특성을 가진, 모든 행동에 근본이 되는 감정적 과정의 의식적 산물이라고 정의할 수 있으며, 이러한 정서는 얼굴표정을 통해 변별이 가능하며, 성장과정에서 가장 먼저 습득하게 되는 모든 사람에게 일어나는 기본정서(basic emotions)가 있다. 보육교사는 하루 일과 동안 실제적 정서에서 화, 불안, 기쁨, 애정의 순으로 긍정적 정서보다 부정적 정서를 더 많이 느끼고 경력이나 담당하는 학급 연령별로 긍정적이거나 부정적 정서가 비슷하게 나타나지만 유아반을 담당하는 교사가 부정적 정서를 훨씬 더 많이 느낀다고 한다(김지영, 2010). 보육교사의 정서에서 영유아, 부모, 동료관계 등 사회적 맥락 속에서 많은 영향을 받는다. 다양한 상황에서 문제가 해결되지 않고 반복적이거나 부모 또는 동료의 요구가 지나칠 때 보육교사는 자신의 정서를 조절할 힘을 잃게 되어 소진이나 스트레스를 경험하게 된다.

교사는 교직윤리 실천의지가 높을 때 교사효능감이 높아지고, 교사효능감이 높은 교사는 교직 상황에서 부딪치는 문제들에 대해서 긍정적인 수용태도를 보인다고 한다. 또한 보다 합리적인 문제해결방식을 많이 사용하며, 부정적 수용태도에서 비롯되는 부정적 문제지향이나 충동적 문제해결방식을 보다 적게 사용하여 직무열의를 증진시킨다(곽희경, 2011; 곽희영, 2014; 조은주, 2009). 직무열의가 높고 교사효능감이 높은 교사는 자아존중감을 높이고, 유아의 내외적·외현적인 문제행동을 낮추게 되어 결과적으로 유아의 자아존중감도 높일 수 있다(박경, 2013). 교사의 나이와 경력이 높아지면 교사효능감은 높아진다.

둘째, 보육교사가 직무에서 겪는 갈등과 스트레스다. 교사가 직무를 수행하면서 받는 스트레스는 다양하다. 유아, 학부모, 동료교사, 관리자와의 관계 속에서 문제가 발생하여 해결하는 과정에서 스트레스를 받을 수 있고, 문제해결의 속도가 늦어질수록 스트레스의 강도는 더 높아질 수 있다.

　대부분 교사에게 유아들과의 관계에서는 긍정적인 애착을 강조하지만 동료와의 원만한 인간관계 형성에 대해서는 다른 직장인에 비해 소홀히 한다(이남희, 2008; 임정수, 이완정, 2009; 주봉관, 2008). 교사들이 받는 스트레스는 주로 업무를 수행하는 과정에서 동료교사로부터 적절한 지원을 받지 못하거나 현장학습이나 공동으로 처리해야 하는 업무 등에서 역할 분담이 편파적으로 이루어지는 경우에 생긴다. 이러한 이중적인 인간관계 상황에서 교사는 윤리적인 갈등을 겪게 되고 스트레스로 연결되어 직무 만족도가 떨어지게 된다. 교사가 윤리의식과 가치관이 뚜렷하고 상황에 대한 문제해결력이 있다 하더라도 동료 간 협력관계가 형성되지 않고 의사소통의 기회가 부족하거나 의사결정의 과정 등에 참여하지 않는다면 갈등을 느낄 수 있을 것이다. 이러한 상황이 지속된다면 교사의 사기를 떨어뜨리고 이직을 결정하는 동기가 될 수도 있다.

　다음 〈표 7-1〉 사례는 영아를 보육하고 있는 보육교사가 갈등과 스트레스 상황이 지속되는 과정에서 경험하는 윤리적 갈등의 예다. 초임교사가 아니더라도 모든 교사가 공감하는 상황일 것이다. 어쩔 수 없는 상황에서 교사의 어려움을 지원해야 할 시기를 놓치게 되거나 적절한 도움을 받지 못하는 기회가 지속된다면 교사는 어떤 결정을 하게 되는가? 유아를 사랑으로 잘 돌보고자 했던 마음과 보육교사로서 기대했던 역할 수행에 대한 자신감도 잃게 되어 결국 본연의 가치를 상실하게 되는 결과가 올 수 있다.

표 7-1　어린이집 경력 1년차 초임교사의 사례

보육실습을 하면서 영아들이 너무 사랑스럽고 예쁘다는 생각에 어린이집 교사가 되기로 마음먹고 실습을 했던 곳에 교사로 근무하게 되었어요. 실습을 하면서 원장선생님과 원감선생님, 담임선생님께 꽤 칭찬을 받았기 때문에 어느 정도 자신이 있는 상태에서 취업을 결정했어요. 원장선생님은 제가 초임 같지 않아서 만 2세반 담임을 맡겨도 잘할 것 같다고 하셨고, 사실 저도 자신이 좀 있었어요. 부푼 꿈을 안고 교실 환경도 꾸미고, 아이들을 맞이할 마음에 설레기도 했었어요. 영아반 오리엔테이션이 끝나고 적응프로그램이 시작되면서 문제가 생겼어요. 다른 영아반을 맡은 동료교사가 연락도 없이 출근을 하지 않으면서 원감선생님이 잠깐씩 반을 맡게 되셨어요. 대체교사를 바로 구하기가 어렵고 학기 초라 업무도 많아서 바쁘실 때 제가 반 아이들을 돌보기도 하고, 수업도 며칠 동안이지만 하게 되면서 힘들었어요. 교사를 구할 때까지 대체교사를 돕는 일, 새로운 교사가 오면서 해야 할 일에 대해 설명해 주는 일도 제 몫이었어요. 그런 사이 제 반 아이들을 잘 돌보지 못하고, 적응기간에 기본생활습관 지도도 체계적으로 하지 못한 것 같아요. 학기 초에는 다들 바쁘시니까 도움을 요청하는 것도 눈치가 보이고 그랬어요. 저도 힘든 상황에서 마음속에는 그만두고 싶은 생각도 많이 들었어요. 매일매일 갈등 속에서 지내는 것 같아요. 지금은 그래도 1년을 채워야 할 것 같아서 억지로 참고 참으면서 근무하고 있어요. 누구에게 이야기한다 하더라도 모두 바쁜 상황에서 도움을 받을 수 있는 환경이 아니잖아요.

2. 윤리강령 제정

어린이집 원장과 보육교사의 윤리강령 제정을 위한 연구(육아정책연구소, 2011)에서 원장과 보육교사가 영유아를 대할 때 윤리의식을 가지고 돌보는지에 대해 조사한 결과, 원장과 보육교사의 학력, 경력, 설립유형에 차이 없이 윤리의식을 가지고 영유아를 돌보고 있었고, 보육교사에 비해 원장의 윤리의식과 실천의지가 좀 더 높은 것으로 나타났다. 또한 영유아를 보육하는 과정에서 윤리적 갈등을 느끼고 있으므로 윤리교육이 필요하다고 주장하였다. 이러한 연구를 토대로 다음과 같은 윤리강령이 제정되었다.

제1장 영유아에 대한 윤리

1. 영유아에게 고른 영양과 충분한 휴식을 제공하여, 몸과 마음이 건강한 사람으로 자라도록 돕는다.
2. 성별, 지역, 종교, 인종, 장애 등 어떤 이유에서도 영유아를 차별하지 않고, 공평한 기회를 제공한다.
3. 영유아는 다치기 쉬운 존재임을 인식하여 항상 안전하게 보호한다.
4. 영유아에 대한 정서적·언어적·신체적 학대를 행하지 않는다.
5. 어린이집 내외에서의 영유아 학대나 방임을 민감하게 관찰하며, 필요한 경우 관련 기관(아동보호전문기관 등)에 보고하고 조치를 취한다.
6. 영유아의 인격을 존중하고, 개인의 잠재력과 개성을 인정한다.
7. 개별적 상호작용 속에서 영유아의 요구를 수용하기 위해 노력한다.
8. 영유아의 사회·정서·인지·신체 발달을 통합적으로 지원하는 보육프로그램을 실시한다.
9. 특별한 도움을 필요로 하는 경우, 전문가와 협력하여 영유아의 입장에서 최선의 대안을 찾는다.
10. 보육활동을 계획, 실행, 평가하는 모든 과정에 영유아의 흥미와 의사를 반영한다.
11. 영유아의 개인적 기록과 정보에 대해 비밀을 보장한다.

제2장 가정에 대한 윤리

1. 상호 신뢰를 바탕으로 영유아의 가정과 동반자적인 관계를 유지한다.
2. 각 가정의 양육가치와 의사결정을 존중한다.
3. 경제적 수준, 가족형태, 지역, 문화, 관습, 종교, 언어 등 어떤 것에 의해서도 영유아의 가정을 차별 대우하지 않는다.

4. 보육활동 및 발달 상황에 관한 정보를 정확하게 제공하여 영유아에 대한 가정의 이해를 돕는다. 다문화, 심신장애 등으로 의사소통에 도움이 필요한 경우 문제를 해결할 최선의 방법을 도모한다.

5. 어린이집 운영 전반에 관한 정보를 공개하여 영유아 가정의 알 권리에 응한다.

6. 보육프로그램과 주요 의사결정에 영유아의 가정이 참여하도록 안내한다.

7. 필요한 사회적 지원, 전문서비스 등 관련 정보를 제공하여 영유아 가정의 복리증진을 돕는다.

8. 영유아 가정의 사생활을 보호하고 익명성을 보장한다.

제3장 동료에 대한 윤리

[어린이집 원장]

1. 최상의 보육서비스 제공에 필요한 인적·물적 환경의 조성 및 유지를 위해 노력한다.

2. 보육교사를 신뢰하고 존중하며 전문성과 자율성을 인정한다.

3. 성별, 학연, 지연, 인종, 종교 등에 따라 보육교사를 차별하지 않는다.

4. 업무 관련 의사결정이 필요한 경우, 보육교사의 의견 개진 기회를 보장한다.

5. 보육교사에게 지속적 재교육 등 전문적 역량 제고의 기회를 부여한다.

6. 보육교사에게 적정 수준의 보상(보험, 급여 등)을 안정적으로 제공하여, 복지증진에 힘쓴다.

7. 보육교사 개인의 기록과 정보에 대한 비밀을 보장한다.

[보육교사]

1. 존중과 신뢰를 바탕으로 협력하며, 서로의 전문성과 자율성을 인정한다.

2. 상호 간 역량계발과 복지증진에 부합하는 근무환경이 되도록 힘쓴다.

3. 어린이집 원장 및 동료와 영유아 보육에 대한 신념을 공유한다.

4. 보육교사로서의 전문성 향상을 위해 스스로 노력한다.

5. 어린이집 내부에 영유아 및 보육교사의 인권과 복지를 위협하는 비윤리적 사태가 발생한 경우, 법률규정이나 윤리기준(한국보육시설연합회 윤리강령위원회 참조)에 따라 조치를 취한다.

제4장 사회에 대한 윤리

1. 공보육에 대한 책임을 인식하고, 항상 질 좋은 보육서비스를 제공한다.

2. 영유아의 안전을 위협하는 환경이나 정책이 발견될 시, 관계기관과 협의하여 개선한다.

3. 공적 책임이 있는 어린이집으로서 재정의 투명성을 유지하고, 부정한 방법으로 사적 이

익을 취하지 않는다.

4. 영유아의 권익보호를 위해 관련 정책 결정 및 법률 제정에 적극 참여하며, 사회적으로 이를 널리 알리는 데 앞장선다.

5. 지역사회 실정에 맞는 어린이집 책임과 역할을 인지하고, 실천하고자 노력한다.

출처: 중앙육아종합지원센터(http://central.childcare.go.kr).

임승렬(2002)은 유아교사의 교직윤리를 전문성과 직무, 유아의 가정, 유아, 동료와 기관, 지역사회·사회에 대한 윤리 등 5개 영역으로 나누어 각 영역에 대한 윤리를 인식하고 실천하는 수준 및 인식과 실천 수준 간의 차이를 학력과 교육경력에 따라 어떠한 특성이 있는지 분석하였다. 교직윤리는 교사역할 수행과정 중 문제 상황에서 도덕적 판단 기준이 될 수 있고, 자신의 판단과 전문성 인식에 따라 달라질 수 있으며, 유아교사의 교직윤리에 대한 인식 및 실천 수준 그리고 그 차이가 학력과 경력에 따라 다음과 같이 차이가 날 수 있다고 하였다.

첫째, 전문성과 직무에 대한 윤리의 인식과 실천 수준은 학력과 교육경력에 따라 차이가 있는데 학력이 높을수록, 교육경력이 적을수록 전문성과 직무에 대한 윤리를 인식하고 실천하는 정도도 높다고 하였다. 이는 2년 혹은 4년간 교사가 되기 위한 직전교육에서는 교직윤리를 강화할 수 있는 기회나 시간이 적은 것에 비해 대학원 등과 같은 상위학교에서는 이를 위한 기회가 제공되는 것에 기인하는 것으로 설명하였다.

둘째, 유아의 가정에 대한 윤리는 교육경력이 많은 교사들이 인식과 실천을 더 많이 한다고 하였다. 유아교육의 특성상 가정과의 연계가 중요하게 인식되고 있으며 교사들은 이를 적극적으로 실천하려는 것으로 설명하였다.

셋째, 유아에 대한 윤리는 학력과 교육경력에 따른 차이가 없어 대부분의 교사들이 인식하고 있는 대로 실천한다고 하였다.

넷째, 동료와 기관에 대한 윤리는 학력에 따라 큰 차이를 보이고 있으나 교육경력에 따른 차이는 없다고 하였다.

다섯째, 지역사회·사회에 대한 윤리 역시 교육경력이나 학력에 따라 인식과 실천 수준의 차이가 없는 반면, 학력이 높은 교사들이 인식한 윤리를 실천하는 정도가 높다고 하였다.

한편, 곽희영(2014)은 유아교사의 교직윤리 인식과 실천에 대한 연구에서 교사는 유아에 대한 윤리의식은 높았으나 실천이 부족하여 인식과 실천이 동반되었을 때 교사효능감과 전문성이 높아질 수 있다고 하였다.

조형숙(2012)은 교육실천적 행위의 가치를 판단하는 기준이 되는 것이 교직윤리이며, 이는 곧 학생의 인권과 가정의 복지 그리고 국가와 사회의 안녕과 연관성을 갖고 있기 때문에 교사의 교직윤리가 중요시되어야 한다고 하였다.

요약하면 유아, 가정, 동료, 사회, 전문성 및 직무에서의 효능감 등 유아교사의 교직윤리는 교사의 교육경력 및 학력에 따라 인식과 실천 수준에 차이가 있을 수 있으나 예비교사 교육과정에서 교직윤리에 대한 인식 수준을 높일 수 있도록 직무에서 요구하는 윤리적 책임을 강화하는 교육이 필요하다.

3. 보육교사의 자질

보육교사의 개인적 자질은 타고난 성품이나 소질을 의미하고, 전문적 자질은 어떤 분야의 일에 대한 실력의 정도를 의미한다. 보육교사로서 필요한 자질을 갖추고 있는 사람이 교사직을 수행한다면 바람직한 일이지만 그렇지 않을 경우 교사 자질의 적합성을 점검하고, 자질을 향상시키기 위해 노력해야 한다. 보육교사의 자질은 곧 교육의 질을 좌우하는 중요한 요소이기 때문이다.

자질이란 교사 자신이 맡아서 하는 일에 대한 실력과 능력의 정도(백혜리, 2008)이며, 자신의 직무와 관련된 일을 수행하는 과정에서의 지식, 기술, 태도를 포괄하는 의미로 정의되고 있다. 유아교사의 자질에 대한 개념은 학자마다 다르며, 시대적·역사적 관점 및 학자들의 견해에 따라 달라질 수 있다.

전통적인 교사상은 절대적인 힘을 가지고 있는 존재로서 "스승의 그림자는 밟지도 않는다."는 옛말처럼 존경과 공경의 대상이었다. 이러한 현상은 교직을 천직으로 여기고 사명감으로 개인의 성장을 돕는 교사가 대다수였던 시대의 교사상을 의미한다. 교사가 지식의 공급자였던 전통적인 교육환경에서 교육자의 영향력이 매우 중요했으며, 교육자와 피교육자의 역할이 분명하여 교사는 부모나 보호자와 같은 권위를 소유한 사람으로 인식되었다.

그러나 현대화, 정보사회화, 가족구조의 변화 등으로 학습자는 교사를 통해서만 지식을 습득하지 않고 언제 어디서든지 자신이 원하는 정보를 수집하여 학습할 수 있는 환경이 되어 교육의 패러다임이 바뀌게 되었다. 그에 따라 학습자는 더욱 능동적인 역할이 필요하게 되었고, 교사는 학습자의 요구를 파악하여 교육에 반영해야 할 필요성을 강조하였다. 현대사회에서 교사와 학습자의 관계는 공동의 목표를 향해 도움을 주고받는 그러한 관계로 발전되었다고 볼 수 있다.

어린 유아들은 성인의 말과 행동을 모방하는 경향이 높기 때문에 보육교사가 어떤 품성과 자질을 갖추었는지에 따라 그 영향력이 달라질 수밖에 없다. 임재택(1995)은 바람직한 교사가 지녀야 할 자질로 유아를 사랑하는 마음, 타인과 더불어 살아갈 수 있는 원만한 인격, 사회와 교육현실을 직시할 수 있는 안목, 유아의 요구와 발달수준을 이해하고 판단할 수 있는 관찰 평가 능력, 자기발전을 위해 스스로 가꾸고 변화하려는 마음자세라고 하였다.

조경자(2007)는 좋은 유아교사의 자질을 다음과 같이 분류하였다. 첫째, 유아에 대한 사랑 및 이해, 존중, 교사로서의 모범, 도덕성, 인내, 성실성 등의 인성영역이다. 둘째, 신체적 · 정신적 건강영역이다. 셋째, 유아에 대한 지식, 전공 및 교양에서의 지식과 교육과정 구성, 실천 능력, 발달조장 능력, 학부모 관계의 능력 등 교수 능력이다. 넷째, 교육철학, 신념, 열정, 자부심, 책임감 및 소명의식, 공평함, 교직태도 및 직업윤리 등의 교육관을 제시하였다.

요약하면 보육교사에게 요구되는 자질이란 인격적인 성숙이 기본이 되고, 전문적인 능력과 윤리적 태도 등을 갖추어야 함을 알 수 있다. 남을 가르친다는 것은 어렵고 힘든 과정이므로 항상 기쁘게 배울 수 있는 자세가 필요하다. 이러한 역할을 충분히 이해하고 학습자를 만난다면 보람 있는 교직생활에 대해 기대할 수 있을 것이다. 따라서 보육교사가 되기 전 어떠한 자질을 갖추어야 하는지 스스로 자문해 볼 필요가 있다.

1) 개인적 자질

보육교사가 되려는 사람들에게 왜 교사가 되려는지 묻는다면, 어린이를 너무 좋아하고, 어릴 때부터 교사가 되는 것이 꿈이었기 때문이라고 이야기할 것이다. 대부분의 전공자들에게 전공을 선택한 동기를 물어도 비슷한 대답을 한다. 그렇다면 교사가 되려면 어떤 자질을 갖추어야 하는가라는 질문에도 그동안 자신에게 내재화된 교사상이 있거나 막연하게 아이들만 사랑하면 되는 것이 아닌가라는 대답을 할 것이다. 다음 〈표 7-2〉는 보육교사가 되기를 희망하는 고등학생이 보내온 편지의 일부다.

표 7-2　보육교사를 꿈꾸는 고등학생의 사례

안녕하세요? 교수님, 저는 고등학교 2학년 학생입니다. 참고로 저는 남학생입니다. 저는 어릴 때부터 아이들이 너무 좋아서 유아를 가르치는 교사가 되고 싶어 했습니다. 부모님은 남자가 할 일은 아니라고 했지만 저의 확고한 의지를 아시고 너에게 잘 맞을 것 같다고 한번 해 보라고 하셨습니다. 전 중학교 때부터 제가 다니던 어린이집에 자주 들러서 유아들과 지내기도 하고 방학 때는 봉사활동도 하면서 교사가 되는 순간만 기다려 왔습니다. 그런데 주변에서는 유아를 가르치는 교사가 되려면 막연하게 아이들만 사랑하면 안 된다고 하는데 제가 교사가 되려면 어떤 준비가 필요할까요?

"교사가 되려면 어떤 준비가 필요할까요?"라는 질문에 대한 답으로, "교사가 되기에 어떤 자질을 갖추었나요?"라고 묻는 것이 오히려 타당할 것이다. 곽노의 외(2010)에 의하면 교사가 갖추어야 할 개인적 자질을 다음과 같이 강조하고 있다.

첫째, 신체적으로 건강해야 한다. 유아교사의 역할을 제대로 수행하기 위해서는 무엇보다 건강이 우선시되어야 한다. 유아와 함께 생활하는 데에는 많은 에너지가 필요하고, 경쾌함과 민첩함, 부지런함이 요구된다. 또한 유아교사는 다양한 음성과 명확한 발음, 정확한 시력과 청력 등을 가질 필요가 있다.

둘째, 정서적으로 성숙한 사람이어야 한다. 유아교사는 사고의 유연함과 개방된 마음을 지니고, 순수한 애정을 갖고 유아와 생활하기를 즐거워해야 한다. 또한 유아에게 자상한 태도를 보이고 때로는 유머감각과 기지가 있어야 하며, 여유를 가지고 평소 바람직한 취미생활을 영위하는 태도도 필요하다.

셋째, 근면성과 책임감이 높고, 창의적인 태도를 갖추어야 한다.

넷째, 직업에 대한 사명감이 있어야 한다.

다섯째, 유아 및 동료, 학부모들과의 인간관계가 원만해야 한다.

좋은 교사를 양성하고 확보하는 것은 보육과 교육에서 핵심 과제이며, 시대가 요구하는 유아교사의 자질은 교사 양성교육의 핵심이 되어야 한다. 그러므로 보육교사에게는 어떤 자질이 필요한지 분석하고 바람직한 교사의 자질에 대한 가이드라인이 필요하다. 다음은 현장교사들이 인식한 보육교사로서 갖추어야 할 개인적 자질이다.

표 7-3	영유아들을 진심으로 사랑하고 기다려 주는 교사

이 일은 단순히 아이들을 좋아하는 것만으로는 부족하다고 생각합니다. 그 사랑을 뛰어넘어 세상을 포용하는 '교육애'를 가지고 유아교육 분야에서 부단히 노력을 하셨으면 좋겠습니다. 아이들을 대하는 태도에서 존중감이 묻어나야 한다고 생각해요. 교사는 영유아가 세상을 이끌어 갈 가치있는 존재로 성장할 수 있도록 진심으로 존중해 주어야 해요. 교사를 하기 위해 필요한 것은 아무래도 배려심과 아이들을 기다려 주는 마음인 것 같습니다. 아무리 사랑하는 영유아라 할지라도 가끔씩은 정말 선생님을 화나게 하는 행동을 하는 경우가 종종 있습니다. 그럴 때일수록 혼내기보다는 인내심을 가지고 아이가 스트레스를 받지 않도록 보듬어 주는 것이 중요한 것 같습니다. 아이들을 사랑하는 것은 기본입니다. 아이들이 무엇을 말하려는지 귀담아듣고 감정을 읽어 주는 것이 필요합니다. 그러기 위해서는 아이들을 느긋하게 기다려 주는 교사의 태도가 필요합니다.

(보육교사 인터뷰)

표 7-4	책임감 있는 태도를 갖춘 교사

영유아에게 있어 일생에 가장 중요한 시기를 맡고 있는 보육교사는 단순히 아이들을 가르친다는 개념을 넘어서 아이의 일생을 좌우하는 중요한 역할을 한다는 사실을 인식하고 있어야 합니다. 교사로서 책임감을 가지며 사명의식을 가지는 것이 제일 중요한 것 같아요. 마땅히 할 것이 없으니까 대충 이 직업을 선택한다는 생각을 버리고 정말 책임감을 가지고 최선을 다하는 자세가 필요한 것 같아요. 혹시 나중에 일하다가 중간에 그만두고 싶어질 때면, 남는 아이들을 생각해 주길 바랍니다. 아이들에게는 우리 선생님이 이 세상에서 제일 닮고 싶은 존재입니다. 그렇게 그만둔 선생님 반의 아이들은 얼마나 불안하겠어요. 마치 엄마를 잃은 아이와 같다는 것을 알아두고 꼭 책임감을 가지고 아이들과 함께 생활하셨으면 좋겠습니다.

(보육교사 인터뷰)

2) 전문적 자질

보육교사는 교사자격증을 취득하는 순간 '교사로서의 기본적인 전문성을 갖추고 교사 역할을 이행할 수 있는 자'로 볼 수 있다. 곽노의 외(2010)에 의하면 교사가 갖추어야 할 전문적 자질을 지적인 면과 기능적인 면으로 나누어 다음과 같이 강조하고 있으며, 지적인 면을 세부적으로 살펴보면 다음과 같다.

첫째, 지적이며 명석한 사고력이 있어야 한다.

둘째, 유아의 발달단계에 따른 지식과 원리를 파악할 수 있어야 한다.

셋째, 각 아동의 개인차에 대한 심리학적인 이해가 있어야 한다.

넷째, 여러 상황에서 발생 가능한 긴급사태 해결에 필요한 융통성과 상식을 갖추어야 한다.

다섯째, 특수아 및 허약아에 대한 지식과 이해가 있어야 한다.

여섯째, 유아교육과정에 대한 이해가 있어야 한다.

일곱째, 최신의 아동연구, 기타 관련 연구에 대한 과학적인 지식이 있어야 한다.

기능적인 면을 세부적으로 살펴보면 다음과 같다.

첫째, 프로그램을 계획하는 능력 또는 상황에 맞추어 프로그램을 조절하고 진행할 수 있는 능력이 필요하다.

둘째, 교수자료를 준비하고, 교재교구를 프로그램 활동에 알맞게 배열하는 등의 학습환경 조성 능력이 필요하다.

셋째, 학습자료나 교수매체를 적절하게 사용할 수 있는 세련된 교수기술이 필요하다.

넷째, 유아의 동기유발, 주위환기, 또는 긴장 해소 등을 가져오는 능력이 필요하다.

다섯째, 유아의 발달 및 진보상태 등을 정확하게 측정하고 평가하는 능력이 필요하다.

여섯째, 음악, 미술, 공예, 과학, 문학, 연극 등 다양한 방면에 대한 교사 자신의 흥미와 재능이 필요하다.

다음은 현장교사들이 인식한 보육교사로서 갖추어야 할 전문적 자질이다. 현장교사들의 목소리를 들어 보면, 교사가 되기 전 전문성을 개발하기 위해 노력하고, 유아교육에 대한 해박한 지식을 습득해야 하며, 실습을 통해 경험을 쌓는 것이 필요하다고 제언한다.

표 7-5	전문성을 갖춘 교사

직전교육에서 배운 내용만 가지고 현장에 나가게 되면 예기치 못한 상황에 당황하게 되고, 많은 실수를 할 수 있어요. 이런 실수를 조금이나마 줄이기 위해서는 현장에 오기 전에 많은 실습을 통해서 전문성을 높일 수 있는 경험을 쌓는 것이 중요합니다. 또 이론은 벽돌을 쌓고 집을 지을 때 튼튼하게 잘 쌓아 갈 수 있도록 도와주는 지지대 역할을 한다고 생각합니다. 또 많은 것을 느끼고 체험해 본 교사가 새로운 것을 알려 줄 수 있다고 생각합니다. 영유아 보육 분야에서 갈수록 전문화를 요구하고 있어 교사는 자기 스스로 자기개발에 충실해야 변화하는 사회에 적응할 수 있다고 생각하고 자기개발을 통해 다양한 경험을 쌓고 전문적인 지식을 함양하도록 노력해야 합니다. 보육에 대한 해박한 전문적 지식을 갖춰야 합니다. 교육과정 및 유아의 발달에 대한 다양한 지식을 가지고 있다면 부모님과의 상담에서 좀 더 정확하고 차별화된 정보를 줄 수 있을 것 같아요.

(보육교사 인터뷰)

표 7-6	영화 속에 나타난 교사의 자질 살펴보기 - 홀랜드 오퍼스[1996년 개봉]

홀랜드는 늙도록 교직생활을 계속한다. 과연 그의 삶은 성공했다고 할 수 있을까. 그저 생활을 할 수 있을 정도의 월급을 받으면서 학생들을 가르치는 하루하루가 비슷한 삶을 사는 것을 홀랜드 자신도 성공이라고 할 수 없을 것이다. 하지만 '삶을 성공적으로 살았느냐'는 질문에는 아니라고 대답할지 몰라도 '어떤 삶을 살았느냐'라는 물음이 주어진다면 '썩 괜찮은 삶을 살았다'고 할 것이다. 홀랜드가 학교 강당으로 들어갔을 때 자신이 가르친 많은 제자들이 강당을 가득 메우고 홀랜드에게 고마워하며 홀랜드가 작곡한 'An American Symphony'를 연주하는 장면을 보면, 성공적인 음악가로 많은 사람에게 기억되지는 못했지만 '좋은 음악 선생님'으로서 제자들에게 정겨운 선생님으로 기억되는 것, 그 정도면 썩 괜찮은 삶이 아닐까?

출처: 네이버 영화
'홀랜드 오퍼스' 포스터

| 표 7-7 | 영화 속에 나타난 교사의 자질 살펴보기 - 라자르 선생님[2011년 개봉] |

"나비가 되어 날아갈 때까지
애벌레를 품어 주는 나무가 되어 줄게!"
모국에서 교사였던 아내와 두 자녀를 잃고 캐나다로 망명을 온 라자르는 몬트리올의 한 초등학교 대체교사로 지원한다. 신기한 듯 이방인 선생님을 반기는 아이들, 하지만 라자르는 아이들이 마음 속 상처를 숨기고 있음을 알게 된다. 유난히 잘 따르는 알리스에게 위로를 받고 심통쟁이 시몽도 달래면서 어느덧 상처가 아물어 가던 그는 뜻하지 않은 일로 '마지막 수업'을 준비하게 된다.
가족을 잃은 선생님과 담임선생님을 잃은 아이들이 서로의 상처를 보듬어 안으며 소통하는 이야기 속에서 교사의 참모습을 찾아볼 수 있다.

출처: 네이버 영화
'라자르 선생님' 포스터

 학습과제

1. 보육교사의 윤리강령과 실천방안에 대해 써 보시오.

2. 예비 보육교사가 갖추어야 할 자질에 대해 써 보시오.

3. 보육교사가 가르치는 과정에서 직면하게 되는 윤리적 갈등은 무엇인지 써 보시오.

참고문헌

곽노의, 김경철, 김창복(2010). 유아교육개론 2판. 서울: 학지사.
곽희경(2011). 유아교사의 행복감 및 자아정체감과 교사효능감, 교사-유아 상호작용의 관계. 전북대학교 대학원 박사학위논문.
곽희영(2014). 유아교사의 교직윤리 인식과 실천에 따른 교사효능감 및 전문성에 관한 연구. 경남대학교 교육대학원 석사학위논문.

김지영(2010). 보육교사의 정서노동에 관한 연구. 이화여자대학교 대학원 석사학위논문.

김태훈(2008). 교사의 윤리의식에 관한 고찰. 도덕윤리과학연구, 27, 1-23.

박경(2013). 교사의 직무만족도와 효능감이 유아의 내·외현적 행동문제와 자아존중감에 미치는 영향. 광주여자대학교 대학원 박사학위논문.

박은혜(2011). 유아교사론. 서울: 창지사.

백혜리(2008). 보육교사론. 서울: 동문사.

연선영(2001). 유치원교사의 정서 신념이 교수행위 실제에 미치는 영향. 덕성여자대학교 대학원 석사학위논문.

육아정책연구소(2010). 보육시설장·교사 윤리강령 제정 연구. 서울: 육아정책연구소.

이기숙(2004). 유아교육개론. 서울: 양서원.

이남희(2008). 유아교사의 이직결정에 영향을 미치는 동료, 원장 및 학부모와의 인간관계 연구. 성균관대학교 대학원 석사학위논문.

임승렬(2002). 유아교사의 교직 윤리의식에 관한 연구. 한국교원교육연구, 19(1), 157-173.

임재택(1995). 유아교육기관 운영관리. 서울: 양서원.

임정수, 이완정(2009). 유아교사 윤리강령을 토대로 분석한 동료 관계에서의 스트레스와 대처방식. 아동과 권리, 13(4), 529-554.

조경옥(2001). 유아교사의 윤리의식에 관한 연구. 덕성여자대학교 교육대학원 석사학위논문.

조경자(2007). 예비 유아교사들이 인식한 좋은 유아교사의 특성. 미래유아교육학회, 14(4), 561-586.

조은주(2009). 교사효능감이 직무열의와 소진에 미치는 영향: 문제해결 방식과 목표 불안정성의 매개효과. 경남대학교 대학원 석사학위논문.

조형숙(2012). 유아교사의 교직윤리 의식 함양을 위한 교육과정 모형 개발. 유아교육학논집, 16(4), 373-394.

주봉관(2008). 유아교사의 사기(士氣)에 관한 연구. 중앙대학교 대학원 박사학위논문.

한국교육평가학회 편(2004). 교육평가 용어사전. 서울: 학지사.

Goldstein, L. S., & Lake, V. E. (2000). Love, love, and more love for children: Exploring preservice teachers' understandings of caring. *Teaching and Teacher Education*, *16*(7), 861-872.

중앙육아종합지원센터(http://central.childcare.go.kr)

제**8**장
보육교사의 하루일과

학습개요

보육교사는 교육과 보육 업무 이외에도 학부모 상담, 행사준비, 교사회의, 수업연구 등의 다양한 일을 처리해야 하기 때문에 바쁘고 분주한 하루일과를 소화해야 한다. 다른 직종에 비해 체력적인 소모가 매우 크다고 할 수 있다. 그럼에도 불구하고 대다수 보육교사는 영유아와 지내는 일이 보람되고 가치 있는 삶이라고 느낀다. 7장에서 살펴본 보육교사의 개인적·전문적 자질과 연결시키면서 세부적인 직무를 살펴보면 도움이 될 것이다.

1. 영유아교사의 일일계획

영아는 각 월령에 따라서 발달 차이가 크므로 보육계획이 세분화되고 일상생활 전반에 걸쳐 보호와 교육이 계획되고 실행되어야 한다. [그림 8-1]에서 보여 주듯이 어린 연령의 영아일 경우 교사의 양육활동이 더 많이 요구될 것이며 연령이 높아질수록 양육보다 교육활동이 더 강조되어야 한다. 영아의 경우에는 하루 중 대부분의 시간이 신체적인 욕구충족을 위한 활동으로 이루어지지만 유아의 경우에는 하루일과 속에서 신체적 욕구충족을 위한 시간이 점차 감소되고 구체적인 놀이활동 시간이 증가하게 된다.

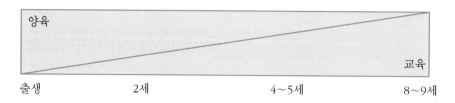

[그림 8-1] 연령별 하루일과

특히, 영아보육에서 보육교사는 의도적으로 가르치는 활동을 피해야 하며 영아들이 충분히 탐색하고 즐기면서 놀이하는 활동이 일어날 때까지 지켜봐 주어야 한다. 또한 영아의 개별적인 발달에 대해 잘 알고 있어야 하며 어떤 기질을 가지고 있는지, 이전에 어떤 양육경험과 애착형성이 되었는지에 대해서도 잘 알고 있어야 한다.

2. 등원지도

보육교사는 어린이집에 등원하는 영유아를 현관에서 맞이하게 된다. 보호자와 함께 등원할 경우 영유아의 안색을 살피면서 기분 상태를 체크하고, 부모로부터 건강이나 음식섭취 등에 관한 정보를 듣게 된다. 복용하는 약이 있을 경우 질병에 관한 정보를 수집하여 투약사항에 대해 기록해 두는 것이 좋다. 어린 영유아가 보호자로부터 분리될 때 안전함과 따뜻함을 느낄 수 있도록 반겨 주고 억지로 떨어지거나 불안함을 느끼지 않도록 배려해야 한다.

보호자가 교실까지 오는 경우, 다른 영유아에게 영향을 미칠 수 있으므로 교실 입구에 부모용 의자나 책 등 놀잇감을 비치하고 영유아가 안정된 환경에서 부모님과 헤어질 수 있도록 한다.

최근 등원 시 안전에 대한 중요성이 커지면서 등원 및 하원지도에서 안전지도를 체계적으로 실시하도록 매뉴얼을 제작하여 프로그램으로 적용하는 사례도 있다.

[그림 8-2] 2014 어린이집 등 · 하원 안전 공모전

출처: 어린이집안전공제회(http://www.csia.co.kr).

3. 일상생활 지도 및 기본생활지도

영유아의 일상생활에 관한 지도는 기본생활습관 형성과 신체 조절과 건강, 자조기술, 독립심과 책임감을 통한 자아개념을 높이기 위한 활동이다. 보육교사는 영유아가 일상생활을 통해 자조능력과 정서적 안정감을 갖도록 상호작용하며 자율적으로 활동하도록 돕는다(이영자 외, 2006). 보육교사의 하루일과 중 가장 많은 비중을 차지하는 역할은 영유아의 기본생활지도다. 교사는 지속적이고 일관성 있는 기본생활지도를 하기 위해서는 등 · 하원을 비롯한 보육과정 운영의 전 과정에서 자연스럽고 반복적인 경험이 되도록 실천할 수 있는 기회를 영유아에게 제공해야 한다. 효과적인 기본생활지도를 위해 가정과의 연계가 필수적이며 가정과 기관에서 지도하는 내용에 일관성을 갖도록 교사는 부모와 지속적인 교류와 의사소통 기회를 가져야 한다. 영유아기 기본생활지도는 기본적인 예의와 행동을 몸에 익혀 습관화할 수 있도록 영유아를 관찰하여 수준에 따라 개별지도하는 것이 바람직하다. 기본생활을 지도하면서 영유아가 교사나 부모에게 단순히 칭찬받기 위해서 수동적으로 기본생활을 실천하지 않도록 해야 하며, 연속적이며 자연스러운 경험이 제공되도록 하는 데에는 교사의 실천의지가 필요하므로 행동에 적합한 칭찬과 격려를 통해 영유아가 능동적인 생활인으로 성장하도록 도움을 주어야 한다. 영유아는 성인의 행동을 모방하며 학습하는 행동 특성을 보이기 때문에 교사는 상황에 맞는 모델링을 제공하여 성취감을 가질 수 있도록 안내해야 한다.

1) 정리정돈 지도

정리정돈 지도를 위해 자신의 물건에 대해 인식하도록 돕고, 신발장, 사물함, 자신의 소지품 등에 사진과 이름을 부착하여 정리정돈을 도와준다. 영아는 혼자 옷을 입고 벗기가 어렵기 때문에 보육교사는 도움을 주면서 쉬운 것부터 영아 스스로 해 볼 수 있는 기회를 제공하여 점차 자율성이 발달하도록 도와야 한다. 자율성 발달에 중요한 것은 영아가 성공의 경험을 느낄 수 있도록 충분한 시간을 주고 기다려 주는 것이다. 유아는 자신의 소지품뿐 아니라 활동결과물 등을 정리하면서 정리개념을 확대시켜 나가도록 돕는다. 놀이가 끝나거나 귀가할 때 다 함께 교실을 정리해 보는 시간을 통해 정리정돈을 습관화할 수 있다.

2) 손 씻기 지도

영유아의 손 씻기 지도는 청결한 생활이 건강과 직결된다는 것을 인식하고, 화장실을 다녀온 후, 간식 및 점심식사 전, 실외 및 실내 놀이 후 손을 씻을 수 있도록 한다. 영아인 경우 손 씻기 지도 과정에 보육교사가 참여하여 손 씻기 시범을 보이거나 방법을 세심하게 지도하여야 한다. 유아인 경우 손 씻기 순서를 세면대 위에 그림으로 부착하여 수시로 그림을 보며 습관화할 수 있도록 한다. 세면대마다 비누를 비치하여 사용이 용이하도록 하고 핸드타월이나 개인수건을 비치하여 위생적으로 물기를 닦도록 한다. 또한 화장실 바닥은 미끄럽지 않도록 관리한다. 보육교사도 기저귀를 갈거나 간식 및 급식 전, 아픈 영유아를 돌본 후에는 손 씻기를 철저히 하도록 한다.

3) 이 닦기 지도

영아는 처음부터 스스로 이를 닦기가 어려우므로 보육교사의 도움이 필수적이다. 아주 어린 영아라면 물 양치를 하거나, 거즈 등을 사용하여 이 닦기를 할 수 있도록 한다. 무엇보다 이 닦기는 습관화되도록 규칙적이고 정기적인 지도가 필요하다. 교실에서 교사의 지도가 용이하도록 세면대 주변에 칫솔과 개인 양치컵을 준비해 주고 사용 후에는 살균하여 위생적으로 관리해 주어야 한다. 영유아가 마모된 칫솔을 사용하지 않도록 수시로 점검하여 올바른 칫솔 사용법을 지도하거나 스스로 혼자서 이를 닦을 수 있도록 도와주어야 한다.

4) 배변 및 화장실 가기 지도

보육교사는 영유아의 배변에 대한 요구가 개별적으로 이루어지기 때문에 각각의 배변시간을 기록해 두고 배변지도를 해야 한다. 기저귀를 사용하는 어린 영아라면 배변시간에 맞춰 별도의 공간에서 위생적으로 갈아 주도록 하며, 기저귀와 속옷 등은 부모가 가져온 것을 이름을 적어 개별 보관하도록 한다. 기저귀를 갈아 주는 곳은 편안하고 안정된 공간이 되도록 하고, 따뜻한 온도를 유지하도록 한다. 세면대, 물휴지, 파우더 등을 비치하여 사용이 용이하도록 하고, 사용한 기저귀를 버릴 수 있는 뚜껑 있는 휴지통을 비치하여 위생적으로 관리한다. 화장실을 사용할 때, 교사와 상호작용하며 자율적으로 배변 의사를 표현하도록 하고, 편안하게 화장실을 이용하도록 도움을 준다.

5) 간식 및 식사 지도

영유아의 건강한 성장·발달에서 균형 잡힌 영양섭취를 고려한 간식 및 식사지도는 매우 중요하다. 수유를 해야 하는 어린 영아라면 부모로부터 수유 양, 시간, 특성 등에 대한 정보와 분유 및 주스 등을 전달받아 개별적으로 사용해야 한다. 유아인 경우 일과 운영에서 시간을 정하여 제공한다. 간식 및 점심식사 장소를 정하여 가정과 비슷한 환경에서 편안하게 음식을 섭취할 수 있도록 하고 상호작용을 통해 바른 식습관 지도를 한다. 식사를 마치고 휴식을 취할 수 있도록 조용한 음악이나 정적인 놀이를 제공한다. 영유아의 식사량과 식사에서의 특기사항을 기록하여 그 정보를 부모에게 제공하고 가정과 연계되도록 한다.

식품구성탑은 건강에 도움이 되는 식사와 식습관에 관한 정보를 제공하고, 하루의 식사에서 어떤 식품을 얼마나 먹어야 하는지를 알게 해 준다. 식품구성탑 1층 식품들을 가장 많이 먹고, 2층, 3층, 4층으로 올라갈수록 적게 먹어야 하며, 5층의 식품은 농축 열량

영양적으로 균형 잡힌 식사를 위해서는 매끼 곡류 및 전분류에 해당하는 1층의 식품을 주식으로 하고, 2층의 채소 반찬 2~3가지, 3층의 단백질 반찬 1~2가지를 갖추어 먹는 것이 좋으며, 음식을 조리할 때 5층의 유지 및 당류를 소량씩 이용하면 된다. 그리고 간식으로 우유와 과일류를 1일 1회 이상 섭취하도록 한다.

[그림 8-3] 식품의약품 안전처 식품구성탑

원이므로 조리 시 소량씩만 이용하도록 권장한다.

6) 낮잠 및 휴식하기

영아기의 신체적 성장은 일생에서 가장 뚜렷한 변화를 볼 수 있을 만큼 급속도로 이루어진다. 대부분의 시간 동안 잠을 자고, 밤낮의 구분 없이 일정한 간격으로 자고 깨기를 반복한다. 점차 성장하면서 수면시간이 줄고, 놀이하는 시간이 길어지지만 잠이 부족하면 칭얼거리기 때문에 낮잠시간을 마련하여 영유아가 잠을 보충하도록 해 주어야 한다. 너무 오랜 시간 낮잠을 자게 된다면 밤 시간에 잠들지 못할 수 있기 때문에 개별적으로 수면 패턴을 파악하는 것이 좋다. 낮잠을 자지 않는 영유아는 휴식시간을 갖도록 하여 억지로 잠을 청하지 않도록 한다. 조용히 그림책을 보거나 누워서 음악을 들을 수 있도록 배려해 주는 것이 바람직하고, 가정과 같이 부드럽고 편안한 환경을 조성해 주는 것이 필요하다.

4. 자유선택활동지도

　유아교육기관의 하루일과 중 놀이가 이루어지는 시간은 자유놀이시간 또는 자유선택 활동시간이다. 유아는 자유놀이시간에 각자 자신의 흥미와 요구, 발달수준에 따라 스스로 선택한 흥미영역에서 개별적으로 놀거나 다른 유아와 함께 놀이한다. 자유놀이시간은 유아가 교육기관에서 지내는 하루일과의 1/3~1/2을 차지하는 중요한 시간이다. 이러한 자유놀이활동에서 보육교사의 역할을 살펴보면 다음과 같다(이숙재, 2011a; 이영자 외, 2006).

　첫째, 계획자 역할이다. 보육교사는 놀이를 지도하기 위해 사전에 놀이시간, 놀이활동 및 환경 구성, 사전 경험 등을 고려하여 사전에 계획하고 준비한다. 일과운영에서 자유놀이시간에는 오전과 오후에 개별 활동이 이루어지도록 충분한 시간을 제공하는 것이 바람직하고 기관의 운영 특성에 따라 융통성 있게 계획한다. 주제에 관련된 놀이를 선정하고, 활동, 발달영역 등이 상호 연관이 되도록 계획하여 교육적인 놀이를 즐겁고 안전하게 할 수 있도록 환경을 조성한다.

　둘째, 개입자 역할이다. 보육교사는 유아의 놀이에 적절히 개입함으로써 놀이를 촉진시키거나 확장시키는 역할을 해야 한다. 놀이에 참여하지 못하거나 놀이 계획이 어려운 경우, 특정한 놀이만 계속하는 유아와 개별적인 상호작용을 함으로써 점진적으로 놀이에 흥미를 가지고 몰입할 수 있도록 지도해야 한다. 교사가 유아의 놀이에 개입하는 방법은 지켜보기, 병행놀이, 공동놀이, 놀이교수, 학습지도 순서로 주도권에 따라 역할이 달라질 수 있다. 즉, 개방적이거나 구조적인 방법을 선택함으로써 유아들이 놀이에 방해를 받지 않으면서 자발성을 기르도록 해야 한다.

　셋째, 관찰자 역할이다. 보육교사는 영유아의 놀이를 세밀하게 관찰하여 놀이를 좀 더 확장시키거나 발전시키는 데 필요한 정보를 얻어 효과적인 놀이지도를 해야 한다. 유아의 놀이를 관찰하기 전에 관찰 목적과 주제를 정하여 관찰하도록 하고, 어떤 행동을 어느 장면에서 관찰해야 할지를 설정해야 한다. 관찰하기에 가장 좋은 장면은 자연스럽게 놀이에 몰두해 있을 때, 상호작용 과정에서 영유아의 특징과 발달수준을 파악할 수 있다. 그렇기 때문에 교사에게는 영유아의 놀이를 객관적으로 관찰하고 영유아의 말에 귀

기울여 듣는 태도가 필요하다.

넷째, 관리자 역할이다. 교사는 유아가 놀이에 적극적으로 참여할 수 있도록 정서적으로 안정되고 편안한 환경을 구성해 주어야 한다. 놀잇감의 양이나 질, 적절한 활용은 유아의 상호작용이나 프로그램의 효과에 영향을 미치기 때문에 영유아들이 갈등을 느끼지 않고 놀이에 몰두할 수 있도록 충분한 양으로 준비한다. 영유아에게 적합한 놀잇감은 연령 및 발달, 주제에 적합한지를 고려하여 교육적으로 가치 있고 흥미로운 것으로 선정한다. 교사는 놀잇감이 파손되지 않았는지, 영유아의 안전에 방해되는 것은 없는지 수시로 살펴야 하고, 보관 시에는 연령별·주제별로 놀잇감을 정리하여 관리하도록 해야 한다.

5. 보육활동에서의 놀이지도

1) 대소근육 활동

영유아기는 신체와 운동능력이 급속히 발달하는 시기로 누워만 있던 아기가 목을 가누기 시작하면서 고개를 들고, 뒤집기, 앉기, 기어 다니기, 잡고 일어서기, 걷기, 달리기 등 이동운동과 비이동운동 능력이 향상된다. 손을 뻗어 물건을 잡는 잡기반사 능력은 소근육이 발달하도록 돕는다. 교사는 실내 및 실외 공간에서 균형적인 대소근육 활동을 할 수 있도록 해야 한다. 영아가 자신이 신체를 움직이는 것 자체에 즐거움을 느낄 수 있도록 해 주고 감각적 경험을 통해 자신의 신체를 인식할 수 있도록 해 주어야 한다. 이때 공간을 충분히 확보하여 유아가 서로 부딪쳐 다치는 일이 없도록 안전한 환경을 마련하는 것이 필요하다. 교사는 대소근육 활동을 계획할 때 일상적인 움직임 요소를 인식하여 활발하게 움직일 수 있도록 배려해 주어야 한다. 실외에서는 자연을 탐색하면서 자유롭게 움직여 보고 자발적인 신체활동이 이루어지도록 한다. 또한 놀이터에서 기구를 이용하여 신체활동에 참여할 때 영유아가 안전한 환경에서 놀이할 수 있도록 수시로 점검하도록 한다.

2) 언어활동

언어는 의사소통에 중점을 두고 영유아가 듣기, 말하기, 읽기, 쓰기 과정에 자연스럽게 노출되도록 한다. 어린 영아일수록 놀이에서 성인이 주도하는 놀이에 참여하므로 교사는 일상생활에서 자연스럽게 의사소통능력을 증진시키도록 듣고 말하는 기회를 마련한다. 언어활동을 학습지를 활용하거나 의미 없이 반복하는 경험은 어려운 공부로 느껴져 정작 읽고 쓰는 활동을 회피할 수 있기 때문에 발달 특성을 고려하여 일과에서 통합적인 활동이 되도록 한다. 그림책은 영유아가 일찍부터 글자에 대한 관심을 갖고 흥미를 느끼도록 할 수 있는 매체이므로 여러 유형의 책을 읽어 주고 영유아가 대화의 과정에 참여할 수 있도록 한다. 쓰기활동은 소근육 발달과 눈과 손의 협응 능력의 발달이 되어야 가능하므로 놀이나 일상생활에서 자신의 이름 쓰기, 긁적거리기 등의 활동에 참여하도록 하여 글의 필요성과 활용도에 관심을 갖도록 해야 한다. 영유아 주변에 다양한 모양의 종이와 필기도구를 비치해 주고 언어를 활용하는 풍부한 경험을 제공한다.

3) 친사회적 활동

영유아의 친사회적 행동은 대인관계 형성에 영향을 미친다. 보육교사는 영유아가 타인과의 관계 형성에서 필요한 상호작용 기술을 습득하고, 상황에 따라 문제해결력을 키울 수 있도록 해야 한다. 친사회적 행동은 유아 스스로 수행할 수 없기 때문에 교사는 보육과정 운영 전반에서 의도적으로 진행해 보는 것이 필요하다. 예를 들어, 만 5세 유아를 대상으로 팀을 나누어 게임을 진행할 때 협력을 경험할 수 있도록 협동 게임을 계획하여 공통의 목표에 도달해 보도록 한다. 좀 더 어린 영아라면 이기고 지는 게임을 진행하기 어렵기 때문에 놀잇감을 순서대로 나누어 보면서 타인을 인식해 볼 수 있도록 해야 한다. 또한 교사는 영유아의 친사회적 행동을 증진시킬 수 있도록 언어적으로 칭찬하기, 격려하기, 신체적으로 미소 짓기, 안아 주기 등 친사회적 행동이 긍정적으로 강화되어 바람직한 행동양식으로 형성될 수 있도록 해야 한다. 특히, 친사회적 행동을 증진시킬 수 있도록 교사는 지시적이거나 강압적이지 않게 쉬운 언어를 사용하여 영유아가 받아들이기 쉽도록 해야 한다.

즉, 사회 공동체 구성원으로 살아가기 위해 영유아기부터 다른 사람과의 차이를 인정하고 이해할 수 있는 기회를 제공하여 친사회적 행동이 습관화되도록 한다. 교사는 기본 생활지도와 연계하여 의도적인 계획을 세우고 영유아 관찰을 통해 상황을 포착하여 능동성을 갖출 수 있도록 한다.

4) 탐구활동

영유아는 자신을 둘러싸고 있는 주변 세계에 호기심을 가지고 적극적으로 탐색하고, 구체적인 사물과 직접적으로 상호작용하며 일상생활에 필요한 지식을 습득하여 사고체계를 발달시켜 나간다. 보육교사는 영유아가 궁금해하는 것을 관찰하고 탐색할 수 있도록 오감각을 이용하여 활동할 수 있는 기회를 수시로 제공해야 한다. 궁금한 것을 적극적으로 탐색하며 새로운 것을 알아내는 것은 영유아기뿐 아니라 평생 동안 지속되어야 할 학습태도다. 교사는 영유아의 발달 특성을 이해하고 자신이 탐색하고 탐구하는 활동이 개념을 발달시켜 나가는 데 중요하고 의미 있는 활동이라는 것을 알게 해 주는 것이 중요하다. 다양한 모양과 색, 크기를 통해 수개념을 발달시키고, 동식물 관찰, 요리활동, 신체의 성장 관찰을 통한 과학적 개념을 발달시킬 수 있다. 그러므로 다양한 실물자료와 자연체험의 기회를 풍부하게 제공해야 한다. 특히 일상생활에서 느끼고, 궁금해하는 것을 해결하고자 할 때 호기심을 유지하면서 알아가는 과정 자체를 즐기도록 하고, 영유아가 새로운 문제에 직면했을 때 어렵고 추상적인 방법으로 접근하는 것은 적합하지 않다. 영유아가 자신의 주변을 탐색하고 알아가는 과정을 즐기도록 하고 허용적인 분위기를 유지하도록 한다.

5) 음률활동과 신체표현

영유아는 주변에서 나는 소리에 관심을 기울이고, 음악소리라도 들리면 기저귀를 찬 채로 몸을 흔들거나 흥겨움을 표현하듯이, 신체의 움직임에는 음악적 요소가, 음악적 경험에는 신체의 움직임이 결합됨을 알 수 있다. 영유아기 음률활동은 노래 부르기, 율동해 보기 등 교사주도적인 활동과 다양한 자료를 활용하여 창의적으로 표현해 보는 창의적인 음률활동으로 구분해 볼 수 있다. 보육교사는 영유아가 느끼고 표현할 수 있는 시간을 주고 어떠한 표현을 하든지 수용하고 인정해 주는 태도가 중요하다. 예를 들어, 악기연주를 할 때 소란스러운 활동으로 받아들여 영유아의 행동을 제한하는 것보다 어떻게 악기를 다룰 때 아름다운 소리를 만들어 낼 수 있는지 교육활동으로 이끌어 낸다. 음악을 듣고 느낌을 표현하도록 할 때 스카프나 리본막대 등을 주어 자신감 있게 표현력이 향상되도록 돕는다. 처음 노래를 배우거나 표현활동에서 규칙이 필요할 때 대집단 활동으로 지도할 수 있으나 소집단이나 개별 활동을 통해 영유아의 자유로운 표현활동이 이루어지도록 도와야 한다. 교사는 영유아로 하여금 노랫말이나 동작을 외우도록 하는 등의 획일적인 방법을 지양하고, 창의적인 요소를 제공하여 자발성과 흥미를 유지하도록 해야 한다.

6) 미술활동

영유아가 자신의 생각과 느낌을 표현하는 방법은 다양하다. 그중 미술을 통해 자신의 내면을 표현한다는 것은 매우 어려운 일이다. 그러므로 다양한 예술작품 감상을 통해 다른 사람의 표현방식에 대해 배울 수 있어야 하고, 예술적 감성을 길러 줄 수 있도록 해야 한다. 미술활동은 작품을 구성하고 완성하는 것에 초점을 두거나 모방적 활동에 초점을 맞출 경우 창의적인 표현활동이 제한될 수 있기 때문에 보육교사는 다양한 재료를 탐색하며 자신의 방식대로 표현할 수 있도록 도와야 한다. 미술활동에 필요한 재료는 주변에서 쉽게 볼 수 있는 친숙한 것을 준비하여 성취감을 느껴 볼 수 있는 기회를 제공해야 한다. 어린 영유아라면 크레파스나 붓, 색연필 등의 그리기 재료를 탐색하여 여러 유아들과 함께 자유롭게 그려 보도록 하고, 자신이 표현한 것에 의미를 부여하도록 상호작용해 준다. 교사는 유아의 작품에 완성도와 성취감을 높여 주기 위해 교실에 전시하거나 작품집에 모아 둘 수 있다. 이때 교사는 영유아의 작품을 있는 그대로 보관해야 한다. 예를 들어, 우주선을 만들거나 빈 병을 활용하여 사람을 구성할 때 모두 똑같은 것으로 교사에 의해 재탄생되는 경우가 있다. 영유아의 창의적인 표현능력이 제한될 수 있기 때문에 개별성을 존중하고 격려하는 분위기가 중요하다.

7) 역할놀이와 쌓기놀이

영유아는 2세경이 되면서 눈에 보이지 않는 사물이나 상황을 자발적으로 떠올릴 수 있게 되는데 이를 상징이라고 한다(Piaget, 1962). 실제와는 다르게 마치 ~하는 것처럼 가작화하여 행동하는 가상에 의한 놀이를 상징놀이라고 한다. 영유아기 전반에 걸쳐 비현실적인 상징놀이를 하게 되는데 이러한 놀이를 통해 표상능력이 발달하게 된다. 이숙재(2011b)는 역할놀이는 영유아가 가정이나 지역사회에서 경험하는 다양한 역할을 모방하거나 TV, 책을 통해 접한 인물이나 사건을 상상하여 가작화하는 놀이를 역할놀이라고하였으며, 역할놀이에서 교사의 지도방법을 다음과 같이 제시하고 있다.

첫째, 교사는 관찰을 통해 각 유아의 놀이 특성, 예를 들어 유아가 선호하는 역할놀이의 주제, 역할, 놀이친구, 놀잇감 등을 파악하여 이를 토대로 각 유아에게 적합한 놀이지도 계획을 세워서 지도한다.

둘째, 역할놀이 주제에 대한 유아들의 이해를 높이기 위해 사전 활동으로 이야기 나누기, 동화 들려주기, 견학이나 자원인사 활용 등을 실시한다.

셋째, 유아가 자유롭게 놀이할 수 있도록 편안하고 허용적인 분위기를 조성해 준다.

넷째, 교사는 역할놀이가 원만하게 진행될 수 있도록 유아에게 적절한 질문을 하거나의견을 제시하는 등 개입을 한다. 또한 필요한 경우에는 교사가 직접 역할을 맡아서 놀이에 참여하여야 한다.

쌓기놀이는 역할놀이를 확장할 수 있는 영역으로 두 영역을 인접하게 배치하면 효과적이다. 쌓기놀이는 활동적이고 움직임이 많은 영역이므로 교실에서 많은 공간을 차지하고, 동적 놀이영역과 인접하게 배치한다. 쌓기놀이를 위해 다양한 크기와 재질의 블록을 배치하고 역할놀이와의 통합을 고려하여 주제나 흥미에 따라 소품을 배치해 준다. 또한 쌓기놀이 영역 근처에 종이와 쓰기도구를 비치하여 블록에 이름을 적거나 장소를 표현하도록 돕는다. 어린 영유아의 경우 블록을 단순하게 쌓고 무너뜨리는 단계에서 블록에 부딪쳐 다치지 않도록 교사가 가까이서 지켜보도록 한다.

8) 실외활동

영유아들은 바깥에서 놀기를 좋아하고 즐겨 한다. 실내공간에서 온종일 지내다 보면답답함을 느끼거나 신체적 움직임 욕구의 제한에서 오는 스트레스를 경험할 수 있다. 날

씨가 좋은 날은 실외활동을 다양한 형태로 운영할 수 있으나, 비가 오거나 황사 또는 바람이 심하게 부는 날은 실내 대근육 활동실이나 유희실에서 대체할 수 있는 활동으로 계획한다. 보육교사는 매일 1시간 이상 실외활동을 실시하여야 한다. 어린 영유아라면 산책활동을 통해 자연의 변화를 느끼고 외부 온도에 적응하도록 돕고, 좀 더 나이가 많은 유아는 실외놀이터에서 자유롭게 놀이하거나 물이나 모래를 탐색하며 놀이할 수 있도록 한다. 실외활동 지도에서 가장 필요한 부분은 안전지도이며, 교사의 주의 깊은 관찰이 필요하다. 교사는 실외활동을 하기 전 놀이장소를 미리 점검하여 관리하도록 하며, 유아들에게 안전 규칙에 대해 충분히 이야기하고, 만 5세 유아라면 규칙에 대한 토의를 통해 안전한 놀이가 되도록 한다. 유아교육기관에서 실외환경을 구성할 때 고려할 점은 동·식물의 성장과정을 통해 생명체와 자연환경의 소중함을 깨닫게 하고, 미끄럼틀, 그네, 시소 등의 구조화된 놀잇감과 물·모래 등을 이용한 창조적인 놀이가 조화를 이루고 매력적인 공간이 되도록 한다. 교사는 흥미롭고 역동적인 실외활동 지도를 위해 자유로운 탐색 및 관찰을 유도하고 탐색활동을 확대시키기 위해 다양한 도구를 준비하여 제공한다.

6. 귀가지도

영유아가 하루일과를 마무리하고 귀가할 때 보육교사는 매우 분주한 시간을 보내게 된다. 바쁜 하루일과를 마치면서 교사는 영유아와 함께 평가하는 시간을 갖고, 다음 날 일과에 대해 간단히 소개하여 다음 날 이루어지는 활동에 대해 예측할 수 있도록 한다. 이때 영유아가 어린이집에서의 생활을 긍정적으로 평가할 수 있도록 하며, 다음 날의 생활에 대해서도 좋은 기분을 갖도록 분위기를 조성한다. 귀가지도를 마치고 유아가 본격적으로 귀가를 할 때 영유아가 소지품을 챙기면서 빠진 물건이 없는지 함께 확인하는 시간을 갖는다. 영유아가 시간차를 두고 개별 귀가를 하는 상황이라면, 교사는 부모님과 영유아에 대한 정보를 간단히 교환한 후 교실로 돌아와 남아 있는 영유아를 돌봐야 한다. 차량을 이용하여 귀가하는 유아라면 안전한 탑승을 위해 교실에서 나와 차량에 탑승할 때까지 전 과정을 지켜보아야 하고, 혼자서 차량에서 타고 내리는 일이 없도록 한다. 교사는 영유아가 집에 안전하게 귀가할 때까지의 전 과정에 관심을 기울이고 확인하여야 한다. 영유아가 모두 귀가한 후 교사는 아픈 영유아나 문제행동을 보였던 영유아 등 가정과 연계가 필요한 경우라면 부모님과 간단한 전화 상담을 통해 문제해결을 하도록 한다.

　보육교사 직무는 교육과 보육 업무 이외에도 학부모 상담, 행사준비, 교사회의, 수업연구 등의 다양한 일을 처리해야 하기 때문에 매우 바쁘고 분주한 하루일과를 소화해 내야 하고 다른 직종에 비해 체력적인 소모가 매우 크다고 할 수 있다. 그럼에도 불구하고 많은 보육교사들은 영유아와 지내는 시간을 행복해하며 보람을 느낀다고 한다. 보육교사의 하루일과를 인터뷰한 내용은 〈표 8-1〉과 같다.

표 8-1   보육교사의 하루일과

저는 2세 영아반을 담당하고 있어요. 아침 7시 50분에 출근하는데, 우리 반 아이가 8시에 오기 때문에 어린이집에 조금 일찍 도착해서 아이들을 맞이하는 것이 더 편하게 느껴져요. 아이들이 하나 둘 오면서 본격적인 하루일과가 시작돼요. 소지품을 정리하고 약을 복용해야 하는 아이들을 파악한 후 아이들과 둘러앉아 오늘 하루 무엇을 해야 할지에 대해 이야기를 해요. 전 이 시간을 가장 좋아해요. 제 옆에 옹기종기 모여 앉은 아이들이 사랑스럽고 너무 예뻐요. 이 아이들과 어떻게 재미있게 지낼까를 생각하면 너무 기분이 좋아져요. 전 어린이집에서 근무하면서 시간을 효율적으로 사용하는 것을 배웠어요. 아이들이 낮잠 자는 시간이 있어서 그때 아이들을 지켜보면서 일지도 정리하고 부모님께 편지도 쓰면서 시간을 사용하고 있어요. 여유가 많은 것은 아니지만 빨리빨리 하라고 재촉하는 일이 없어진 것 같아요. 아이들이 집에 갈 때까지 좋은 기분을 느끼도록 해 주고 싶어요. 아이들이 모두 돌아간 뒤 청소를 마치고 다음 날 수업준비를 마치면 저도 보람을 느끼며 퇴근을 해요. 퇴근 후에는 일주일에 3일은 헬스장에서 운동하면서 체력을 보충하고 2일은 대학원에 진학하기 위해 공부를 하고 있어요. 전 이 생활에 매우 만족해요. 결혼을 하고도 교사를 계속 하고 싶어요.

(3년차 보육교사 인터뷰)

 학습과제 ····································

1. 보육교사의 하루일과에 대해 말해 보시오.

2. 예비 교사로서 꿈꾸는 보육교사의 삶에 대해 자유롭게 기술해 보시오.

🗗 참고문헌

보건복지부(2013). 어린이집 표준보육과정 및 0~2세 영아보육프로그램의 이해. 서울: 중앙보
　　육정보센터.
이숙재(2011a). 영유아 놀이활동. 서울: 창지사.
이숙재(2011b). 유아를 위한 놀이의 이론과 실제. 서울: 창지사.
이영자, 이종숙, 신은수, 곽향림, 이정욱(2006). 1, 2세 영아프로그램의 계획 및 운영. 서울: 다음세대.

Piaget(1962). *Play, dreams and imitation in childhood.* NY: Norton.

식품의약품안전처 식품나라(http://www.foodnara.go.kr)
어린이집안전공제회(http://www.csia.or.kr)

제9장

보육교사의 다양한 역할

학습개요

국가수준의 표준보육과정에서 추구하는 인간상은, 첫째, 심신이 건강하고 행복한 사람, 둘째, 자율적이고 창의적인 사람, 셋째, 자신과 타인을 존중하고 배려하는 사람, 넷째, 자연과 우리문화를 사랑하는 사람, 다섯째, 다양성을 인정하는 민주적인 사람이다(보건복지부, 2013). 이를 위해서 보육교사는 영유아와 민감하고 반응적인 상호작용을 통해 영유아의 발달을 지원하고, 영유아가 정서적 안정감과 신뢰감을 기반으로 타인과의 원만한 관계를 형성해 나갈 수 있도록 다양한 역할을 해 주어야 한다. 또한 영유아의 개인적 특성, 가정·문화적 환경, 어린이집 환경을 고려하여 적응을 돕고, 부모 및 지역사회와의 협력을 통해 영유아의 역량을 북돋을 수 있도록 해야 한다. 따라서 이 장에서는 보육교사의 전반적 역할을 살펴보고, 연령별 보육교사의 다양한 역할을 구체적으로 알아봄으로써 보육교사의 실천적 지식을 제공하고자 한다. 또한 저자는 보건복지부 평가인증 관련 영역에 따라 세 가지로 범주화하여 분류하고자 한다.

보육교사의 전반적인 역할을 김은영(2006)의 연구에서 살펴보면 교수학습준비 관련 업무, 교수학습 실제 관련 업무, 교수학습평가 관련 업무, 전문성 신장 관련 업무, 영유아 보호 관련 업무, 학부모 관련 업무, 행사 관련 업무, 사무 관련 업무, 시설설비 관련 업무, 대인관계 및 사회적인 업무로 구분할 수 있다.

표 9-1 보육교사의 전반적 역할

구분	보육교사의 전반적 역할	직무내용
1	교수학습준비 관련 업무	교육계획, 교재교구준비, 환경 구성, 수업준비, 수업협의
2	교수학습 실제 관련 업무	등하원지도, 놀이지도, 생활지도, 상호작용, 활동운영
3	교수학습평가 관련 업무	영유아평가, 수업평가, 보육과정 평가
4	전문성 신장 관련 업무	직무 및 승급 연수 참여, 연구 및 장학(신입교사 오리엔테이션, 실습지도), 다른 전문가와 네트워크 구성
5	영유아 보호 관련 업무	영유아 건강지도, 영유아 청결지도, 영유아 안전관리 및 지도
6	학부모 관련 업무	부모와의 연계, 부모상담, 부모교육, 가족지원
7	행사 관련 업무	행사준비, 행사진행, 행사마무리
8	사무 관련 업무	문서 작성 및 관리, 사무관리, 물품관리, 운영관리(원아모집, 홈페이지 관리, 교사협의회 기록 등)
9	시설설비 관련 업무	시설관리(실내외 안전점검 의뢰 및 수리 의뢰), 기자재 관리(점검 및 보수)
10	대인관계 및 사회적인 업무	교사 경조사 및 외부 출입자 관리 및 손님 맞이, 지역사회 행사 참석 및 네트워크 형성, 지역사회 봉사

출처: 김은영, 권미경, 조혜주(2012). 교사양성과정 내실화를 위한 유치원과 어린이집 일과운영 및 교사의 직무분석.

1. 보육과정 관련 영역

1) 교수학습준비 관련 업무

보육교사는 영유아의 발달 특성과 연령에 맞게 보육환경을 구성하고, 보육과정을 계획하고 운영해야 한다. 보육교사의 환경 구성의 역할을 구체적으로 살펴보면 다음과 같다.

(1) 보육환경 구성
① 흥미영역 구성
보육교사는 영유아가 함께 생활하며 연령 및 발달 특성에 맞게 자유선택활동을 할 수 있도록 보육실을 흥미영역으로 구성해 주어야 한다. 흥미영역을 구성할 때 고려할 사항은 다음과 같다.

- 흥미영역은 영유아가 스스로 탐색하고 쉽게 이용할 수 있도록 보육실 내에 배치하는 것을 원칙으로 한다.
- 보육실 크기와 영유아의 연령을 고려하여 흥미영역의 수와 구성을 정하는 것이 좋다.
- 각 영역은 적어도 3~4명 이상의 영유아가 활동할 수 있는 크기의 공간을 확보하는 것이 바람직하다.

> ⊙ 연령별 보육실 내 흥미영역 구성의 예
> - 영아(만 0~1세): 신체영역, 언어영역, 탐색영역, 일상생활영역(수유, 기저귀 갈기 영역 포함)
> - 영아(만 2세): 신체영역, 언어영역, 탐색영역, 음률영역, 미술영역, 역할놀이 및 쌓기놀이 영역
> - 유아(만 3~5세): 언어영역, 수·조작영역, 과학영역, 음률영역, 미술영역, 역할놀이영역, 쌓기놀이영역

- 각 흥미영역을 적절히 배치하여 영유아가 서로 방해받지 않고 영역별 놀이나 활동을 할 수 있도록 한다. 즉, 조용하고 움직임이 적은 놀이(예: 책 읽기, 수활동이나 과학활동 등) 공간을 보육실 한쪽에 배치하고, 그 반대쪽 공간에는 시끄럽고 움직임이 많은 영역(예: 음률영역, 쌓기놀이영역 등)을 배치하면 서로 방해받지 않고 놀 수 있다.
- 흥미영역은 보육실의 공간이나 여건에 따라 그 수를 합하거나 확대하여 구성할 수 있다.
- 흥미영역이 칸막이로 구분되어 두 보육실로 나누어 배치된 경우 활동(놀이)시간에 모든 영역을 경험할 수 있도록 해야 한다.

영아를 위한 보육실의 공간구성은 다음과 같은 점을 고려하여야 한다.

- 영아의 기본적 요구를 충족하도록 일상생활 공간과 흥미 있는 대상을 탐색할 수 있는 놀이공간으로 적절하게 구성한다.
- 영아의 부딪힘 방지를 위하여 모서리보호대, 잠금장치, 손끼임방지 등을 설치하며,

모든 영역에서 활동하고 있는 영아들이 보육교사의 시야에 들어올 수 있도록 한다.

- 영아의 특성에 맞는 몇 개의 흥미영역을 통합하여 구성하는 것이 좋다.
- 감각운동기능을 활용한 사물탐색, 소리탐색 등의 다양한 탐색활동이 탐색영역에서 이루어지도록 구성한다.

보육실 내 흥미영역을 배치할 때 영역별 고려할 점은 다음과 같다.

- 언어영역은 조용하고 밝은 곳에 배치하고 자료를 영유아들이 편안한 자세로 볼 수 있도록 비치하는 것이 좋다. 또한 보육실 공간이 협소할 경우 휴식 공간을 겸하여 설치할 수 있다.
- 수·조작 및 과학(탐색)영역은 가능한 한 조용한 곳에 책상과 함께 배치하도록 한다. 특히 과학영역은 식물이나 동물을 키울 수 있도록 볕이 잘 드는 곳에 배치하고 영유아가 관찰할 수 있도록 한다.
- 음률영역은 활동적이고 소리가 많이 나므로 조용한 영역과 떨어진 곳에 배치한다.
- 미술영역은 다양한 재료를 이용하여 표현해 보고 완성된 작품을 감상하는 기회를 제공하기 위하여 조용하고 밝은 곳에 배치하는 것이 좋다. 주변에 영유아들이 스스로 손쉽게 자료를 꺼내고 정리할 수 있는 자료장을 구비하고 완성된 작품을 말리거나 전시할 수 있는 공간을 제공하도록 한다. 또한 미술활동과 정리를 위해서 물이 필요하기 때문에 물을 사용하기 편리한 곳에 배치한다.
- 역할놀이영역과 쌓기놀이영역은 놀이 확장이 가능하도록 가까이 배치하고, 소음과 움직임이 많으므로 다른 놀이를 방해하지 않도록 배치하되 다수의 영유아들이 함께 참여할 수 있도록 공간을 충분히 확보하도록 하는 것이 바람직하다.
- 신체영역은 움직임에 대한 욕구가 강하고 신체 및 운동기능의 발달이 급격하게 일어나는 영아기 특성을 고려하여 영아반 보육실 내 설치하는 것이 바람직하다. 또한 영아의 탐색과 움직임을 위한 공간이 충분히 확보되어야 하고, 시설물과 자료들의 안전에 유념한다.
- 일상생활영역은 영아반의 경우 하루 종일 먹고, 쉬고, 자고, 화장실을 가는 등의 일상생활이 주로 이루어지므로 이러한 욕구가 충족될 수 있도록 적절한 설비를 갖추어야 하며, 보육실 내에 마련하도록 한다(예: 수유, 기저귀 갈기 등).

② 휴식공간 구성

보육실 내 영유아 휴식공간을 위한 고려사항은 다음과 같다.

- 휴식공간은 영유아들이 휴식을 취하거나 혼자서 활동하는 등 조용한 시간을 보내고 싶을 때 언제든지 이용할 수 있도록 보육실마다 마련한다.
- 휴식공간의 경계가 되는 교구장의 높이, 조명, 방음 등을 고려하고, 깔개와 쿠션, 소파 등 부드러운 소재를 이용하여 영유아가 편안한 시간을 보낼 수 있는 아늑한 공간을 마련한다.
- 휴식공간에서 영유아가 부정적 감정을 해소할 수 있도록 가능한 한 자유롭게 몸을 움직이고 놀이할 수 있는 크기의 공간을 확보하는 것이 바람직하다.
- 휴식공간은 가능한 한 쌓기놀이영역 등 소음이 많은 영역에서 멀리 떨어져 배치하고, 영유아들이 언제든지 쉽게 접근하고, 자유롭게 이용할 수 있으며, 보육교사의 시선이 미치는 곳에 마련하도록 한다.
- 휴식공간을 별도로 마련하기 어려울 경우, 언어영역과 통합하여 마련할 수 있다. 다만, 이때 보육교사는 휴식을 취하고자 하는 원아가 충분히 휴식을 취할 수 있도록 분위기를 조성하고 공간을 마련해 주는 등 적극적으로 노력해야 한다.

③ 놀이터와 놀이기구 구성

영유아는 실외활동을 통해 긴장감을 해소하고 신체발달 및 정신건강을 유지하므로 다양한 움직임의 욕구를 충족시킬 수 있는 옥외놀이터 또는 대체놀이터를 설치하고 놀이기구를 갖추어야 한다.

- 놀이터에는 대근육활동 놀이기구 1종 이상을 포함하여 최소 3종 이상의 놀이기구를 갖추어야 하며, 옥외놀이터에는 고정식 놀이기구를 설치하는 것을 원칙으로 한다.
- 놀이기구는 영아용과 유아용 또는 대상 연령별로 설치하여야 한다. 또한 영유아가 함께 있는 어린이집에서는 영아용 놀이기구가 1종 이상 확보되어야 한다.
- 설치된 놀이기구 주변에는 영유아의 이동과 안전을 위해 충분한 여유공간을 확보하는 것이 좋다.

⊙ 인근 놀이터의 인정 범위

- 당해 어린이집의 대표자 명의의 소유 또는 임차한 토지에 설치한 옥외놀이터: 관련 증빙서류 준비
- 놀이터 관리주체가 있는 인근 놀이터: 관리주체의 사용승낙서 구비

※ 초등학교의 경우 인근 놀이터로 인가불가함

(2) 보육과정 계획 및 학급 운영

① 영아반 보육교사의 보육과정 계획 및 학급 운영

- 영아반 연간보육 계획 및 운영
  - 영아는 안정적이고 건강한 성장과 보호가 더 중요한 시기이므로 학습 주제보다는 1년간의 영아 발달 과정을 고려하여 필요한 개념을 순서대로 계획한다.
  - 영아가 부모와 헤어지고 교사에 대한 믿음과 애정을 가지고 새로운 환경에서 안정된 생활을 할 수 있도록 돕는 것이 중요한 주제로 선정될 수 있다.
  - 3, 4월의 주제는 부모와의 헤어짐과 교사와의 애착형성, 인사하기, 낮잠 자기, 놀이하기 등 적응해 가는 과정을 도와주는 주제를 선정한다.

- 영아반 월간 보육계획 및 운영
  - 0세 영아는 개인차가 크고 개별적인 상호작용이 많이 필요한 시기이므로 의도적으로 교육계획을 수립하고 교육을 실행하는 것보다는 대략적인 계획 내에서 융통성 있게 진행되어야 할 것이다.
  - 월간 보육계획은 연간 교육계획에서 선정된 주제 및 소주제를 참고하여 작성할 수 있다. 그러나 영아를 위한 보육계획에서 모든 활동이 반드시 주제와 관련될 필요는 없다.
  - 월간 보육계획안은 하루일과를 중심으로 등원 맞이하기, 일상생활, 놀이활동으로 구분하여 일과별로 각각의 활동을 제시한다.
  - 1세 영아를 위한 보육계획에서 유의할 점은 모든 활동이 반드시 주제와 관련될 필요가 없다는 것이다. 주제와 관련된 개념 습득보다 이 시기 영아의 독특한 발달 특성과 요구에 맞는 다양한 활동을 발달영역별로 이루어야 할 과제와 관련지어

표 9-2 영아반 연간 보육계획

구분	0세	1세	2세
1	낯설어요	새로운 것이 낯설어요	어린이집이 좋아요
2	느껴보아요	느낄 수 있어요	봄나들이 가요
3	움직여요	놀이할 수 있어요	나는요
4	놀이는 재미있어요 I	나는 할 수 있어요	재미있는 여름이에요
5	놀이는 재미있어요 II	움직이는 것이 재미있어요	나는 가족이 있어요
6	좋아해요	좋아하는 놀이가 있어요	동물놀이해요
7		새로운 것도 좋아요	알록달록 가을이에요
8			겨울과 모양을 즐겨요
9			나는 친구가 있어요
특성	-0세의 발달특성과 발달과업을 중심으로 세상에 대한 호기심, 애착을 보이는 사람과 사물을 중심으로 주제를 선정	-1세의 발달특성과 발달과업, 적응, 계절, 어린이집이나 지역사회의 특성을 반영 -0세 및 2세와의 연계성을 고려	-어린이집 → 나 → 가족 → 친구로 관계를 확장해 나가고, 동시에 계절의 변화, 흥미와 관심 등을 반영하는 주제를 선정

출처: 보건복지부(2013). 어린이집 표준보육과정 및 0~2세 영아보육프로그램의 이해.

선정되어야 한다.
- 1세 영아의 전인적 발달을 고려하여 언어영역, 창의영역, 감각 · 탐색영역, 신체 · 움직임영역으로 구분하고 영역별로 활동을 계획하여 제시한다.

• 영아반 주간 보육계획 및 일일 보육 실행
- 만 0~1세를 위한 주간 보육계획안은 연간 및 월간 보육계획안에 기초하여 계획하되 만 0~1세의 발달과 개별적인 특성을 고려하여야 한다.
- 만 0세는 신체적 리듬과 생리적 욕구의 개인차가 많기 때문에 영아의 개별적인 특성을 고려하여 계획하고, 일상생활 지도 속에서 자연스럽게 교육적인 내용이 포함되도록 한다.
- 만 1세는 개인 차이가 크고 끊임없는 반복을 통해 발달 과업을 성취하는 특성을 가지고 있기 때문에 한 가지 활동이 반복되면서 영아가 충분히 탐색할 시간을 갖도록 해야 하므로 활동 수가 적은 것이 바람직하다.

표 9-3　만 0세 월간보육계획안 예시

	1주	2주	3주	4주
주제	선생님이랑 까꿍	꼭꼭 숨어라? 까꿍 I	꼭꼭 숨어라? 까꿍 II	거울아? 까꿍
목표	신체를 이용한 까꿍 놀이를 통해 숨었다 찾는 즐거움을 느낀다.	장난감 까꿍 놀이를 통해 장난감을 숨겼다 찾는 즐거움을 느낀다.	장난감 까꿍 놀이를 통해 까꿍 놀이의 즐거움을 느낀다.	거울 까꿍 놀이를 통해 내 모습을 탐색하고 다양한 방법으로 놀이를 한다.
등원 및 맞이하기	영아의 모습을 보고 이야기해 주며 맞이해 주어요(영아의 옷, 머리, 표정 등).			
일상생활 식사 및 간식	숟가락으로 먹어요.			
일상생활 낮잠 및 휴식	조용한 클래식 음악을 들으며 잠들어요.			
일상생활 기저귀 갈기	선생님과 까꿍 놀이를 하며 기저귀를 갈아요.			
놀이활동 탐색표현	커다란 보자기 까꿍 놀이 알록달록 색 가면	송편 반죽 주물럭거리기 패트병 까꿍 놀이	비밀상자 놀이 구멍 속에 송송 훌라후프 까꿍 놀이	거울 까꿍 놀이 거울 앞에서 흔들기
놀이활동 의사소통 사회관계	옷 입으면서 까꿍 선생님 없다 까꿍	어디에 숨었나 선생님 따라 '까꿍' 하고 말해 보기	촉감 까꿍 놀이 책 손 인형 까꿍 놀이	간질간질 간지럼 놀이 거울 보며 '까꿍' 말해 보기
놀이활동 신체 움직임	이불 까꿍 놀이 뱅글뱅글 까꿍	잃어버린 인형을 찾아요. 교사 발등 위에 서서 걸어 보아요.	훌라후프 까꿍 놀이 세모 터널 지나기	그물망 속에 공이 있어요. 거울 잡고 까꿍 놀이 (앉았다 일어났다 까꿍 놀이)
놀이활동 일상생활	고개 숙여 인사해요.	엄마와 헤어질 때 고개 숙여 인사해요.	엄마와 헤어질 때 고개 숙여 인사해요.	인사 노래에 맞추어 인사해요.
놀이활동 산책	어린이집을 오가며 시원한 바람을 느껴요.	돗자리에 누워서 하늘을 보아요.	모래 놀이 하며 시원한 바람을 느껴요.	유모차를 타고 시원한 바람을 느껴요.
기본생활습관 (건강안전교육)	놀이 후에 손을 씻었어요. 안전교육-무슨 느낌일까?	기저귀 매트에 누워 기저귀를 갈아요.	놀잇감을 바구니에 넣어 보아요. 소방대피훈련	갈고 난 기저귀를 쓰레기통에 버려요.
귀가 (가정과의 연계)	웃으며 인사하고 기분 좋게 헤어져요. (영아의 하루일과 및 기분 상태 전달하기)			

- 교육활동과 일상생활을 구분하지 않고 일상생활 속에서 자연스럽게 놀이 중심으로 활동을 운영하므로 1일 단위 보육계획보다는 주간 보육계획을 토대로 일일 보육을 운영하는 것이 효과적이다.
- 만 1세를 위한 주간 보육계획은 하루일과를 중심으로 적합한 활동과 자료를 선정하고, 이것이 최적의 경험이 될 수 있도록 일일 보육 실행에서 영아의 개별적인 상황을 고려하여 반복 제시하는 것이 좋다. 이를 위해 일일 보육 실행 결과를 매일 기록하고, 다음 날의 일일 보육계획을 미리 예측하거나 계획해 보는 것이 효과적이다. 특히, 만 1세의 사전 경험을 토대로 하여 영아의 흥미에 따라 융통성 있게 운영하는 것이 발달에 적합한 보육과정 운영이다.

표 9-4　만 0세 주간보육계획안 예시

월주제: 까꿍 놀이 주　제: 꼭꼭 숨어라 까꿍 II	목표: 장난감 까꿍 놀이를 통해 까꿍 놀이의 즐거움을 느낀다. 기간: 9월 3주					
구분	월	화	수	목	금	토
등원 및 맞이하기	영아의 모습을 보고 이야기해 주며 맞이해요 (영아의 옷, 머리, 표정 등).					
놀이활동 / 의사소통 · 사회관계	촉감 까꿍 놀이 책 보기　　　　　　손인형 까꿍 놀이					
놀이활동 / 탐색	세모거울 까꿍 놀이　홀라후프 까꿍 놀이　비밀 주머니 놀이					
놀이활동 / 표현	정글 숲 노래 들어 보기　정글 숲 노래 들으며 몸 흔들기					
놀이활동 / 신체 · 움직임	세모거울 터널 지나기　　홀라후프 터널 지나 보기					
식사 및 간식	숟가락으로 먹어요.					
낮잠 및 휴식	조용한 클래식 음악을 들으며 잠들어요.					
기본생활습관	놀잇감을 바구니에 넣어 보아요.					
귀가 및 가정과의 연계	웃으며 인사하고 기분 좋게 헤어져요(영아의 하루일과 및 기분 상태 전달하기).					
주제 전개 시 유의점	• 영아의 발달 상태를 고려하여 수준 차이를 두고 활동을 진행한다. • 영아들이 바깥놀이 및 신체활동을 할 때 안전사고가 일어나지 않도록 유의한다. • 활동이 반복적으로 이루어질 수 있도록 하고, 교사의 적극적인 상호작용과 모델링을 보여 준다.					

② 유아반 보육교사의 보육과정 계획 및 학급 운영

어린이집에서 보육교사는 보육과정을 계획하고 운영함으로써 유아가 건강하고 안전하며 조화롭게 성장하고 발달할 수 있도록 적절한 보호와 교육을 제공해야 한다. 영유아를 위한 일반적인 보육계획 및 운영의 원리는 다음과 같다(김지은 외, 2013).

- 유아의 전인적 발달을 도모하기 위해 유아의 흥미와 욕구를 충족시킬 수 있도록 계획 · 운영하여야 한다.
- 유아의 기본적인 욕구와 신체적 보호를 위한 기본생활 측면을 고려하여 계획 · 운영하여야 한다.
- 유아의 신체 · 언어 · 정서 · 사회 · 인지 발달이 통합적으로 이루어지도록 계획 · 운영하여야 한다.
- 어린이집에서는 타인과 함께 생활하는 시간이 길기 때문에 다양한 형태의 상호작용을 통해 바른 사회성 발달이 이루어질 수 있도록 계획 · 운영되어야 한다.
- 획일적 특별활동을 지양하고 다양한 수준의 교재와 교구를 활용하여 유아들이 직접 체험해 볼 수 있는 개별화 보육활동을 계획 · 운영하여야 한다.
- 오랜 시간 어린이집에 머물게 되므로 가정처럼 편안하고 안정된 분위기와 환경을 경험할 수 있도록 계획 · 운영하여야 한다.
- 최근 들어 부모가 취업하고 있는 경우가 많으므로 풍부한 문화체험을 포함시켜 활동을 계획 · 운영하여야 한다.

위와 같은 보육과정 계획 및 원리가 실제적인 보육과정에 효과적으로 적용되기 위해서는 그 원리에 기초하여 연계성, 계열성, 통합성, 다양성, 균형성이 있는 연간, 월간, 주간 일일 단위 활동 계획을 수립해야 한다. 보육계획안을 작성 · 운영하기 위해 고려해야 할 사항은 다음과 같다.

- **연간 보육계획 및 운영**

연간 보육계획은 유아를 위하여 1년 동안 이루어지는 전체 프로그램에 대한 포괄적인 계획으로, 연간 보육목표 및 전체적인 흐름, 기관에서 이루어지는 연간 행사 등의 흐름을 파악할 수 있도록 하는 데 강조점을 둔다.

- 전년도에 실시되었던 보육활동에 대한 기록을 중심으로 주제 및 활동 내용, 시기 등의 적합성을 평가한 후 연초에 작성한다.
- 3~5세 누리과정에서 추구하는 인간상, 보육목적, 보육목표 및 내용, 유아들의 흥미를 고려한 주제를 선정한다.
- 유아들에게 친숙하고 구체적이며 자주 경험하는 주제에서 점차 추상적인 주제로 확대되도록 연간 주제를 선정한다.
- 다른 연령과 연계를 고려하여 계획한다. 즉, 연령에 따라 같은 주제라도 난이도를 다르게 하여 주제를 결정한다.
- 연간 보육계획안에 기초하여 월간, 주간, 일일 보육계획안을 작성한다.

• 월간 보육계획 및 운영

월간 보육계획은 주제에 따른 소주제와 한 달간 이루어지는 전체 활동의 흐름을 나타내는 것으로, 해당 월에 진행되는 주제를 선정하는 이유, 주제 진행 기간, 주제 구성안, 다루어지는 주요 개념, 환경 구성 등을 계획하므로 교사들이 활동의 분명한 목표를 가지고 일관성 있는 보육계획을 세우는 것에 강조점을 둔다.

- 월간 보육계획은 연간 보육계획과 계열성, 연계성이 유지되도록 작성한다.
- 연간 보육계획에 제시된 주제와 관련하여 어떤 내용을 다룰 것인지에 대해 구체적인 주제를 선정한다.
- 선정된 주제의 필요성이나 중요성을 진술하고, 달성해야 할 보육목표 및 내용을 제시한다.
- 각 주제는 다시 3~4개의 하위 소주제로 구성하며 주제가 어느 범위까지 전개될지를 예상하여 주제망을 작성한다.
- 기관의 행사 일정 및 견학, 공휴일, 계절적인 특별활동 등도 구체적으로 결정한다.
- 기관에서 일상생활을 하는 과정에서 이루어져야 하는 기본생활습관과 관련된 활동도 선정하여 특정 시기를 놓치지 않고 교육할 수 있도록 월간 계획안에 제시한다.
- 가정과의 연계성 있는 보육을 위해 월간 보육계획안을 월말에 가정으로 보낸다.

• 주간 보육계획 및 운영

주간 보육계획은 월간 보육계획에 기초하여 작성하는 것으로 한 주 동안 실시될 활동을 요일별로 어떻게 진행할 것인지를 미리 예상하고, 일주일 동안의 준비 사항이나 활동계획의 윤곽이 드러날 수 있도록 하루의 흐름에 따라 제시하는 것에 강조점을 둔다.

- 월간 보육계획에 기초하여 연계성, 계열성을 가지고 주간 보육계획안을 구성한다.
- 지난주 보육내용과 다음 주 보육내용의 연계 등을 쉽게 점검해 볼 수 있도록 작성한다.
- 각 주제의 시작과 종료, 특정 견학이나 행사가 있는 날짜와 일치하도록 작성한다.
- 3~5세 누리과정의 5개 영역을 중심으로 관련된 활동을 다양하게 계획한다.
- 각 영역 내에서 영역 간 활동이 통합적으로 구성되어 유아의 사고가 보다 확장ㆍ심화될 수 있도록 한다.
- 영역별 활동이 균형 있게 경험될 수 있도록 한다.
- 가정에서 부모와 함께할 필요가 있는 활동을 기록함으로써 가정과 기관의 연계교육이 구체적으로 계획될 수 있도록 한다.
- 유아들의 흥미, 날씨, 기타 상황에 따라 수정될 수 있도록 융통성 있게 구성한다.
- 기본생활습관을 비롯하여 한 주 동안 진행될 활동들을 자세히 기록한다.

• 일일 보육계획 및 운영

일일 보육계획은 주간 보육계획에 기초하여 작성하며, 하루일과의 시간대별로 활동 순서를 정하여 목표, 내용, 활동에 필요한 준비물 등을 상세하게 기록하는 것에 강조점을 둔다.

- 주간 보육계획에 준거하여 작성한다.
- 활동 시간, 인적 환경 요인, 물적 환경 요인, 시기 등을 종합적으로 고려하여 작성한다.
- 활동 집단의 크기, 소요 시간, 자료의 종류 및 양, 모여 앉는 형태 등 효과적인 일과 운영을 위해 필요한 사항을 구체적으로 계획한다.
- 매일의 계획이 일관성 있게 작성되어야 한다.
- 유아의 신체적 욕구나 리듬을 반영하여 작성한다.
- 동적 활동과 정적 활동, 실내 활동과 실외 활동, 개별 활동과 집단 활동, 교사 선택 활동과 영유아 선택 활동을 고루 배치하여 활동 간의 균형을 이룰 수 있도록

작성한다.

- 유아의 사고나 언어발달을 촉진할 수 있는 여러 유형의 상호작용이 일어나도록 계획한다.

- 활동의 계획과 실행에 대한 평가를 하고 다음 계획에 반영한다.

- 유아들의 흥미나 요구, 우발적인 사건 등에 따라 융통성 있게 운영되도록 한다.

표 9-5　만 4, 5세반 일일 보육계획안 예시

만 4, 5세반		10월 26일 수요일 날씨: 흐림	담임	원장
주제	지구와 우주	일일주제	여러 가지 행성	
목표	놀이를 통하여 우주에 있는 여러 가지 행성의 특징에 대해 관심을 갖고 다양한 놀이로 표현해 본다.			
시간/ 보육내용	활동계획		준비물	실행 및 평가
7:30~8:30 등원 및 통합 보육	구스타프 홀스트 '행성작품 번호 32번' 감상하며 등원하기		투약의뢰서, 일일보고서 확인, 구스타프홀스트 '행성작품 번호 32번' 영역별 놀잇감 (교실환기)	금성 부분을 들으며 등원하면서 차분한 분위기가 만들어짐.
8:30~9:30 인사 나누기	• 담임교사와 인사 나누기 / 가방, 외투, 출석카드 정리하기 • 하루일과 계획 / 자유선택활동 / 정리정돈		출석카드, 하루일과표	
9:30~9:50 오전 간식	• 화장실 다녀오기 및 손 씻기 • 간식 받아 앉고 싶은 자리에 앉기 • 간식 인사 후 바르게 앉아서 간식 먹기		물비누, 핸드타월, 식도구, 그림책, 크린콜	• 사과, 우유 제공함 • 포크를 사용하지 않고 손으로 잡아서 먹는 유아들도 있었음. 식후 화장실에서 손을 씻고 올 수 있도록 안내함.
10:00~10:30 새 노래 지도	〈◉노래-우주인〉 • 도입 　- 우주인에 대해 알아봄: 우주인은 누구일까요? 어떤 일을 하는 사람일까요? 　- 그림자료를 조작하며 노랫말을 간단한 동화로 들려줌: 안녕 얘들아 나는 우주인이야 용감한 우주인, 우주복을 입고 로켓을 타고 오늘 달나라로 여행을 갈 거란다. 출발!! 와 이제 달나라에 도착했어. 여기는 달나라 지구야 나와라 오버, 여기는 공기도 없고 물도 없는 달나라다. 이곳에는 옛날에 계수나무 밑에 옥토끼가 떡방아를 찧고 있었다고 한다. • 전개 　- 노래를 들어 봄: 이런 이야기가 노래로도 있대요. 제목은 우주인, 함께 들어 볼까요?			〈◉노래-우주인〉 - 유아들이 배운 노래를 앞에 나와서 불러보는 시간을 가지는 것을 통해 자신감을 형성하는 기회가 되었음. - '출발, 오버'의 추임새를 넣는 것에 흥미로워 큰 소리로 외치는 모습을 보임.

	- 오른손 멜로디만 들어 봄: 오른손 피아노 소리만 들려줄게요. 함께 잘 들어 보세요. - 한 가지 소리로 부르기: 오늘은 어떤 한 가지 소리로 불러 볼까요? 그래 ○○이가 말해 볼까요? '라' 로 불러 보고 싶어요? 모두 '라라라' 로 불러 봐요. - 나누어 불러 봄: 선생님과 나누어서 불러 봐요. (노래를 부르며) '나는야 우주인 용감한 우주인' 은 선생님이 부를게요. 그럼 우리 어린이들은 '우주복 입고 로켓 타고 달나라로 간다.' 부분을 불러 볼 수 있겠어요?(노래를 부르며 다음 부분도 안내함) - 바꾸어 불러 봄: 이번에는 바꾸어서 불러 볼까요?(나누어서 부르기와 소절을 바꾸어 같은 방법으로 안내함) • 마무리 - 마무리: 3~5명씩 앞에 나와서 배운 노래를 불러 봄	이야기 나누기 자료, 노래 차트	- 만 4세들은 1~2절은 쉽게 따라 부르는데 3절은 단어가 어려운지 머뭇거리는 모습을 보였지만 노래를 계속 불러 보면서 익숙해하였음. - 만 4, 5세를 모두 고려하여 그림으로만 이루어진 본 자료와 그림과 글자가 함께 들어간 보조 자료를 함께 사용함.
10:30~12:20 오전 자유 선택활동	• 쌓기 〈⊙외계인 집 구성하기〉 - 외계인의 집을 상상해 보고 여러 가지 블록으로 구성해 봄. • 역할 〈⊙외계인 이야기 영화 촬영 놀이〉 - 역할을 정하고 다양한 이야기를 만들어 영화 촬영 놀이를 해 봄. - 외계인이라면 어떤 생활을 할지 상상해 보며 극놀이를 함. - 만 4세 유아들은 외계인을 맡아 흉내를 내 보고 만 5세 유아들은 우주인이나 촬영팀을 주로 맡음. • 미술 〈●돌에 그리기〉 - 자신이 가져온 돌을 살펴봄. - 붓을 사용하여 아크릴 물감으로 돌에 그림을 그리거나 색칠하여 꾸밈. • 언어 〈⊙우리가 만든 외계 언어〉 - 유아들과 외계 언어는 어떨지 상상해 봄. - 단어 카드를 보며 외계 언어로는 어떻게 말할 수 있을지 말해 봄. - 유아들과 하고 싶은 말을 적고 외계 언어로 바꾸어 말해 봄.	영역별 교구자료	〈⊙외계인 집 구성하기〉 - 유아들의 상상력을 유도하기 위해 특이한 아이디어 상품들 화보를 제공함. - 만 4세 유아들은 방의 개념으로 공간만을 구성하는 모습을 보이고 만 5세 유아들은 그 공간에 다양한 소품을 추가적으로 구성하여 함께 놀이하는 모습을 보임. 〈⊙외계인 이야기 영화 촬영 놀이〉 - 역할 목걸이를 착용하고 음식상을 차리거나 외출을 하는 놀이를 즐겼지만 창의적인 표현을 하기에는 어려움을 보임. 다양한 상황에 대한 이야기 나누기를 통해 상상의 폭을 넓힐 수 있도록 내일 다시 시도해 볼 계획임.

	– 유아들이 말한 외계어를 녹음하여 들어 봄. – 유아들이 말한 내용의 글자 카드를 보며 들어 보고 비교해 봄. • 수 · 조작 〈◉지구로 이사를 가요 게임〉 – 규칙을 함께 알아봄. – 숫자 막대를 뽑아 수만큼 칸을 이동함. – 이동한 칸에 행성이 나오면 지시카드를 뽑아 수행함. – 먼저 지구에 도착하면 승리함. • 과학 〈◉여러 가지 돌 관찰하기〉 – 유아들이 집에서 가져온 여러 가지 돌들을 살펴봄. • 음률 〈◉악기 연주하며 스카프 춤추기〉 – 자유롭게 악기를 연주함. – 악기 소리에 맞춰 스카프로 춤을 춤.		〈●돌에 그리기〉 – 물감과 붓을 사용하여 입체물을 색칠하여 꾸미는 것을 상당히 좋아하며 여러 차례 활동을 반복하는 유아들도 많음. 〈◉우리가 만든 외계 언어〉 – 활동 중간에 자신이 하고 싶은 이야기를 먼저 편지로 쓰고 그것을 외계 언어로 바꾸어 말한 후 녹음하여 다른 친구의 외계 언어를 들어 보고 해석해 봄. 그리고 친구의 편지와 자신의 해석을 비교해 보면서 활동이 진행되자 유아들이 진지하게 활동에 임하면서 즐거워함. 이 활동은 집중하여 듣는 태도를 향상하는 데 도움이 되었음. 〈◉여러 가지 돌 관찰하기〉 – 다양한 종류의 돌을 구하기는 어려워 색과 모양, 촉감의 다양성만 주로 관찰하게 되었음.
12:20~12:30 정리정돈 및 전이활동	• 놀잇감 정리하기 – 화장실 다녀오기 및 비누로 손 씻기		각 영역에서 활동하는 유아들이 게임 방식으로 정리를 하여 적극적으로 정리할 수 있도록 유도될 수 있었음.
12:30~13:00 점심식사 및 양치질하기	• 숟가락과 포크, 밥과 반찬이 담긴 식판을 들고 앉고 싶은 자리로 이동하기 • 자리에 앉은 유아들에게 교사가 국 나누어 주기 • 자신의 영역의 유아들이 모두 모이면 인사 후 점심 먹기 • 다 먹은 후 식판 스스로 정리하기 • 먼저 먹은 유아는 양치 후 언어영역에서 놀이하기	쌀밥, 아욱된장국, 동태전, 무말랭이부추무침, 배추김치(크린콜, 위생장갑)	늦게 먹는 유아들은 미술영역으로 이동하여 편하게 먹을 수 있도록 함. 먼저 먹은 유아들은 수 · 조작 영역까지 개방하여 놀이할 수 있도록 함. 한 교사는 먼저 먹은 유아들과 놀이를 하고, 다른 한 교사는 늦게 먹는 유아들을 지도함.

시간	활동	자료	관찰
13:00~13:20 대집단 활동	〈◉감상: 구스타프 홀스트의 '행성작품 번호 32번'〉 • 도입: 음악을 들어 봄. • 전개 　– 음악을 들어 보고 어떤 느낌이 드는지 이야기를 나눔. 　– 음악의 제목과 작곡자, 음악에 대한 이야기를 들려 줌. 　– 다시 한 번 들어 보며 어떤 악기가 사용되었는지 살펴보고 이야기를 나눔. • 마무리: 다른 행성도 음악으로 만들어졌음을 소개하며 음률영역, 등하원 시에 감상해 볼 것을 이야기함.	음악감상 자료 및 기기	– 두 번째 음악 감상 활동으로 유아들이 집중하여 음악을 감상하고 그 느낌을 언어적으로 표현할 뿐만 아니라 몸으로 표현하는 발전적인 모습을 보임. – '목성'의 웅장하고 음침한 분위기를 무섭다고 표현하거나 큰 우주 같다고 이야기를 함.
13:20~14:00 실외놀이	〈무궁화 꽃이 피었습니다〉 〈규칙 지켜 미끄럼틀 자유롭게 타기〉 〈주변의 변한 자연환경 살펴보기〉		양방향으로 달리며 부딪히는 일이 있어 한 방향으로 달리거나 좁은 공간은 천천히 달려 유아들의 안전을 고려함.
14:00~15:30 낮잠 및 휴식	• 자신의 매트와 이불 스스로 깔기 • 음악 들으며 낮잠 자기 • 낮잠 및 휴식 후 자신의 매트와 이불 정리하기 • 먼저 일어난 어린이 언어영역에서 놀이하기 • 단정히 머리 빗기		
15:30~18:00 간식 및 오후 실내외 자유선택 활동	• 화장실 다녀오기 • 비누로 손 깨끗이 씻기 • 간식 받아 앉고 싶은 자리에 앉기 • 간식 인사 후 바르게 앉아 간식 먹기	잡채, 유자차 (크린콜, 위생장갑)	책상이나 바닥에 잡채가 떨어져 기름기가 생기고 유아들이 스스로 먹은 자리를 정리해 본 후 교사가 걸레를 사용하여 마무리 지음.
	• (16:00~17:30) 영어 활동이 이루어짐. 　– 만 4세 유아들은 융판 자료를 사용하여 동화의 내용을 게임으로 해 봄. 　– 만 5세 유아들은 동화의 내용을 활동지로 풀어 봄.		유아들의 개인차에 따라 학습지의 문제를 완수하는 속도가 다름. 먼저 마친 유아들이 교사를 도와 친구들에게 도움을 주며 자연스럽게 또래 간의 교수가 형성됨.
	• 쌓기 〈◉외계인의 집 구성하기〉 • 역할 〈◉외계인의 생활 영화 촬영 놀이〉 • 미술 〈◉자유롭게 그림 그리기〉〈◉외계인 만들기〉 • 언어 〈◉행성 소개 책 읽기〉 　　　〈◉외계인의 여행 막대인형놀이〉	영역별 교구 자료, 음악감상 자료	– '행성작품 번호 32번'을 들으면서 그 느낌을 스카프를 사용하여 던지기, 돌리기, 흔들기, 꼬기 등 다양한 동작을 시도하며 독창적인 춤으로 표현하는 모습을 보임.

	• 수 · 조작 〈◉지구로 이사를 가요 게임〉
	• 과학 〈◉여러 가지 행성 알아보기〉
	• 음률 〈◉구스타프 홀스트의 '행성 작품 번호 32번' 음악 들으며 스카프 춤추기〉
	  – 자유롭게 악기를 연주함.
	  – 악기 소리에 맞춰 스카프로 춤을 춤.
	* 실외활동
	〈무궁화 꽃이 피었습니다〉
	〈자유롭게 미끄럼틀 타기〉
	〈◉구스타프 홀스트의 '행성작품 번호 32번' 음악 들으며 스카프 춤추기〉
			– 오전 활동으로 계획되었으나 음악 감상이 식후 이루어지면서 오후 활동으로 변경되어 진행됨.

18:00~18:30 귀가 준비 및 귀가	• 놀잇감 정리정돈하기 • 자신의 작품 챙겨 가방에 넣기 • 선생님과 친구들에게 인사하고 귀가하기	유아 작품	다 마른 돌을 챙겨 갈 수 있도록 함.
기본생활 습관	• 줄 바르게 서기		
총 평가	• 아크릴 · 물감 활동을 하면서 주교사는 미술영역에 상주하고, 실습교사는 화장실에서 유아들이 붓과 물통을 씻는 것을 주로 돕고, 부교사는 다른 영역에서 놀이하며 앞치마를 입혀 주고 벗겨 주는 방식으로 역할을 분담하여 진행함. • 우유팩을 펼쳐 팔레트로 사용해서 사용 후 처리가 편리하였음. • 여러 가지 수개념을 익힐 수 있는 교구들이 게임으로 제시되어 수 · 조작 영역에서 유아들이 다양한 게임도구를 사용하여 놀이하는 모습을 보임. 수개념을 기초로 호기심 가지기 및 적극적인 탐색 태도 형성이나 부가적인 자료로 인한 읽기 놀이도 함께 이루어질 수 있었음.		

주: ◉ 만 4, 5세 활동, ○ 만 5세 활동, ● 만 4세 활동

2) 교수학습 실제 관련 업무

영유아의 교수학습 활동과 관련한 보육교사의 업무로는 일과 운영에 따른 등하원지도, 놀이지도, 생활지도, 상호작용, 활동 운영 등이 있다.

(1) 영아반 보육교사의 교수학습 실제
① 적응프로그램 운영
영아가 어린이집에서 처음으로 경험하는 집단 양육 과정은 환경과 일과에 적응하는

것뿐만 아니라 애착의 대상이 부모에서 교사로 확대되는 과정이므로 충분한 시간을 가지고 점진적으로 적응 프로그램을 실시해야 하며, 특히 영아 개개인의 기질과 상황에 따라 융통성 있게 실시하는 것이 무엇보다 중요하다.

영아를 담당하는 교사는 부모와 상호 긴밀한 협조를 통해 인내심을 가지고 영아의 개별적 특성에 맞추어 어린이집 초기 적응을 도와주어야 한다.

표 9-6 적응 프로그램의 예

적응 활동명	기간	적응 내용	부모의 협조사항
어린이집 방문하기	등원 전	▶엄마(혹은 아빠)와 함께 어린이집을 방문해요. • 등원하기 전에 미리 어린이집을 방문하여 둘러보며 낯선 환경을 접한다. • 담임교사와 처음 만나 인사한다.	• 담임교사와 면담 실시 • 자녀의 기본정보 제공 • 새로운 환경에 대한 관심 유도
보호자와 함께 어린이집 둘러보기	첫 등원일	▶엄마(혹은 아빠)와 함께 보육실을 둘러보아요. • 보호자와 함께 보육실에 들어가 편안하게 둘러보며 낯선 장소를 눈에 익힌다. • 영아의 기질 및 영아와 부모 간의 관계를 파악한다. • 등원 첫날엔 짧은 시간 동안 환경을 탐색하는 것으로 일과를 마무리한다.	• 낯선 환경에서 지지기반이 되어 탐색 돕기 • 자녀가 낯선 환경을 탐색하는 동안 곁에 머물러 안정감을 주기
보호자와 함께 오전 일과 보내기	1주째	▶엄마(혹은 아빠)와 함께 보육실에서 놀이해요. • 보육실 공간에 익숙해지면서 엄마와 놀잇감을 탐색하고 놀이도 해 본다. • 교사는 엄마가 곁에서 지켜보는 가운데 영아에게 점차 접근하여 놀이를 시도해 본다. • 보호자와 짧게 헤어지는 것을 시도해 본다. 영아가 놀잇감을 탐색하는 동안 10~30분 정도 보호자가 잠시 보육실을 벗어나 본다. • 이 기간 동안 오전 낮잠을 자는 영아도 있으므로 잠잘 수 있는 공간과 놀이공간을 최대한 분리해 준다.	• 낯선 환경에서 지지기반이 되어 탐색 돕기 • 짧은 시간 보육실 밖에서 영아를 지켜보고, 영아가 불안해하면 다시 곁으로 가서 안정시켜 주기 • 교사와 친밀감 형성 돕기 • 낯선 성인인 교사를 두려워하지 않게 돕기
보호자와 헤어져 오전 일과 보내기	2주째	▶엄마와 헤어져 선생님과 놀이해요. • 교사의 품에 안겨 엄마와 헤어져 보는 경험을 시도한다. • 애착물건이나 영아가 흥미 있어 하는 놀잇감을 제공하여 분리불안을 덜어 준다. • 영아와 개별적인 놀이가 충분히 이루어지도록 한다. • 개별 영아의 리듬(수면, 수유)을 존중해 개별적인 보육이 되도록 하루 일과를 조절한다.	• 교사와 신뢰감 형성 돕기 • 교사를 믿고 편안하게 지낼 수 있도록 돕기 • 짧고 분명한 인사로 헤어진 후, 교사와 정한 시각에 귀가 돕기 • 귀가 시각을 지켜 영아의 점진적인 적응을 돕기

일과 적응하기 (이유식 적응)	3주째	▶(점심) 이유식을 먹어 보아요. • 낯선 환경에서 놀이와 더불어 편안하게 먹는 경험을 해 본다. • 교사가 먹여 주는 이유식을 먹으며 친밀감을 형성한다. • 영아의 월령을 고려하여 개별적으로 준비한 이유식을 제공한다.	• 수유 및 이유식에 관한 정확한 정보를 주고받으며 가정과 기관이 연계되도록 하기
일과 적응하기 (낮잠 적응)	4주째	▶낮잠을 자 보아요. • 집이 아닌 새로운 환경에서 안정감을 느끼며 휴식을 취하고 잠을 자 본다. • 교사의 품에 안겨 자장가를 들으며 낮잠을 자 본다. • 개별 영아의 수면 패턴과 습관을 알고 적절히 반응해 준다.	• 수면에 관한 영아의 습관 및 다양한 정보를 주고받으며 가정과 기관이 연계되도록 하기
일과 적응하기 (오후 일과 적응)	4주째	▶(오후) 이유식을 먹어 보아요. • 낮잠 후 수유 및 이유식을 먹어 본다. • 교사와 놀잇감을 탐색하며 점차 놀이 시간을 늘려 간다. • 영아가 점차적으로 적응해 가는 것에 대해 칭찬하고 격려해 준다.	• 어린이집에서의 하루일과가 길어지면서 영아의 신체적·심리적 상태를 민감하게 파악하여 가정과 기관이 연계되도록 하기
하루일과 적응하기	〈정상 하루일과〉 • 어린이집에서의 시간을 점차적으로 늘려 가면서 자연스럽게 하루일과에 적응한다. • 영아의 적응 상태와 부모님의 여건에 따라 귀가 시각을 융통적으로 조절한다. • 적응이 더 필요한 영아의 경우 추후 일과를 조절한다.		

표 9-7 　신입영아 적응 일지 작성의 예

일시	적응 프로그램의 내용	적응 훈련 프로그램 관찰일지
3/16~ 3/20	인사하기 얼굴 익히기	교사는 미소로 영아와 눈을 맞추며 담임교사임을 인식시키려 함. 까꿍 놀잇감으로 관심을 끌자 ○○가 관심을 보임.
3/16~ 3/20	선생님과 친해지기 엄마와 헤어지기	엄마의 품에서 떨어져 엄마를 찾는 영아를 달래 주며 안아 주자 교사의 눈을 쳐다봄.
3/16~ 3/23	어린이집 탐색하기	교사와 떨어지지 않으며 요구사항이 많아짐. ○○가 엄마에게 가자고 보챌 때 교사가 요구를 수용하며 앞으로 엄마와 만나게 될 것을 이야기해 줌. 어린이집 여러 곳을 구경시키자 관심을 보임.
3/21~ 3/23	선생님과 놀이하기 엄마와 헤어지기	교사가 함께 놀이활동에 참여하여 여러 가지 흥미를 갖게 해 주며 친구들과 함께할 수 있도록 친구 소개 활동을 진행함. 친구들에게 관심을 보이며 놀잇감을 소유하려고 함.
3/20~ 3/23	어린이집 탐색	어린이집의 여러 곳을 탐색하고 둘러보며 어린이집이 편안하고 안전한 곳임을 알려 주려 하자 ○○가 하루일과에 밝은 표정으로 안정된 모습을 보임.
3/23~ 3/27	친구들과 인사하기 다른 반 선생님들과 인사하기	친구들의 활동에 관심을 두고 놀이 제안에 순응함. 친구들을 보고 웃으며 놀이에 참여함.
3/27~ 3/28	활동 참여하기	친구들과 활동에 참여하도록 교사가 병행놀이 형태로 시범을 보이자 호기심을 보이며 친구들의 놀이에 참여함. 원 생활에 안정되게 적응하는 모습을 보임.

② 영아 애착발달을 위한 교사의 역할

영아를 담당하는 교사는 개별 영아의 기질과 특성을 이해하고 안정된 애착을 형성하기 위한 개별화 교육을 실시해야 한다. 가정에서 안정된 애착을 형성하기 위해 가장 중요한 요소는 부모와 자녀 사이의 상호작용이다. 어린이집에서도 가정과 같이 편안하고 안정된 교사와의 애착형성을 위해서 교사는 영아를 주의 깊게 관찰하고, 그 특성을 이해하여 영아의 욕구에 민감하고 따뜻한 반응적인 태도를 보여야 할 것이다. 예를 들어, 영아가 감정을 표현하거나 요구를 나타낼 때 즉각적으로 반응을 보이며 진정시키는 행동을 보이고, 신뢰관계 속에서 애정적인 스킨십과 따뜻한 상호작용을 보임으로써 영아는 정서적 안정감과 만족감을 갖고 어린이집 생활에 적응할 수 있다.

③ 일상생활

영아발달에 적합한 일과 운영이란 발달에 적합한 일과 구성과 적절한 시간 안배로부터 시작된다. 일과 계획 시 고려사항은 다음과 같다.

첫째, 일과 운영계획은 하루 보육시간을 고려한다.

둘째, 영아의 연령별 발달수준에 따라 일과를 계획하고 운영한다. 각 단계별로 별도의 일과계획을 수립하고 운영하며, 개별 영아의 발달 특성도 충분히 고려해야 한다.

셋째, 일과의 계획과 운영은 영아들이 먹고, 자고, 배설하고, 노는 등의 신체 생리적 욕구와 심리적 상태를 충분히 고려하여 무리 없이 자연스럽게 이루어지도록 한다.

넷째, 일과의 계획과 운영에는 주변의 사람, 자연 및 사물과 상호작용하는 놀이활동을 포함한다.

다섯째, 실외놀이와 야외산책을 할 수 있는 시간을 반드시 안배하도록 한다.

여섯째, 하루일과는 일관성 있게 운영되어야 한다. 그러나 0세 영아의 경우는 일과 운영시간표의 규칙성보다 개별 생리 리듬의 규칙성에 맞추어 하루일과를 진행하는 것이 좋다.

일곱째, 시설의 여건, 날씨의 변화, 영아의 흥미, 예상치 못한 상황 변화 등을 고려하여 융통성 있게 운영하는 것이 바람직하다.

- 만 0세반의 일과 구성과 운영 특징
  - 일과의 대부분이 수유 및 이유식 먹기, 기저귀 갈기와 씻기, 잠자기로 이루어진다.
  - 신체 탐색 및 표현, 언어활동이 개별적 상호작용을 통하여 균형 있게 이루어진다.
  - 영아 개인의 발달속도와 신체리듬에 맞게 하루를 보낸다.
  - 수면시간이 길고 불규칙적이나 차츰 규칙적인 수면을 취하도록 오전/오후 각 1회씩 2회 취한다.
  - 하루 30분 이상 일광욕, 실외놀이, 산책 등을 실시한다.
  - 10~12개월경이 되면 점심식사로 진밥부터 시작한다.

표 9-8　6~12개월 영아 일과 운영의 예

시간	주요 일과		활동 내용
	6~9개월	10~12개월	
07:30~09:00	등원 및 맞이하기		• 부모와 헤어져 교사와 반갑게 인사하기 • 영아의 상태 점검하기(투약 여부, 컨디션, 수유 및 이유식 여부, 배변 여부) • (부모님) 전날 일일보고서 작성하기
09:00~09:30	이유식 기저귀 갈기/씻기	오전 간식(이유식) 기저귀 갈기/씻기	• 손 닦고 턱받이 하고 간식 먹기 • 음식에 관심을 가지며 즐겁게 이유식 먹어 보기 • 세면과 입 닦기, 기저귀 살피기
09:30~10:30	오전 실내 자유놀이	오전 실내 자유놀이	• 주간계획에 따른 각 월령에 적절한 신체·움직임, 의사소통·사회관계, 탐색·표현 놀이하기 • 교사와 개별적(1:1) 상호작용하기
10:30~11:00	오전 수유 및 낮잠 준비		• 조용한 음악 들으며 편안한 수유시간 갖기 • 영아용 개별 침대에 누워 낮잠 준비하기
11:00~12:00	오전 낮잠		• 자장가를 들으며 편안하게 낮잠 자기
12:00~13:00	수유 및 이유식 기저귀 갈기/씻기/ 이 닦기	점심식사 (이유식·점심식사) 기저귀 갈기/씻기/ 이 닦기	• 교사와 눈 맞추며 수유 또는 이유식 먹기 • 세면과 영아용 손가락 칫솔로 이와 잇몸 닦기 • 기저귀 살피기
13:00~14:00	오후 실내 자유놀이	오후 실내 자유놀이	• 주간계획에 따른 각 월령에 적절한 신체·움직임, 의사소통·사회관계, 탐색·표현 놀이하기 • 교사와 개별적(1:1) 상호작용하기
14:00~14:30	오후 수유 및 오후 낮잠 산책 및 외기욕	휴식 및 오후 수유	• 조용한 음악 들으며 휴식 취하기(월령이 낮은 영아 중 낮잠을 원하는 영아는 수용해 주기) • 교사와 눈 맞추며 수유하기
14:30~15:30		산책 및 실외 자유놀이	• 유모차 타고 산책 다녀오기 • 실외, 옥외 놀이터에서 외기욕하기

15:30~16:30	기저귀 갈기 손, 발 닦기 이유식	기저귀 갈기 손, 발 닦기 오후 간식(이유식)	• 손과 발 닦고 기저귀 살피기 • 손 닦고 턱받이 하고 간식 먹기 • 음식에 관심을 가지며 즐겁게 이유식 먹어 보기 • 얼굴과 손 닦기
16:30~17:30	오후 실내 자유놀이		• 주간계획에 따른 각 월령에 적절한 신체 · 탐색 · 사회 · 정서영역 놀이하기 • 교사와 개별적(1:1) 상호작용하기
17:30~18:30	저녁 수유 및 오후 낮잠		• 조용한 음악 들으며 편안한 수유시간 갖기 • 영아용 개별 침대에 누워 낮잠 준비하기 • 자장가를 들으며 편안하게 낮잠 자기
18:30~19:30	세면 및 귀가 지도		• 낮잠에서 일어나 세면 후 로션 바르기, 겉옷 입기 • 부모님과 함께 귀가

- 만 1세반의 일과 구성과 운영 특징
  - 간식과 식사, 낮잠 자기, 기저귀 갈기(배변훈련), 손 씻기 등 일상적인 양육활동을 제외하고는 하루일과의 대부분이 실내외 자유놀이활동으로 이루어진다.
  - 월령에 따라 낮잠의 횟수와 시간이 다르므로 하루일과표가 있다 하더라도 개별 영아의 수면 욕구에 따라 융통성 있게 운영하는 것이 좋다.
  - 12개월 이후에는 낮잠시간이 하루에 한 번, 2시간~2시간 30분이 적당하다.
  - 영아의 발달과 더불어 일과 운영 시간을 조절할 수 있다.
  - 18~24개월경이 되면 개별적으로 배변훈련을 시작한다.
  - 18개월 전후로 도구를 사용하여 정해진 자리에서 먹기 시작한다.
  - 영아반 일과 및 환경 구성은 물리적인 안전과 심리적 안정감을 제공한다.

표 9-9   13~24개월 영아 일과 운영의 예

시간	주요 일과	활동내용
7:30~8:50	등원 및 건강관찰 조용한 놀이	• 교사와 인사 나누기 • 부모와 인사하며 헤어지기 • 영아의 건강 상태 살피고 관찰하기 • 개별적으로 조용한 놀이하기
8:50~9:00	정리정돈 및 손 씻기	• 놀잇감 정리정돈하기 • 깨끗하게 손 씻기

9:00~9:30	오전 간식 및 기저귀 갈기 화장실 다녀오기	• 맛있게 오전 간식 먹기 • 간식 접시 정리하기 • 기저귀 갈기 • 화장실 다녀오기
9:30~11:00	오전 실내 자유놀이 및 정리정돈, 기저귀 갈기 화장실 다녀오기	• 교사가 준비한 놀이활동하기나 자유롭게 탐색하기 • 교사와의 상호작용, 또래와의 접촉, 혼자놀이 등 • 정리정돈하기 • 기저귀 갈기 • 화장실 다녀오기
11:00~12:00	실외 자유놀이 및 산책	• 실외 놀이 및 자유롭게 움직이기
12:00~12:40	손 씻기, 점심식사 및 정리	• 깨끗하게 손 씻기 • 맛있게 점심식사하기 • 세안 및 양치질하기
12:40~13:00	전이활동 및 기저귀 갈기 화장실 다녀오기	• 조용한 놀이를 하거나 동화 듣기 • 기저귀 갈기 • 화장실 다녀오기
13:00~15:30	낮잠 및 휴식	• 조용한 음악이나 자장가 들으며 낮잠 자기 • 낮잠 자지 않는 영아는 누워서 동화를 듣거나 조용한 놀이하기
15:30~15:40	잠자리 정리 및 오후 간식 준비 화장실 다녀오기	• 잠자리 정리하기 • 깨끗하게 손 씻기 • 기저귀 갈기 • 화장실 다녀오기
15:40~16:10	오후 간식 및 정리	• 오후 간식 먹기 • 간식 먹은 후 정리하기
16:10~16:30	세안 및 기저귀 갈기 몸단장하기	• 세안 및 로션 바르기, 머리 빗기
16:30~17:00	실내 자유놀이 및 교실 청소	• 어린이 도서관으로 이동하여 조용히 책 보기 • 놀잇감을 가지고 자유놀이하기
17:00~18:30	실내 자유선택활동 기저귀 갈기 화장실 다녀오기	• 교사와의 상호작용, 또래와의 접촉, 혼자놀이 등 • 정리정돈하기 • 기저귀 갈기 • 화장실 다녀오기
18:30~19:30	통합 보육 및 하원	• 조용한 놀이하기 • 부모와 영아의 상태에 대해 대화하고 하원 인사를 나누기

출처: 여성가족부(2007). 보육프로그램 개발 제2권: 0세 보육프로그램.

④ 영아반 보육교사의 하루 일과별 역할

• 등원 및 맞이하기

- 영아들이 등원하기 전 교실의 청결 및 안전상태를 확인한다(버티컬 줄, 수리가 필요한 놀잇감, 바닥, 화상 위험물 등).
- 오늘 진행할 활동들이 준비되어 있는지 미리 확인하여 부족한 점을 체크한다.
- 기저귀 갈이대, 개별 기저귀, 수유용품 등 영아 개인 물품이 필요할 경우, 그 자리에서 바로 꺼내어 쓸 수 있는지 확인한다.
- 영아와의 활동 시 교사의 옷차림이 편안한지 점검한다(머리 모양, 편안한 옷).
- 부모에게 전달할 내용이나 메모를 교실이나 현관 입구에 붙여 둔다.
- 부모들이 영아를 데려온 시각, 다양한 개별 정보를 기록할 수 있도록 기록 용지(일일 보고서, 투약 의뢰서 용지)를 준비한다.
- 하루일과에 대한 그림 시간표를 교실 앞에 걸어 둔다.

• 부모와의 정보교환

- 부모와 영아를 반갑게 맞이하며 인사한다(밝은 표정과 환한 미소로 눈 맞춤).
- 부모와 영아에 대한 정보를 간단히 나눈다(수유 및 이유, 건강, 수면, 배변, 체온, 상처 등).
- 영아의 개인용품을 개인 사물함에 정리한다.
- 영아의 기분, 건강 상태, 투약 시간, 중간 귀가 여부 등을 확인한다.
- 영아와 부모님의 옷차림, 머리모양, 특별한 그날의 사항을 알아차리며 반영해 준다.
- 각 반 보육실 또는 통합 보육실에서 영아가 하고 싶은 놀이를 시작하도록 한다.
- 아침을 먹지 않은 영아에게는 수유나 아침 식사 여부를 확인하여 수유 또는 아침 식사를 제공하고, 아침 잠이 부족한 영아를 위해 조용히 잘 수 있는 공간을 마련한다.
- 부모와 분리되어 놀이를 시작할 수 있도록 심리적 안정감을 느낄 수 있는 분위기를 조성한다.

• 수유

영아의 개별적 욕구에 따라 수유하며, 영아의 발달에 따라 적절한 이유식을 제공한다. 교사는 수유와 이유식 시간이 단순히 음식을 먹는 시간이라기보다는 영아가 다양한 음식을 접해 보고, 식사시간의 즐거움을 경험하는 시간이 되도록 상호작용해 주는 것이 바람직하다. 교사는 수유를 하고 이유식을 영아들에게 제공할 때 다음과 같은 역할을 수행해야 한다.

- 가정에서 가져온 모유는 냉장 혹은 냉동 보관했다가 먹이기 전 일정한 시각에 꺼내 데운 다음 먹인다.
- 분유를 준비하는 사람은 손에 상처가 없어야 하며 준비 전에 손을 잘 씻는다. 사용하는 모든 기구 또한 깨끗하게 세척하며 매일 한 번씩 자비소독(열탕소독)을 실시하고 개인 젖병이나 젖꼭지가 섞이거나 바뀌지 않도록 유의한다.
- 수유 스케줄은 영아의 배고픔에 의해 결정되는 것이 이상적이다. 따라서 양육자는 영아의 배고픔 신호에 민감해야 한다. 그러나 보육교사는 보육시설의 여건과 사정을 고려하여 미리 정한 간격으로 계획된 수유를 하는 것이 일반적이다.
- 생후 2개월까지 3~4시간 간격으로 하루 6~7회 먹이고, 2~4개월 영아는 4시간 간격으로 5~6회, 4~6개월 영아는 4~5회 먹인다. 6~12개월 영아는 이유식 스케줄에 따라 2~4회 먹인다.

• 이유
- 이유의 시기는 영아에 따라 다르다. 생후 5개월 정도가 되고 몸무게가 7kg 정도일 때 시작하며 이유가 완료되는 시기는 대체로 1년이 적당하다.
- 이유가 너무 늦어지면 영양부족으로 발육이 늦어질 수 있고 빈혈을 유발할 수 있다.
- 처음에는 미음 한 숟가락으로 시작해서 횟수를 늘려 가고, 이유식 초기에는 과일즙이나 한 가지 재료의 미음과 묽은 죽을 제공한다.
- 이유식 중기와 후기로 가면서 좀 더 다양한 재료의 유동식에서 차츰 고형식으로 변화시켜 간다. 즉, 미음, 과일즙에서 묽은 죽, 된 죽, 진밥의 형태로 제공할 수 있다.
- 다양한 맛을 경험하게 하면서 맛에 대한 적응 훈련을 시킨다.

표 9-10   이유식의 기본진행방법

진행방법 \ 시기		초기	중기	후기
월령		4~6개월	7~8개월	9~12개월
횟수	이유식+모유(분유)	1회	2회	3회
	모유나 분유	4회	3회	2회
조리형태		걸쭉한 상태	혀로 으깰 수 있는 상태	잇몸으로 으깰 수 있는 상태
식품 1회	I 곡류	으깬 죽 5~10g (1~2스푼)	으깬 죽-죽 30~70g (이유식 그릇 $\frac{1}{3}$~$\frac{2}{3}$)	죽-진밥 80~100g (이유식 그릇 $\frac{2}{3}$~1)
	II 달걀	노른자 1/4개	노른자-통째 1/2~1개	통째 2/3~1개
	고기	5~10g(2~4스푼)	10~20g(4~8스푼)	20~30g(8~12스푼)
	III 야채	5~10g(1~3스푼)	10~30g(3~10스푼)	30~40g(10~13스푼)

출처: 문성숙(2013). 보육과정.

- 12~18개월 영아의 영양관리: 고형식품(성인식)에 익숙해지기
  - 1세 영아가 먹을 양을 결정하도록 한다.
  - 숟가락으로 쉽게 풀 수 있는 음식을 먹임으로써 1세 영아가 숟가락 사용하는 것을 배울 수 있도록 돕는다.
  - 손가락을 사용하여 물건을 집을 수 있자마자 간식이나 식사시간에 손으로 집어 먹을 수 있는 음식을 제공한다.
  - 식사시간에 영아와 상호작용하고, 질문하며, 보육실에 있는 물건들에 대해 이야기를 나눔으로써 먹는 것을 즐겁게 만든다.
  - 1세 영아는 개별화된 식사패턴으로 음식을 먹기 때문에 모든 영아들이 한꺼번에 식사를 끝내지 않는다. 그러므로 다른 영아들이 음식을 먹는 동안 먼저 끝낸 영아들이 할 수 있는 여분의 활동을 준비한다. 유아용 행주로 식탁을 닦아 보게 하거나 가까이 앉아서 다른 놀이를 할 수 있도록 한다.
  - 소화하기 쉬운 조리방법을 선택하며, 자극성이 강한 향신료나 조미료의 사용은 삼간다.
  - 다양한 식품 배합을 통하여 영양적으로 적합하도록 구성한다.

• 18~24개월 영아의 영양관리: 까다롭고 변덕스런 영아의 식습관 변화에 대처하여 균형 잡

힌 영양식 제공하기

1세 후반부로 가면 영아들은 음식의 섭취량과 기호와 관련하여 까다로운 반응을 보이기 시작한다. 먹는 음식의 양이 줄게 된다. 급격하게 진행되던 성장이 느려지면서 활동에 필요한 칼로리가 덜 필요하게 된다. 식사보다 간식 먹는 것을 더 좋아하게 된다. 음식에 대한 선호도 변화가 잦다. 어제의 혐오 식품이 오늘의 선호 식품이 된다. 자율성이 출현하면서 자신이 먹을 양과 식품 선택을 스스로 조절하려 한다. 만 1세 영아의 이러한 식습관 변화를 바탕으로 균형 잡힌 영양식을 제공하기 위한 제안들을 살펴보면 다음과 같다.

- 고형식품은 1세 영아가 먹기 알맞게 조각을 내어 제공하며 섭취량을 스스로 조절할 수 있도록 먹을 것을 강요하지 않는다.

표 9-11　영아의 월령별 식생활 지도 내용

연령	지도 내용	지도 방법
6~14개월	혼자서 우유병 잡고 먹기	• 영아가 우유병을 잡도록 교사가 함께 잡아 준다. • 영아가 손으로 우유병을 잡으면 성인의 도움을 줄여 영아가 혼자 잡도록 한다. • 우유병이 미끄러지지 않도록 헝겊을 감아 주고, 가슴에 수건을 말아 놓아서 우유병을 받쳐 준다.
15~18개월	빨대로 물 빨아 마시기	• 큰 플라스틱 빨대에 음료를 채워 한쪽 끝을 손가락으로 막고 다른 쪽 끝을 입에 넣어서 빨아 먹게 한다. 빠는 동안 차츰 빨대를 기울여 준다. • 빨대를 아주 짧게 잘라서 짧은 빨대부터 시작하여 점점 빨대 길이를 늘인다. • 처음에는 튜브 용기에 빨대를 꽂아서 튜브를 눌러 줌으로써 음료가 쉽게 빨대를 따라 올라가도록 해 준다. 영아에게 튜브 용기를 눌러 보게 한다.
	혼자서 컵으로 마시기	• 손잡이가 달린 큰 컵을 사용한다. • 손을 컵에 갖다 대어 주고 입으로 가져가게 한다. • 뒤에서 손을 잡고 가르쳐 준다. • 우유나 물, 크림수프 같은 걸쭉한 음식을 조금만 담아 준다. • 점차 잘하게 되면 영아 혼자 잡고 마시도록 두고 칭찬해 준다.
	숟가락으로 음식 떠먹기	• 손잡이가 조금 큰 숟가락을 사용한다. • 뒤에서 영아의 손을 잡고 손을 그릇에서 입으로 가져가도록 해 준다. • 으깬 감자, 푸딩같이 숟가락에 잘 달라붙는 음식을 주어 흘리지 않도록 한다. • 숟가락 사용의 경험을 주는 것에 중점을 두도록 하고 미숙하더라도 기회를 많이 주도록 한다.

출처: 정미라(2003). 유아건강교육.

- 영아와 함께 식사를 함으로써 좋은 역할 모델링을 보인다.
- 식사시간을 조절하고 식사와 간식의 간격을 되도록 규칙적으로 한다. 하루에 세 번의 식사와 두세 번의 간식이 적당하다.
- 영양가가 높은 음식을 제공한다. 지방과 설탕이 많이 든 음식은 피한다.
- 영아가 계속하여 특정 음식을 거부한다면 흥미롭거나 다른 방법을 활용하여 음식의 색감, 질감, 형태, 맛의 적절한 조화를 도모한다.

• 배변

기저귀 갈기는 영아보육에서 건강과 위생에 관련된 일상생활로서 영아의 정서발달과 관련된 중요한 일과다. 보육교사는 영아의 개별적인 배변훈련 시기와 방법을 파악하는 것이 중요하다. 16개월 이상이 되어 배변훈련이 가능해지기 전까지는 영아 개개인의 시간표에 맞추어 기저귀를 수시로 점검해 주고 수유 이후나 낮잠 자기 전에도 반드시 기저귀를 갈아 주어야 한다. 16개월 이상이 되면 영아의 배변훈련이 가능해지는데 영아에 따

표 9-12   영아의 연령별 배변 지도 내용

연령	1세			2세	
	학기 초	학기 중	학기 말/학기 초	학기 중	학기 말
기저귀 및 화장실 가기	배변 영역에서 기저귀 갈기	교사 질문에 배변 의사 표현하기			
	내 장에서 기저귀 꺼내오기	스스로 배변의사 표현하기	→		
	기저귀 갈며 '응가'라고 말해 보기	교사의 도움 받아 영아용 변기에 앉아보기	교사와 함께 화장실 가기 화장실에서 배변하기	→	→
	휴지통에 기저귀 버리기	영아용 변기에서 배변 시도하기	배변 후 교사와 함께 물 내리기, 교사 제안에 따라 손 씻고 물 내리기	배변 후 손 씻기, 배변 후 물 내리기	
			교사와 함께 옷 입고 벗기 교사의 도움 받아 옷 입기	교사의 도움 받아 옷 벗기	혼자서 옷 내리고 배변하기 혼자서 옷 내리고 올리기

출처: 문성숙(2013). 보육과정.

라 장이나 방광을 조절할 수 있는 능력과 대소변을 완전히 가리기까지의 시간, 언어적 표현능력 등에서 개인차가 있을 수 있음을 고려한다. 또한 배변훈련으로 인해 영아가 심리적인 압박감을 느낀다면 부정적인 영향을 미칠 수 있으므로 조심스럽게 시도할 필요가 있다. 대소변 가리기는 다른 친구들이 화장실이나 영아용 변기를 사용하는 것을 보면서 자연스럽게 익힐 수 있으므로 느긋하게 영아가 즐거운 놀이로 생각할 수 있도록 지도한다.

• 낮잠

영아가 어릴수록 잠자는 시간이 길어지며 하루일과의 대부분을 수면으로 보내므로 보육교사는 영아들이 편안하고 안정된 채로 수면을 취할 수 있도록 조용하고 아늑한 분위기를 만들어 주어야 한다. 영아들이 규칙적인 낮잠시간 외에도 일과 중간에 개별적 휴식을 취할 수 있도록 휴식공간을 마련해 주어야 한다. 자기 전에는 수유, 이유, 기저귀 갈기 등의 활동을 미리 마쳐 자다가 깨는 일이 없도록 한다. 영아가 자는 공간에서 알림장을 기록하며 낮잠 중의 영아들의 행동이나 잠버릇에 대해서도 관찰한다.

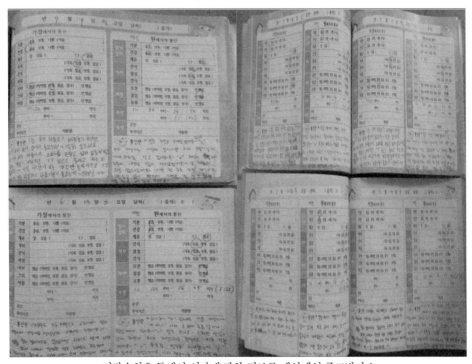

전달수첩을 통해서 영아에 관한 정보를 매일매일 주고받아요

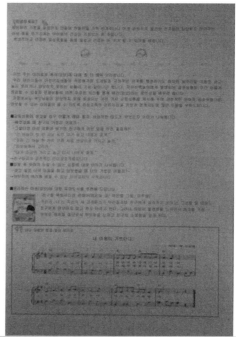

가정과 함께 연계하여 진행할 수 있는 활동을 가정통신문을 통해 정보를 제공해요

• 실내외 자유선택놀이 활동

영아의 발달 수준에 적합한 자료가 충분하며 잘 정리된 환경을 구성하며 영아에게 탐색의 기회를 충분히 주도록 한다. 영아가 선택한 놀잇감과 놀이방법을 최대한 인정하며, 영아의 놀이에 함께 참여한다. 놀이를 격려하고 촉진하기 위해서 주의해야 할 사항은 일방적인 상호작용보다는 영아의 반응을 수용하고 확장하는 양방적이며 적극적인 상호작용이 되도록 해야 한다는 점이다. 또한 관찰을 통해 영아의 놀이 수준을 파악하고 나면, 영아의 관심을 활용하여 보다 다양하고 심화된 놀이로 확장되도록 전략을 시도한다. 익숙한 경험에서 출발한 놀이가 서로 연결되어 통합적 접근의 놀이로 확장될 수 있도록 한다.

- 신체 · 움직임, 감각 · 탐색, 창의적 표현, 역할 · 쌓기, 언어의 놀이활동이 하루일과 중에 골고루 이루어지도록 한다.
- 개별적인 놀이를 할 수 있도록 계획하고 활동에 능동적으로 참여할 수 있도록 준

비해 준다.
- 같은 놀잇감을 여러 개 구비해 놓고 월령에 따른 적합한 활동을 준비하여 일대일로 상호작용할 수 있도록 한다.
- 교사는 늘 관찰하여 놀이를 잘할 수 있도록 격려해 주고, 놀잇감이 영아의 움직임에 방해가 되지 않도록 해야 한다.

영아들은 실내에서뿐 아니라 햇볕과 바람, 흙이 있는 실외에서 하루 중 한 시간 이상은 지내야 한다. 실외의 개방된 공간에서 자유롭게 지낼 때에 영아는 실내에서의 긴장감을 풀고 하루를 즐겁게 보낼 수 있다. 하루 종일 어린이집에서 생활하는 영아에게 실외활동은 신체적인 발달과 심리적인 발산의 기회가 되며 동시에 주변 자연환경을 탐색하고 느낄 수 있는 경험을 준다. 이동능력이 없는 영아에게도 신체 건강을 위한 외기욕이 진행되어야 하며 외기욕 시 유모차나 평상 등을 이용할 수 있다.

- 놀이과정에서 보육교사의 상호작용 모색
  - 가능한 한 일대일로 상호작용하며, 한번에 한 가지 주제에 관하여 이야기한다.
  - 영아의 발달수준에 맞는 명확한 단어와 단순하고 명료한 문장을 사용한다.
  - 영아의 부정확한 말을 정확한 표현(단순하고 완전한 문장)으로 다시 말해 준다.
  - 영아의 말을 해석하기 전에 먼저 주변 상황의 맥락을 관찰한다.
  - 비판이나 간섭 등의 부정적인 언어보다는 긍정적인 언어를 사용한다.

- 귀가 및 가정과의 연계
  귀가 시간은 교사와 부모가 하루일과에 대한 정보와 의견을 나누는 시간이며, 영아에게는 부모와 다시 만나는 시간이다. 교사의 생기 있는 표정과 온화한 목소리는 부모에게 영아와 교사의 상호작용에 대한 신뢰감을 가져다준다. 하루를 지낸 영아들이 안전하게 귀가할 수 있도록 교사는 다음과 같은 역할을 하도록 한다.

  - 개별 영아들이 하루의 일과를 조용히 정리하고 즐거운 마음으로 부모님을 만날 수 있도록 정서적인 지지를 해 준다.
  - 귀가 전 영아의 소지품(우유, 우유병, 기저귀, 갈아입은 옷)을 집에 가져갈 수 있도록

정리하고 귀가할 수 있는 준비를 한다. 교사는 영아가 보육시설에서 지내는 동안의 심리적 상태, 수유와 이유식 섭취, 잠든 시각 및 수면시간, 배변 여부 및 상태 등에 대해 일일보고서에 자세히 기입한다.

(2) 유아반 교사의 교수학습 실제

유아를 위한 교사의 역할에 대한 논의는 매우 다양하다. 여러 학자들의 의견을 정리하면, 유아교사의 역할은 양육과 교수의 두 가지로 나누어 볼 수 있다. 첫째, 양육의 역할이란 유아를 보호하고 사랑하며 훈육하는 것으로, 유아교육기관을 가정과 같은 분위기로 이끄는 것을 의미한다. 이는 전문적인 교육기관에서 유아가 가정과 같은 분위기를 느낄 수 있도록 하는 역할을 의미한다. 둘째, 교수자의 역할이란 적극적으로 유아를 교육하는 역할이다. 교사는 학습을 위해 교실환경을 구성하고, 학습을 계획하며, 이를 수행하고 평가하는 것은 물론이며 좀 더 나은 유아교육의 실천을 위하여 연구·노력하는 역할이 포함된다. 이 두 가지 역할이 적절히 조화를 이룰 때, 교사는 전문가로서의 역할을 완수할 수 있게 된다.

① 유아반 보육교사의 하루일과별 역할

07:30~08:30 〈준비〉

- 보육교사는 하루일과를 시작하기 전에 실내외 놀이실을 점검한다.
  - 영역에 있는 자료들은 준비되어 있는가? (책표지는 보이게, 퍼즐조각은 맞는지 확인)
  - 필요한 자료가 모두 준비되었는가?
  - 화장실의 수건, 휴지, 비누, 치약, 칫솔, 걸레 등은 잘 준비되어 있는가?
  - 쓰레기통은 비워졌는가?
  - 놀잇감들은 안전하게 놓여 있는가?
  - 출석판에 이름표가 잘 놓여 있는가?
  - 유아사물함은 잘 정리되어 있는가?
  - 교실환기와 정리를 마무리한다.
- 교구장, 서랍장, 컴퓨터, 붙박이장의 먼지를 제거한다.

08:30~09:10 〈등원 · 맞이하기 및 조용한 놀이〉

• 유아 이름을 부르며 '안녕하세요?' 라고 반갑게 인사 나눈다(눈높이 맞추기).

• 유아의 기분, 건강상태, 청결상태 등 간단한 아침 시진을 한다.

• 조용한 놀이를 할 수 있도록 유도한다(언어, 미술, 조작영역 등).

09:10~09:30 〈오전 간식〉

• 오전 간식을 준비한다.

• 유아들에게 손을 씻도록 한다.

• 유아들이 바른 자세와 바른 식습관을 가지고 간식을 먹을 수 있도록 돕는다.

  – 차례로 줄을 서서 간식을 가져간다.

  – 입 안에 음식을 넣고 이야기하지 않도록 한다.

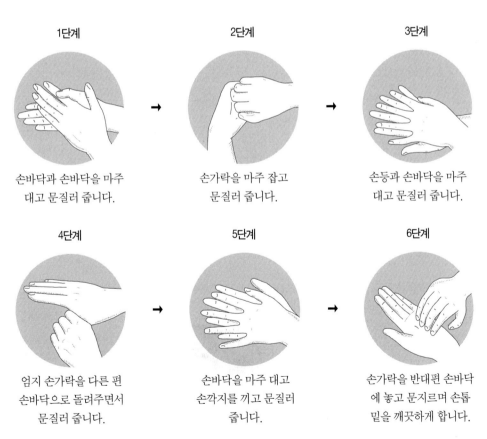

1단계	2단계	3단계
손바닥과 손바닥을 마주 대고 문질러 줍니다.	손가락을 마주 잡고 문질러 줍니다.	손등과 손바닥을 마주 대고 문질러 줍니다.

4단계	5단계	6단계
엄지 손가락을 다른 편 손바닥으로 돌려주면서 문질러 줍니다.	손바닥을 마주 대고 손깍지를 끼고 문질러 줍니다.	손가락을 반대편 손바닥에 놓고 문지르며 손톱 밑을 깨끗하게 합니다.

[그림 9-1] 올바른 손 씻기 6단계

– 간식을 먹는 중에 돌아다니지 않는다.

– 간식을 다 먹고 자기 자리를 깨끗하게 정리한다.

– 자기 간식 그릇을 정리한다.

09:30~09:50 〈놀잇감 소개 및 놀이계획하기〉

• 소개할 놀잇감을 준비한다.

• 이름카드나 출석판, 날짜 알림판, 하루일과표를 모이는 곳에 준비한다.

• 놀이계획을 지도하여 선택한 놀이에 참여하도록 흥미를 자극하고 동기를 유발시
  킨다.

09: 50~10:40 〈오전 실내 자유선택활동〉

• 교사는 모든 유아가 잘 보이는 위치(벽을 등지는 곳, 책상 바깥 자리, 통로가 보이는 곳)
  에서 유아들의 움직임을 관찰하여 문제나 위험 상황의 발생을 미리 예방할 수 있어
  야 한다.

• 유아가 원하는 것이나 요구하는 것을 무조건 받아주기보다는 유아가 자기조절을
  점진적으로 할 수 있도록 일관성 있게 지도하여야 한다.

• 유아들 간의 분쟁에 유아들 스스로 문제를 해결할 수 있도록 상황을 관찰하면서 기
  다려 준다.

• 새로운 교재교구를 제시할 때는 유아들에게 자신의 생각대로 놀이를 먼저 해 보도
  록 한 후 유아들과 서로 의논하여 규칙을 정하는 것도 바람직하며(교사가 방법을 알
  고 있어야 함), 위험 요소를 갖고 있는 교구일 때는 사용법과 규칙을 미리 알려 주도

| 놀이계획표 | 실내 자유선택활동 |

록 한다.
• 성차에 대한 고정관념, 편견을 없애고 다양한 영역에서 남녀 유아가 모두 경험할 수 있도록 한다.

10:40~11:00 〈정리정돈〉
• 쌓기·소꿉·미술영역 등 자료를 많이 사용하는 영역부터 5분 전쯤에 정돈시간이 되었음을 예고한 후 하던 일을 마무리 짓고 치우도록 한다.
• 유아들과 함께 정리정돈을 하며 유아가 책임감 있게 정리하도록 격려한다.
• 1/3 정도가 정리되면 전이활동을 위한 준비를 하며 놀이에 대한 평가를 한다.
• 정리정돈이 끝나면 유아들에게 자기 기분표(4세반) 또는 놀이계획표(5세반)를 찾아 표시하도록 하여 놀이에 대한 평가를 한다. 또한 이미 정한 규칙이나 놀이 등에 대한 평가를 교사-유아가 함께 모여 5~10분 정도 한다.
• 교사는 유아들의 평가표를 월별 기분표 표시판에 기록해서 누가적으로 관리한다.

11:00~11:20 〈대집단활동〉

11:20~12:10 〈실외 자유선택활동〉
• 천천히 3~4명씩 밖으로 나가도록 돕는다(옷차림, 색깔, 이름 등……).
• 안전관리를 철저히 하며, 놀이 선택요구가 많은 놀잇감은 순서를 지켜 골고루 쓸 수 있도록 약속을 정하여 지키도록 중재한다.
• 놀이 후 실외 놀이장의 간단한 청소를 한다(휴지 줍기, 물 잠그기 등).
• 옷과 손발을 털어 깨끗이 하고 차례로 들어가 손을 씻는다.

12:10~1:30 〈점심식사 및 휴식〉
• 당번인 유아는 책상을 닦고 교사를 도와 식사준비를 함께 하도록 한다.
• 한 책상에 교사와 유아 5~6명이 함께하며 밥과 반찬을 골고루 먹도록 한다(단, 기다리는 시간이 너무 길어지지 않도록 융통성과 일관성을 유지한다).
• 유아 혼자서 먹을 수 있도록 격려하고 도움이 필요한 유아는 적절히 도움을 준다.
• 점심식사 후에는 뒷정리와 이 닦기를 한다. 동화책을 읽거나 그림을 보는 등 조용한

놀이와 휴식을 취한다.

1:30~3:30 〈낮잠 및 휴식〉

- 화장실을 다녀오게 하고 옷을 벗어 잘 접어서 머리맡에 두는 등 잠자리 준비를 한다. (묶은 머리 풀기, 양말 · 안경 벗기 등 잠자리에 방해되는 것 제거하기)
- 방을 어둡게 커튼을 치고, 조용한 음악, 동화 등을 들려준다.
- 낮잠을 강하게 거부하는 어린이는 따로 요를 깔고 조용히 누워서 30여 분간 휴식하게 한다.

3:30~4:00 〈낮잠 정리〉

- 잠이 깨면 조용히 일어나 옷을 입고 이불을 정리한 후 화장실을 다녀오도록 한다.
  - 이불을 스스로 정리해 볼 수 있도록 규칙을 정해 일관성 있게 실시한다.
  - 옷은 스스로 입을 수 있도록 기본생활습관 지도를 지속적으로 한다.
- 머리를 빗고 단정한 옷차림이 될 수 있도록 한다.

4:00~4:30 〈일과 평가 및 회상하기〉

- 하루를 지내는 동안 가장 재미있었던 일, 속상했던 일, 다음날 활동 소개 등을 한다.

4:30~5:00 〈오후 간식〉 오전 간식과 상동

5:00~6:00 〈오후 실내외 자유놀이 및 귀가〉

- 오전 활동이 심화되도록 도우며 가능한 한 교사의 개입을 줄이고 편안한 시간이 되도록 한다.
- 유아는 자연스럽게 놀이하다가 부모와 함께 귀가하게 한다(유아의 건강상태 변화나 신체와 복장의 청결상태 점검, 대소변 실수한 옷, 작품 등을 가방에 넣는다).
- 유아들의 귀가 후 교구장 놀잇감 확인, 비품의 안전확인, 다음날 활동 등을 준비하고, 교실안전 점검을 한다.

3) 교수학습평가 관련 업무

영유아 교수학습평가와 관련한 보육교사의 역할에는 영유아평가, 수업평가, 보육과정 평가 업무가 있다. 먼저 영유아평가는 주기적이고 매일의 일상적인 영유아 관찰을 토대로 일화기록, 체크리스트, 평정척도기록 등을 이용하여 발달상황, 상호작용, 또래관계 등을 기록하여 평가에 반영한다. 또한 보육교사는 일일 보육계획안 작성 시 자신의 수업평가 내용을 '실행 평가란' 과 '교사 총평가란' 에 기록하며, 평가한 기록을 다음 수업에 반영하여 계획하도록 한다. 이러한 매일의 누적된 수업 기록과 주기적으로 실시한 보육과정 운영 전반에 대한 평가 기록을 다음 해 교수학습 계획에 반영하도록 한다.

4) 전문성 신장 관련 업무

보육교사는 원내 연수, 외부 학회 및 학술 연수 참여, 수업 및 시설 참관, 연구회 활동, 동료 장학 및 교육 실습생 지도 등을 실시하여 자신의 전문성을 신장하도록 노력하여야 한다.

| 원내 자율장학 | 외부연수 참여 |

2. 영유아건강 및 안전 관련 영역

영유아 보호 관련 업무로는 교사와 영유아 건강검진 계획 세우기, 적절한 휴식지도, 식단 계획, 영유아 위생 및 청결지도, 기저귀 갈아 주기, 놀잇감 소독 및 청결 유지, 아픈

영유아 간호, 안전교육 실시, 응급상황 시 역할 분담 숙지 및 대피 요령 파악하기, 실내
외 온도·습도·공기질·채광·조도 조절하기, 학부모로부터 응급처치 및 귀가동의서
받고 적절하게 대처하기 등이 있다.

표 9-13   휴원을 요하는 질병

병명	증상	잠복 기간	결석 기간
디프테리아	미열, 인후염, 기침, 쉰 목소리, 두통, 편도선 비대, 회색반점	2~4일	배양검사가 2회 이상 음성이 나올 때까지
백일해	열은 없고 밤에 기침이 심함	7~14일	특유의 기침이 없어질 때까지 → 발병 약 3~4주 정도
홍역	발열, 재채기, 결막염, 발진	9~13일	발진이 없어질 때까지 → 발진 후 약 5일 정도
유행성 이하선염 (볼거리)	발열, 귀밑이 부어오름	7~21일	귀밑 부기가 다 빠질 때까지 → 발진 후 약 5일 정도
풍진	가벼운 감기 같은 증세, 발열, 발진	10~21일	증상이 없어질 때까지 → 대개 발진 후 5일 정도
수두	발열, 발진, 물집이 생김	10~21일	딱지가 떨어질 때까지 → 발진 후 약 7일 정도
수족구병	38도 정도의 고열, 1~2일간 입 속, 손바닥, 발바닥에 수포가 생김	3~6일	주요 증상이 사라질 때까지
유행성 감기	발열, 기침, 목이 아픔, 뼈마디 아픔	1~3일	주요 증상이 사라질 때까지
농가진	얼굴이나 수족에 쌀알 크기부터 대두 크기의 발진 수포가 생김	2~5일	염증기가 지나 환부치료, 포대를 하고부터
유행성 결막염	눈이 붓고 흰자위가 충혈, 눈곱이 많음	7일	주요 증상이 사라질 때까지
전염성 설사증	설사의 횟수가 많고 변이 물 같고 열이 나며 감기증상을 동반함	2~4일	주요 증상이 사라질 때까지
간염(A형)	식욕부진, 두통, 열, 황달, 관절통	10~15일	주요 증상이 사라질 때까지

* 이상의 질환은 전염성이 강한 질병으로서 각별한 주의가 필요함.
　이상의 질환 이외에 의사의 진단에 의해 전염성이 있다고 판명된 질병은 휴원을 요함.

출처: 김일옥 외(2012). 아동건강교육.

표 9-14 투약의뢰서 예시

투약의뢰서

금일 아래 아동의 투약을 의뢰합니다.

아 동 명		(남/여)	의 뢰 자	(인)	
반 명		반	아 동 과 의 관 계	□ 아버지　　　□ 어머니	
증상 및 병명				□ 기타 (　　　　)	
약의 종류 및 투약 용량	□ 물 약 (　　　　　　)		의 뢰 일	년　　월　　일	
	□ 가루약 (　　　　　)		비 고		
	□ 연 고 (　　　　　　)				
	□ 기 타 (　　　　　　)		※투약으로 인한 책임은 어린이집에서 지지 않습니다.		
투약 시간	□ 오 전 (　　　　　　)				
	□ 점 심 (　　　　　　)		투 약 자	(인)	
	□ 오 후 (　　　　　　)		직 책	□ 담임교사	
	□ 저 녁 (　　　　　　)			□ 기타 (　　　　)	
약품 보관	□ 실온　　□ 냉장		※의뢰하신 내용에 따라 투약하였습니다.		

○○ 어린이집

3. 운영관리 영역

1) 학부모 관련 업무

학부모 관련 업무로는 학부모와의 적극적이고 활발한 의사소통으로 수시로 정보교환하기, 학부모 지원요청하기, 학부모 면담, 부모 참여수업, 부모 간 교류 제공, 지역사회 자원에 대한 정보제공, 다양한 방법의 가족 지원하기가 있다. 그중 부모면담 진행방법에 대하여 구체적으로 살펴보면 다음과 같다.

부모 면담

① 면담 준비

• 정보수집

　개별 면담을 성공적으로 이끌기 위해서는 피상담자인 부모와 유아에 대한 기본적인 정보를 수집·정리해야 한다. 유아의 가족사항과 주거환경, 유아의 기호, 성격, 어린이집 생활에서의 관찰내용 등을 유아의 입학원서나 생활기록부, 관찰일지 등에서 수집한다.

• 면담자료 준비

　어린이집에서 사용하고 있는 기본양식에 맞추어서 그동안의 관찰기록을 정리한다(관찰기록을 부모에게 직접 보이는 것은 삼간다). 그 외에 필요한 자료들(작품 파일 등)을 준비한다.

• 면담 시간과 장소 정하기

　효과적인 면담을 위해서는 사전에 학부모와 협의하여 면담에 적절한 날짜와 시간, 장소를 정하도록 한다.

• 면담 장소 준비

　건물 내에서 가장 방해를 덜 받는 장소에 관찰자료를 놓을 수 있는 책상과 의자 2개를 준비한다. 미리 도착하신 부모를 위해 유아교육에 관한 잡지라든지 학급사진, 유아들의 작품 등을 대기실에 배치해 놓으면 도움이 될 것이다. 가능하다면 간단한 음료수를 준비하는 것도 분위기를 부드럽게 하는 데 도움이 된다.

• 유의점

　- 단정한 옷차림과 밝은 표정으로 임한다.

　- 상담시간을 기록한 안내문을 상담실 밖에 공고해 두어 시간의 준수를 이해하도록 한다.

　- 자리를 배치할 때 정면으로 학부모와 앉기보다는 대각선으로 앉는다. 왜냐하면 시선처리가 용이하고 편안한 분위기를 연출할 수 있기 때문이다.

　- 교사는 출입문이 보이는 자리에 앉아서 상담실 밖의 상황을 잘 이해할 수 있도록 한다.

② 면담의 진행

• 인사 나누기

　교사는 부모에게 자리를 안내하고 간단히 인사를 나눈다.

• 면담 취지 설명

학부모 면담의 중요 목적은 교사와 학부모가 함께 시간을 내어 유아의 전반적인 발달에 대한 정보를 교환하고 학부모와 교사의 상호관계를 더욱 견고히 해서 유아의 전인적인 발달을 도와주는 데 있다는 것을 부모님께 인식시키는 데 중점을 둔다.

• 진행
교사는 면담을 유아의 장점이나 가장 최근에 관찰된 중요한 성장기록을 이야기하는 것으로 시작하는 것이 좋다. 처음 시작을 긍정적으로 하면 학부모가 훨씬 더 마음을 열고 면담에 응하게 된다. 만일 특별하게 언급할 만한 장점이 없거나 학기 초에 비해서 큰 발전이 없는 유아의 경우라면 아주 작은 것이라도 학부모의 참여를 유도할 수 있는 것, 즉 최근의 출석상황이라든지 유아가 특별히 좋아하는 활동 혹은 유아가 최근에 한 말 등으로부터 면담을 시작해 나간다. 일단 긍정적인 분위기가 형성되면 면담 양식에 따라 면담을 진행해 가는데 교사는 미리 준비된 관찰기록과 유아의 작업 샘플(파일) 등을 이용하여 유아의 전반적인 발달에 대하여 이야기한다.

• 마무리
면담이 진행되는 동안 면담과정과 중요사항, 부모님의 건의사항 등을 기록하며 앞으로 역점을 두어 지도해야 하는 부분을 교사와 부모가 함께 의논하는 형식으로 진행한다.

• 추후활동
면담 후 필요에 따라 전화를 한다든지, 유아 편에 메모를 보낸다든지 혹은 등원 및 귀가시간에 일상적인 대화를 한다든지 하여 면담 때 했던 이야기들을 자연스럽게 확장시켜 나간다.

③ 면담 평가 및 기록
• 학부모와의 면담이 끝난 후 교사는 다음과 같은 질문을 해 본다.
  - 면담의 분위기가 긍정적이었는가?
  - 부모님이 편안해 하였는가?
  - 교사와 학부모가 서로의 입장을 이해하였는가?
  - 부모님(교사)이 교사(부모님)의 의견을 잘 받아들였는가?
  - 부모님의 의견을 면담에서 충분히 토의하고 받아들였는가?
  - 유아의 장점과 단점이 모두 토의되었는가?
  - 교사가 모든 자료들을 충분히 그리고 적절히 준비하였는가?
  - 면담 결과에 따라 유아를 위한 활동계획의 목표가 정해졌는가?
  - 면담을 다시 한다면 보충하거나 수정해야 할 점이 무엇인가?

| 부모용 게시판 | 부모 면담 |

2) 행사 관련 업무

보육교사의 행사 관련 업무에는 행사 계획 및 준비, 역할 분담하여 행사진행하기, 행사 후 기록과 평가하기 등이 있다.

3) 사무 관련 업무

보육교사의 사무 관련 업무에는 보육과정 운영 문서 작성, 원아관리 문서 작성, 각종 공문서 접수 및 발송, 홈페이지 관리, 물품구입 및 계획, 전언통신, 제증명 발급, 원아모집 홍보물 제작, 학부모 가정통신 안내 및 신청서 작성, 회의록 작성 및 관리, 유관기관의 보고서 작성 등이 있다.

4) 시설설비 관련 업무

보육교사의 시설설비 관련 업무에는 실내외 안전점검 및 전문기관으로의 의뢰, 시설설비 관리, 실내외 시설 및 놀잇감 점검 및 보수, 실내외 시설 정기적인 소독 계획 및 관리하기 등이 있다.

5) 대인관계 및 사회적인 업무

보육교사의 대인관계 및 사회적인 업무에는 교사 친목도모 및 경조활동, 외부 출입자 및 손님 맞이, 졸업생 관리, 지역사회행사 참여 및 연계하기 등이 있다.

 학습과제

1. 안전사고와 관련하여 영아를 담당하는 보육교사에게 강조되는 역할이 무엇인지 토의하시오.

2. 유아의 발달특성과 관련하여 만 3~5세 유아를 담당하는 교사에게 강조되는 역할이 무엇인지 토의하시오.

3. 학부모 관련 업무를 실행하기 위한 자신의 전문성 신장 방안에 대하여 토의하시오.

📂 **참고문헌**

강문숙, 황해익(2008). 보육교사의 직무에 대한 인식조사. 부산유아교육학회 유아교육논집, 17(2), 1-23.

김은영(2006). 유치원 교사의 직무분석. 이화여자대학교 대학원 박사학위논문.

김은영, 권미경, 조혜주(2012). 교사양성과정 내실화를 위한 유치원과 어린이집 일과운영 및 교사의 직무분석. 서울: 육아정책연구소.

김일옥, 김경애, 김영애, 김종석, 김호년(2012). 아동건강교육. 서울: 양서원.

김지은, 문혁준, 김경회, 김현주, 김혜금, 김정희, 신혜원, 안선희, 안효진, 임연진, 조혜정, 황옥경(2013). 보육과정. 서울: 창지사.

문성숙(2013). 보육과정. (사)한국보육교사교육연합회 편. 서울: 양서원.

보건복지부(2013). 어린이집 표준보육과정 및 0~2세 영아보육 프로그램의 이해. 서울: 중앙보육정보센터.

보건복지부(2014). 2014년 보육시설 평가인증 지침서.

여성가족부(2007). 0세 보육프로그램. 서울: 육아정책개발센터.

유성희, 김현희(2012). 영아반 전문과정. 서울: 꼬망세미디어.

육아정책연구소(2010). 0세 보육프로그램. 서울: 보건복지부.

육아정책연구소(2010). 1세 보육프로그램. 서울: 보건복지부.

정미라(2003). 유아건강교육. 서울: 양서원.

제10장

보육교사의 인간관계

학습개요

인간이 세상과 마주하여 삶을 살아간다는 것은 수많은 사람들과 접촉하여 상호작용하고 함께 교류하며 즐거움과 고통, 슬픔과 행복 등의 감정들을 나누며 관계를 맺어 가는 것이다. 어릴 적에는 가정에서 부모, 형제와 성장하고 이후 또래와 이웃 및 교사로 관계 맺음의 대상은 확대되어 자신이 속한 기관과 연계하여 만나는 사람들과 관계를 맺으며 삶을 살아간다. 보육교사는 어린이집이라는 기관에 소속되어 어린이집의 기관장인 원장, 동료교사, 영유아와 부모, 지역사회에서 만나는 어린이집 관련 인사 등과 관계를 맺으며 교사 역할을 수행해 나간다. 인간관계는 사람과 사람 간의 교류를 통해서 형성되는 것으로 보육교사는 어린이집에서 접하는 다양한 사람들과 여러 가지 상황에서 교류하고 소통하며 원만한 인간관계를 형성하고 유지해 나가게 된다. 이 장에서는 인간관계의 중요성 및 원만한 인간관계 형성을 위한 의사소통, 보육교사의 인간관계를 중심으로 살펴보고자 한다.

1. 인간관계

1) 인간관계의 중요성

인간은 출생과 동시에 다른 사람과 관계를 맺으며 삶을 살아가게 된다. 특히, 우리나라는 관계지향적인 사회 특성으로 인해 인간관계가 삶의 질을 높이는 가장 중요한 요소이며, 이로 말미암아 우리나라 사람들은 가장 큰 행복감과 좌절감을 느끼기도 한다(장우귀, 박영신, 김의철, 2007). 즉, 원만한 인간관계 속에 행복이 있고, 잘못된 인간관계 속에 불행이 있다. 사람들은 타인과의 관계가 만족스러울 때 보다 풍부하고 완성된 인간으로 발달할 수 있지만 인간관계가 불만스럽고 비효과적일 경우 성장·발달을 방해받을 수 있다.

이러한 인간관계는 개인생활에 영향을 미칠 뿐만 아니라 사회 변화에 따른 사회구조와 가치관 및 규범, 그리고 인간관계 구조 및 의식의 변화까지도 불러온다. 사회적 존재로서 현대사회를 살아가야 하는 우리 현대인들에게 있어서 타인과의 관계, 즉 인간관계는 삶의 중요한 과제이기 때문에(권석만, 1998) 어떤 조직이 제대로 기능하기 위해서는 원만한 인간관계가 형성되어야 한다.

인간관계는 개인적인 것이든, 조직 속에서의 관계이든 두 사람 이상의 상호작용을 일컫는 것이다. 따라서 자신이 접촉하고 있는 사람들과의 관계를 통해서 자신의 삶의 모습을 돌아볼 수도 있다.

다음의 인간관계 표 그리기를 완성한 후 자신의 인간관계가 어떠한지를 제3자의 입장에서 생각해 보자(두란노, 2004: 양참삼, 2005 재인용).

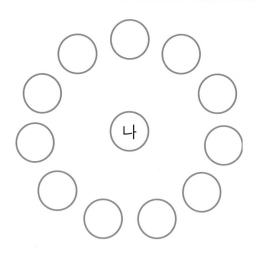

- 현재 가족이나 학교(직장) 등에서 나와 관련된 사람들의 이름을 원 안에 적어 본다.
- 서로 돌봐주고 배려하는 등 강한 관계일 경우에는 굵은 실선으로 연결한다.
- 관계가 미묘하고 약하다고 생각될 경우 점선으로 연결한다.
- 스트레스가 많다고 생각되는 관계일 경우 물결 무늬선으로 표시한다.
- 단절 상태일 경우 실선에 ×표를 넣는다.

2) 효율적인 인간관계 형성

사람들 간에 좋은 관계를 형성하고 유지하기 위해서는 개개인이 먼저 성숙한 인간이 되어야 한다. 사람들은 먼저 자기 자신은 어떤 사람인지, 자신의 철학은 무엇이며 삶에 대한 자세는 어떠한지 등에 대한 분명한 방향을 가지고 있어야 한다. 즉, 자기에 대한 이해와 자기 수용을 통해 자기 자신이 먼저 성숙한 인간으로 성장할 때 다른 사람과의 관계도 원만하게 유지될 수 있다. 또한 다른 사람과 원만한 인간관계를 형성하기 위해서는 효율적인 의사소통 기술이 필요하다. 따라서 다음에서는 효율적인 인간관계 형성을 위한 방법으로 자기 이해와 의사소통 기술의 실제에 대해 소개하고자 한다.

(1) 자기 이해하기

자기를 이해한다는 것은 자아에 대한 인식, 즉 자신의 심신 상태, 성격 특성 및 기호, 대인관계의 양과 질, 가치관 및 자기 행동 등 자신의 모든 부분에 대해서 현실적으로 이해하는 것이다. 따라서 자기 이해는 자신에 대한 객관적이고 정확한 탐색과정을 통해 이루어질 수 있다. 특히, 자기 이해는 자신에 대해 어떻게 알고 느끼는지에 대한 자아개념으로부터 비롯된다. 자아개념은 '여기-지금'의 자신에 의해 지각된 자기, 즉 자신에 대한 평가를 의미하는 것으로 자신의 특징, 능력에 대한 지각, 타인 및 환경에 대한 지각이나 의미, 대상과 경험에 연합되어 지각된 가치, 태도 그리고 긍정적 혹은 부정적 가치관을 지닌 것으로 목표와 이상 등의 요소로 형성된다(유영창, 1999). 긍정적인 자아개념을 가진 사람은 자신의 외모, 성격, 능력, 삶에 대한 태도, 성취감 등에 대해 긍정적으로 인식하여 긍정적인 삶의 방향을 설정하고 적극적인 모습으로 삶을 살아간다. 그러나 부정적인 자아개념을 가진 사람은 뚜렷한 방향이 없거나 무능감과 무력감, 자신감의 상실로 모든 상황들을 부정적으로 바라봄으로써 인간과의 관계 맺기에 실패할 가능성이 높다.

따라서 나를 이해하기 위해서는 자신 스스로가 자기를 어떻게 바라보고 있는지를 먼저 파악해야 한다. 나를 이해하기 위한 방법에는 자아개념, 자아존중감 및 자아효능감, 성격 검사, 다중인지능력 검사 등의 여러 가지 방법이 있다. 이 장에서는 자신의 성격을 객관적으로 조망하고 대인관계 형성의 도구로 적용이 가능한 에니어그램에 대해 소개하고자 한다.

에니어그램에서는 개인의 성격을 힘의 중심에 따라 배형(본능 중심), 가슴형(감정 중

심), 머리형(사고 중심)의 세 가지로 구분하고 각각의 중심에너지에 따라 아홉 가지로 성
격 유형을 분류하여 설명하고 있다. 여기에서 중심에너지란 사람들이 생활하는 동안 어
떤 상황과 사건에 대하여 전형적으로 반응하거나 대처하는 내적 및 외적 방식을 의미하
며 에너지의 사용수준은 자신의 중심 유형을 알아내는 데 중요한 요인이 된다(이소희,
2009).

이를 그림으로 나타내면 [그림 10-1]과 같다.

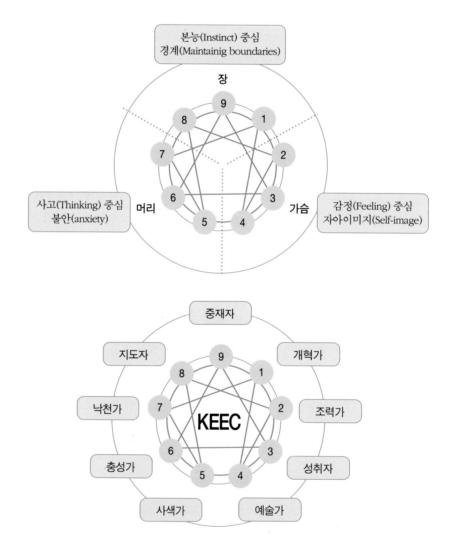

[그림 10-1] 중심에너지에 따른 에니어그램 성격 유형

출처: 한국에니어그램교육연구소(http://www.kenneagram.com).

첫째, 배형(본능 중심) 사람들은 에니어그램 성격 유형 8(지도자), 9(중재자), 1(개혁가)에 해당되고, 이들의 무게 중심은 하복부(장)와 소화계로 본능과 습관에 따라 행동하는 특성을 지니며, 에너지의 중심을 행동에 두고, 중요 감정은 분노다. 이들은 자신의 욕구에 따라 상황에 반응하고, 이들의 주된 관심은 존재, 힘과 정의이며, 현재에 관심이 있고, 진행 중인 일을 신속하고 정확하게 파악하며, 현실을 조정하고 통제하는 일에 능하다(이소희, 2008; Perry, 1996: 모아라, 2013 재인용).

둘째, 가슴형(감정 중심) 사람들은 에니어그램 성격 유형 2(조력가), 3(성취자), 4(예술가)에 해당되며, 이들의 무게 중심은 심장과 순환계에 있다. 이들은 감정과 정서를 중요시하며, 느낌을 통해 삶을 파악하고 직관과 주관적인 판단을 하는 경향이 높다. 또한 이들은 자신의 존재감을 세상에 관계하는 이미지에서 얻고 다른 사람들 기준에 비춰진 자아 이미지에 관심을 쏟으며, 결정 상황에서는 그에 관여된 사람이나 자기의 결정으로 영향을 받게 될 사람들에 대해 고려한다(우재현, 2006; 이소희, 2008; Goldberg, 1999: 모아라, 2013 재인용).

셋째, 머리형(사고 중심) 사람들은 에니어그램 성격 유형 5(사색가), 6(충성가), 7(낙천가)에 해당되고, 힘의 무게 중심은 머리와 신경계에 있다. 이들은 어떤 상황을 관찰, 대조, 분석, 비교의 사고과정을 통해 파악하려고 하며 감정도 분석하려고 한다. 이들의 기본 정서는 두려움과 불안으로 익숙한 사람들과는 친하게 지내지만 낯선 상황에서는 불안함이 많은 사람들이다. 이들은 존경하는 사람이나 문제에 관여하고 있는 권위자들의 의견을 매우 중요하게 여겨 결정 상황에서 자기의 결정이 논리적이고 이성적이며 타당한지, 그것이 권위자와 자기가 속한 집단에서 수용될 수 있는지에 마음을 쏟는다(우재현, 2006; 이소희, 2008; 이정순, 2005; Searle, 2001: 신나향, 2011 재인용).

에니어그램에서는 세 가지의 중심에너지를 중심으로 다시 아홉 가지의 성격 유형에 대해 설명하고 있으며, 이에 대한 구체적인 내용은 〈표 10-1〉과 같다(한국에니어그램교육연구소, 2014).

표 10-1 에니어그램 아홉 가지 성격 유형과 특성

1유형(개혁가) 완벽함을 추구 하는 사람	• 매사에 완벽을 기하고, 스스로의 이상을 건설적인 자세로 추구하며, 이를 위한 노력을 아끼지 않는다. • 항상 공정함과 정의를 염두에 두고, 정직하고 신뢰할 수 있는 성품으로 자신의 윤리관에 자신감을 갖고 있다. • 인상이 깔끔하고 항상 자제하는 자세를 잃지 않고 '해야 한다'는 말을 자주 한다. • 자신은 '올바른 길을 걷고 있다' '매사를 정확하게 파악하고 있다'는 생각에 만족감을 느낀다. ※ 건강할 때-개미처럼 조직화 · 분권화하면서 근면하고 협동심이 강하다. ※ 불건강할 때-테리어 사냥개처럼 먼저 물고 짖는다. 체구가 작지만 상대에게 겁을 주거나 공격적으로 대한다.
2유형(조력가) 타인에게 도움 을 주려는 사람	• 정이 많고 곤경에 빠진 사람들에게 도움의 손길을 뻗치며, 주변 사람들에게 도움이 되는 일을 마다하지 않는다. • 타인이 필요로 하는 것에 몰두하지만 타인의 도움을 필요로 하고 있는 자신에 대해서는 자각하지 못한다. • 예리한 직감을 갖고 있고, 주위 사람들의 기분을 이해하고 거기에 맞출 수 있기 때문에 적응력이 뛰어나다. • 다양한 자기 모습을 갖고 있어 상대방에 따라 다른 모습을 연출할 수 있다. ※ 건강할 때-새터 사냥개처럼 털 색깔이 따스하고 되갚아 주기를 바라는 조건이 붙지 않은 따뜻한 사랑을 베풀며 충성스럽고 사랑스럽다. ※ 불건강할 때-고양이처럼 다정하지만 남의 도움을 받지 않으려는 독립적인 기색을 띠고 핥는 강아지처럼 사랑에 대해 집요함을 나타낸다.
3유형(성취자) 성공을 추구하 는 사람	• 항상 효율을 중시하고 성공을 위해서는 자신의 생활을 희생시키더라도 개의치 않는다. • 인생의 가치를 '실패냐 성공이냐'라는 척도로 보고 실적을 중시하는 열정적인 사람으로 일이나 인간관계에서 성공을 꿈꾼다. • 자신감이 넘치는 인상으로 주위 사람들에게 좋은 인상을 심어 주려 하며 '성공했다' '일을 효율적이고 성공적으로 완수해 냈다'는 것에 가장 큰 만족을 얻는다. ※ 건강할 때-독수리처럼 바람의 황제이면서 날쌔고 힘이 있다. 태양을 바라보는 유일한 새이기도 하다. ※ 불건강할 때-카멜레온처럼 주위 상황에 능숙하게 부응하고 공작새처럼 주위 사람의 반응을 노리고 자신을 내보이는 행동을 하게 된다.
4유형(예술가) 특별한 존재를 지향하는 사람	• 자신은 특별한 사람이라고 자부하고 있으며 무엇보다도 감동을 중시하고 평범함을 싫어한다. • 다른 사람들보다 슬픔이나 고독 등도 진하게 느낀다. • 타인에 대한 이해심이 많고 사람들을 받쳐 주고 격려하는 것을 좋아한다.

	※ 건강할 때-흑색 경주마처럼 귀족적 모습을 지니고 있고 굴처럼 진흙을 진주로 변화시키 듯이 상실의 체험과 부정성을 아름답고 보편타당한 것으로 승화하는 힘이 있다. ※ 불건강할 때-바셋 사냥개처럼 게걸스럽게 감정을 구걸하는 듯한 모습과 슬픈 표정을 짓는다. (남과 관계 맺는 방식) 또한 야생비둘기처럼 비오는 날 구슬피 울어 댄다.
5유형(사색가) 지식을 얻어 관찰하는 사람	• 지적이며 사려 깊고 행동 전에 생각한다. • 분석력과 통찰력이 뛰어나며 객관적이고 초연한 태도를 일관되게 유지하려고 한다. • 현실을 파악하는 관찰력이 뛰어나지만 말이 적고 태도가 조심스럽다. • 어리석은 판단을 내리는 것을 두려워하며 일을 시작하기 전에 정보를 열심히 수집해 상황을 정확하게 파악하려고 한다. • 고독을 즐기는 경향이 강하고 자신만의 시간과 공간을 아주 중요하게 여긴다. • '지혜로운 사람' '현명한 사람' '무엇이든지 잘 알고 있는 사람' 이라는 자신의 모습에 가장 큰 만족을 드러낸다. ※ 건강할 때-올빼미처럼 큰 눈을 가지고 소리 없이 비행하고 섭리를 따른다. 남의 눈에 띄지 않도록 드러나는 경향이 있다. ※ 불건강할 때-비단털쥐처럼 수집력이 있고 음식을 저장하고 탐욕스럽다. 여우처럼 독불장군이 되고 일의 가장자리를 맴돌게 된다.
6유형(충성가) 안전을 추구하고 충실한 사람	• 책임감이 강하고 안전을 추구하는 유형으로서 친구나 자기가 믿는 신념에 가장 충실한 사람들이다. • 전통이나 단체에 강한 충성심을 갖고 있으며 공동체에 대한 헌신이 대단하다. • 신중하며 거짓말을 모르는 그들은 협조적이며 조화를 이루며 믿음직스럽다. • 상대에게 호감을 주는 유형이다. • '책임감이 있다' '성실하다' '충성스럽고 믿을 만하다' 는 말에 가장 큰 만족을 얻는다. ※ 건강할 때-사슴처럼 위험에 대비한 경계태세를 취하고 집단으로부터 활력을 이끌어 낸다. 고난 가운데서도 살아남을 수 있는 능력을 갖추고 있다. ※ 불건강할 때-산토끼처럼 겁이 많고 놀라서 잘 달아난다. 늑대처럼 궁지에 몰렸을 때는 오히려 공격적으로 대한다.
7유형(낙천가) 즐거움을 추구하고 계획하는 사람	• 모든 일을 낙관적으로 보려고 하며 밝고 명랑하다. • 자기 주변에서 즐거움을 찾아내는 능력이 뛰어나다. • 좋아하는 사람들이 주변에 많이 있으며 자기 자신도 매력적인 인간이 되려고 노력한다. • 아이디어와 상상력이 풍부하며 호기심이 많다. • '항상 즐겁다' '너무나 유쾌하다' '앞으로의 계획이 무궁무진하다' 라는 것에 만족을 얻는다. ※ 건강할 때-나비처럼 고통을 겪고 자유감과 행복감을 추구하게 된다. ※ 불건강할 때-원숭이처럼 모험과 쾌락을 즐기면서 어릿광대처럼 산만함과 즐거움을 추구한다.

8유형(지도자) 강함을 추구 하고 주장이 강한 사람	• 자신이 옳다고 생각하는 것에 대해서는 전력을 다해 싸우는 전사다. • 용기와 힘이 넘치고 허영심 등을 재빠르게 꿰뚫어 보며 그것에 결연히 대항한다. • 권력구조를 파악하는 능력이 뛰어나며 자신의 강한 힘을 발휘할 수 있는 위치를 확보하는 능력도 갖추고 있다. • 거드름을 피우지 않고 성실하며 약자를 옹호하고 보호하려고 한다. • '할 수 있다' '힘이 넘친다'라는 자신의 모습에 가장 만족을 느낀다. ※ 건강할 때-호랑이처럼 힘과 생명력이 있다. ※ 불건강할 때-코뿔소처럼 둔하고 껍질이 두껍고 일단 화가 나면 다짜고짜 공격을 한다.
9유형(중재자) 조화와 평화를 바라는 사람	• 갈등이나 긴장을 피하는 평화주의자로 자신의 내면이 혼란스러워지는 것을 싫어한다. • 다른 사람들에게 쉽게 동화되기 때문에 주위 사람들의 영향을 받기 쉽다. • 좋은 환경에 있으면 마음이 넓고 동요되는 일이 없으며 강한 인내심을 보인다. • 편견이 없고 다른 사람의 기분을 이해할 줄 알기 때문에 타인의 고민을 잘 들어준다. • '안정감'과 '조화'로 넘쳐 있는 상태에 가장 큰 만족을 느낀다. ※ 건강할 때-돌고래처럼 놀이를 즐기고 생태계를 유지하며 인간에게 우호적인 태도를 가진다. 일명 바다의 화해자라고도 불리운다. ※ 불건강할 때-코끼리처럼 먹이를 짓밟고 주변을 쑥대밭으로 망쳐 버릴 수 있다.

(2) 의사소통 기술

의사소통은 둘 이상의 사람들이 의견이나 정보, 감정 등을 교환하여 공통적인 이해를 도모하여 공동의 목표를 추구해 나가는 과정이다. 따라서 의사소통은 인간관계 형성에 있어서 가장 중요한 요소라 할 수 있다. 특히, 원만한 인간관계 형성을 위한 의사소통에서는 상호 간의 공통적인 이해가 중요하다. 즉, 상호 신뢰적인 분위기 조성, 이해적인 경청, 명확한 피드백의 장려 등 세 가지 조건이 충족되는 상황하에서 다음과 같은 원칙에 따라 의사소통할 때 소통의 효과가 발휘될 수 있다(박연호, 이종호, 임영제, 2013).

첫째, 의사소통은 경청자의 눈높이 수준에서 이루어져야 한다.

둘째, 말하는 사람은 말하기 전에 자기 생각을 명료하게 정리해야 한다.

셋째, 의사소통의 참된 목표가 무엇인지 확실히 해야 한다.

넷째, 의사소통의 기본 내용뿐만 아니라 환경, 배경 등 기타 부수효과에 대해서도 배려해야 한다.

다섯째, 의사소통은 일관성이 있어야 한다. 즉, 처음과 나중의 메시지가 서로 상충되어서는 안 된다.

여섯째, 의사소통은 적정량을 기해야 한다. 메시지가 너무 많거나 너무 적은 경우에는 수용자의 이해를 방해한다.

일곱째, 의사소통은 너무 빠르게 하거나 너무 더디게 해서도 안 되며 시의적절하게 이루어져야 한다.

여덟째, 전달자는 경청자의 관심을 넓히고 그로 하여금 메시지를 받아들일 수 있는 수용성을 넓혀야 한다.

아홉째, 전달자는 의사소통을 지원하는 행동을 해야 한다.

열 번째, 전달자는 경청자를 납득시키려 할 뿐만 아니라 그를 이해하려고 하는 좋은 경청자도 되어야 한다.

좋은 경청자가 되는 방법은 〈표 10-2〉와 같다.

표 10-2 좋은 경청자가 되는 방법

상대가 하고 있는 말에 정신을 집중하라	단어를 귀 기울여 듣고 행간의 의미를 새겨라. 당신에게 답을 생각할 만한 시간이 조금은 주어질 것이다. 그러므로 지금 당장은 당신이 듣고 있는 말에 귀를 기울여라.
말하고 있는 상대와 눈을 맞춰라	다른 누군가의 눈 속을 똑바로 들여다보려면 말하고 있는 상대에게 얼마간 주의를 주고 있어야 가능하다. 이는 그 사람이 누구이며 무슨 말을 하고 있는지 제대로 이해하도록 해 준다. 입을 쳐다보는 것도 때로는 상대가 말하고 있는 의미의 이해 정도를 높여 줄 수 있다.
입을 다물고 대신 숨을 쉬어라	상대가 설명하고 있는데 중간에 끼어들지 마라. 상대를 대신해서 문장을 끝맺지 마라. 번쩍 빛을 발하며 딱 떨어지는 생각이 머릿속을 스치고 지나가는데 당신 차례가 돌아오기 전에 잊어버릴까 걱정된다면, 당신 차례가 되었을 때 참조할 수 있도록 중심 단어 한두 개 정도를 적어 놓아라.
곧은 몸자세를 유지하라	당신이 서 있거나 앉아 있을 때, 머리와 척추를 똑바로 세워 몸자세를 꼿꼿하게 만들어라. 이렇게 하면 남의 말을 잘 들을 수 있는 귀가 뚫린다. 머리는 움직이지 말고 똑바로 유지하며 양팔은 몸쪽으로 가지런히 모은 후, 손은 편 상태에서 편하게 놓는다.
구두로 피드백을 많이 해 주어라	당신이 적극적으로 듣고 있었다 해도, 들은(혹은 해석한) 말이 상대가 한 말과 다를 수 있다. 그러므로 피드백은 말하는 상대에게 당신이 들은 내용을 제대로 이해하고 있음을 전해 주는 한편, 듣고 있는 내용이 말한 내용과 실제로 일치하고 있음을 확인할 때도 도움이 될 것이다.

출처: 구현서(2006). 현대사회와 인간관계.

또한 의사소통은 고도로 구조화된 상황에서 발생하므로 의사소통을 방해하는 요인에 대한 이해가 중요하며 이를 통해 장애 요인을 극복하는 방안을 탐색할 수 있다. 의사소통을 방해하는 요인은 다음과 같다(박연호, 이종호, 임영제, 2013).

첫째, 지각상의 장애다. 인간은 일반적으로 문제가 발생했을 때 자신을 보호하기 위해 자기에게 유리한 방향으로 메시지를 해석하고 전달하려고 한다. 이때 말하는 사람이 의도적으로 보내는 메시지의 내용과 듣는 사람이 받아 해독하는 과정에서 지각상의 오류가 발생할 수 있다는 것이다. 따라서 말하는 사람은 정확하고 분명한 메시지를 보내고 이를 받는 사람도 자신의 입장에서 메시지를 수용하기보다는 말하는 사람의 전달 언어를 중심으로 객관적인 입장에서 해석해야 한다.

둘째, 어의상의 장애다. 어의상의 문제는 사용하는 언어의 부적절성으로 인해 해석의 오류를 범할 수 있음을 의미하는 것으로 말하는 사람이 애매한 말을 사용하거나 생소한 전문적 용어를 사용할 때 발생한다. 예를 들어, '적당히' '알아서' '조속히' 등의 용어는 흔히 쓰는 말이지만 개인에 따라 충분히 다르게 해석할 수 있는 언어들이라는 것이다. 따라서 원활한 의사소통을 위해서는 정확하고 분명한 용어를 사용하는 습관을 가져야 한다.

셋째, 의사소통의 분위기에서 오는 장애다. 우리가 사용하는 언어가 내포하는 의미는 말하는 사람의 태도나 어조, 표정, 때와 장소에 따라 달라질 수 있다. 즉, 공간적 · 심리적 거리, 상호 간의 경쟁, 지위 간의 격차 등이 의사소통 장애가 될 수 있음을 고려하여 말하는 사람은 자신의 의사를 표현하여야 한다.

넷째, 준거체계의 차이에서 오는 장애다. 인간은 개인마다 모두 다른 준거체계를 기반으로 의사소통을 하기 때문에 똑같은 상황에서 저마다 다른 해석이 나오게 된다. 여기에서 준거체계란 가치관, 사회적 지위, 신분, 직업, 소득, 교양, 취미, 학력수준, 신념 등으로 자신의 준거 틀에 의한 소통을 고집할 경우 의사소통에 문제가 발생하게 된다.

좀 더 구체적으로 의사소통을 방해하는 사람의 유형에 대해 알아보고 자신이 그러한 유형의 사람인지 아닌지를 〈표 10-3〉을 통해 파악해 보고 어떤 영향을 끼쳤는지 살펴볼 수 있다.

표 10-3 의사소통을 방해하는 사람 유형

잘난 척 하는 사람	자신의 우월감을 돋보이도록 스스로 떠들어 대기보다는 반대로 상대방을 치켜세우며, 자신의 장점에 대해서는 겸손한 태도를 보임으로써 자기를 은연중에 드러내는 방식이 좋다.
논쟁을 좋아 하는 사람	친밀한 관계를 유지하기 위해 상대방을 고려하여 틀린 점을 지적하되, 계속해서 반박을 해서는 안 된다.
불평을 늘어 놓는 사람	자기 반성이 없는 상태에서 하는 불평은 주변 사람은 물론이고 자신에게도 그리 긍정적인 효과를 가져오지 못한다.
지나치게 판단하는 사람	부정적인 의견과 감정조절을 잘하지 못하는 인식을 심어 주는 행위는 매우 적절하게 취하여야 한다.
남의 말에 끼어드는 사람	상대방이 말을 마치고, 적어도 한 박자 정도 숨을 쉬고서 말을 시작하는 것이 좋다.
지나치게 동정심을 사려는 사람	상대방에게 지나친 동정심을 이끌어 내서 관심을 증가시키겠다고 하는 의도는 오히려 상대방을 불편하게 만들 수가 있다.
뒷말이나 험담을 하는 사람	당사자가 없는 곳에서 그에 대한 뚜렷한 근거가 없는 평가를 하는 것은 매우 비겁한 언어 습관이다.

출처: 구현서(2006). 현대사회와 인간관계.

2. 보육교사의 인간관계

1) 어린이집 동료교사와의 관계

(1) 동료교사와의 관계의 특성 및 중요성

교사들에게는 각 개인의 고유한 업무가 주어지고 전문직으로서의 자율성과 자주성이 강조된다는 점에서 다른 직업과는 다른 특수성을 가진다. 교사들은 각자의 철학과 교육적 가치관을 가진 전문가이지만 때로는 어린이집 교육의 목적을 효율적으로 달성하기 위하여 집단의 한 성원으로서 협동하기도 해야 한다.

어린이집 교사들끼리 서로 지지해 주고 영유아들의 문제를 협의하기 위해 가지는 교사 전체 모임이 잘 이루어질 때 교사들은 그들의 직무에 만족을 느끼고 비형식적으로 사회화할 수 있는 기회를 가지게 된다. 그러나 동료교사 간의 불평불만과 의견 차이로 인해 불편함을 느끼거나 소통의 부재와 경쟁의식 등이 생기게 될 경우 상호 간에 불신감을 심어 주어 교사의 이직률을 높이고 업무의 효과성도 떨어지게 만든다.

교사의 동료관계는 어린이집의 전체적인 분위기를 형성하고, 이러한 분위기는 다시 영유아들의 교육에 영향을 미치기도 한다. 더구나 어린이집의 조직 특성상 보육교사들은 출근과 더불어 퇴근할 때까지 동료교사와 끊임없이 마주하고 교류하면서 자신의 업무를 수행해 나가야 한다. 따라서 무엇보다도 동료교사 간의 상호이해와 협력이 중요하다.

(2) 동료교사와 바람직한 관계를 맺기 위한 상호 간의 역할

교사들은 상호 간에 기질이나 성격, 연령이나 경력, 성별, 출신학교, 선후배 관계, 동향관계, 지인관계, 조직 내에서의 직위와 직급, 근무기관 등을 포함하는 여러 요인에 의해 다양한 형태의 하위집단을 형성하며, 이로 인해 갈등이 발생하기도 한다(이윤식, 1999). 특히, 보육교사들은 그들 나름대로의 교육철학과 교육목표를 가지고 있어 한 학급을 2~3명의 교사가 담임이 되어 함께 운영하는 체제에서 서로의 관점들이 불일치할 때 갈등이 발생할 소지가 많다. 따라서 보육교사들은 업무와 관련하여 긴밀하게 의사소통하고 협력적인 관계를 유지하여 즐겁게 일할 수 있도록 상호 간에 노력해야 한다.

어린이집 동료교사 간에 바람직한 인간관계를 유지하기 위해 유의할 점은 다음과 같다.

첫째, 교사는 수업권과 자율성을 가진 전문직이다. 따라서 교사 상호 간에는 서로의 권한을 간섭해서는 안 된다. 즉, 아무리 친한 교사라 하더라도 각 학급의 교육활동과 운영, 영유아지도 등에 대해 함부로 간섭해서는 안 된다. 그러나 동료교사의 비윤리적인 행위를 발견하였을 때는 건설적이고 윤리 기준에 준하는 해결방안을 도모할 수 있어야 한다. 왜냐하면 교사는 개인적인 생각만이 아니라 전문적인 윤리 기준에 근거를 두고 동료와 관계를 맺어야 하기 때문이다.

둘째, 교사 서로 간에 존경하는 관계를 형성해야 한다. 어린이집은 소규모 조직의 여성으로 이루어진 집단으로 교직원 사회는 헐뜯기, 경쟁하기, 승부의식 등으로 긴장과 좌절, 불만 등이 야기될 수 있다. 또한 교사 개인의 성격적 특성, 경력, 연령, 출신학교, 근무기간 등에 따라 다양한 형태의 하위집단을 형성하기도 한다. 이러한 집단 형성은 자칫하면 교직원 간에 긴장과 불만을 야기시키고 갈등을 유발하는 요소가 될 수 있으며, 사사로운 집단의 이기심이 공적인 부분에도 영향을 미쳐 어린이집의 교육목표를 달성하는 데 방해할 수 있다. 따라서 교사와 교사는 서로 돕고 서로의 장점을 인정하며 동료의 성공을 자랑스럽게 생각하고 유능한 동료와 일하는 것에 만족을 느끼며 공동 목표를 향해 계속 노력하는 관계가 아주 중요하다. 더구나 어린이집의 학급 담임 구성은 동료교사와 짝을 이루어 함께 학급의 교육과정을 구성하고 일과를 계획하여 진행하는 등 동료교사와의 협력이 매우 중요하다. 따라서 동료교사의 의견을 존중하고 믿으며 서로를 격려하는 교사의 태도는 바람직한 관계를 형성하는 데 중요한 요인이 된다.

셋째, 동료교사 간에 예의를 지키며 동료교사를 비판하지 않아야 한다. 자신의 기준에 의해 동료교사를 판단하기보다는 동료교사의 개인적인 특성을 수용하고 존중하는 자세를 지녀야 한다. 상급학급(유아반, 유치반)의 교사가 새로운 영유아들에게 불평하고 비판하는 것도 전 학급(영아반, 유아반)의 담임교사에 대한 비판도 될 수 있으므로 주의해야 한다. 또한 각자에게 적절하게 업무를 분담하고 자신이 담당한 업무는 책임감 있는 자세로 처리해야 한다. 왜냐하면 자신이 담당한 업무를 잘 처리하지 못할 경우 다른 동료교사들의 업무 부담으로 넘겨져 상호 간에 업무 스트레스가 발생할 수 있기 때문이다. 이를 예방하기 위해서는 각자의 업무를 분담하여 제시하고 스스로 처리하는 능력을 지녀야 한다.

이를 위한 어린이집 교사들의 업무 분담의 예는 〈표 10-4〉와 같다.

표 10-4　보육교직원 업무 분장의 예

구분	담당	업무 내용	비고
주요 업무	원장	• 원의 전반적인 교육 및 운영계획 / 견학 및 행사계획 • 업무 분장, 감독, 근무평정 등 업무관리 • 시설설비 및 재정관리 / 운영 및 교육 정보 수집 • 행정당국 및 단체와의 관계유지 / 일지 취합 검사	• 전체 청소 구역 관리
	교사	• 보육활동 진행 및 준비 / 보육일지 작성 • 각 보육실의 환경 구성 및 청결관리 / 학부모 상담 • 영유아에 대한 관찰 일지 및 보고서 작성 • 영유아 건강 및 안전관리 / 영유아 영양 및 급식관리	• 담당 교실 관리
기타 업무	교사 ○○○	• 영아반의 전반적인 교육내용 관리 • 연간 보육계획안, 주간 보육계획안, 일일 보육계획안 작성 • 원아 관리 및 관찰지도 / 소모성 교재 점검 및 신청 • 시청각 기자재 관리(O.H.P, 빔프로젝터, 비디오 카메라 등) • 안전관리(소화기 점검), 비상 대피 훈련 담당	• 계단 청소 • 외부 청소

기타 업무	교사 ○○○	• 입학상담 및 자원봉사자 담당 / 위생 소독 • 식단표 작성 및 주문 담당 / 화분 관리 • 게시판(주간 보육계획안, 주간 식단표, 월행사) 담당 및 관리	• 화장실 수건관리
	교사 ○○○	• 유아반의 전반적인 교육내용 관리 • 연간 보육계획안, 주간 보육계획안, 일일 보육계획안 작성 • 원아 관리 및 관찰지도 / 교재교구 정리 및 관리 • 행사 일지 작성 / 비디오 및 테이프 정리 담당	• 실외 놀이터 청소
	교사 ○○○	• 사무실 도서 정리 및 관리 / 업무 일지 작성 • 종이, 시트지, 코팅지, 복사지 등 지류 정리 및 관리 • 약품장 관리 및 약품사용 대장 담당 / 생일잔치	• 현관 청소
	운전사	• 차량안전 준수사항 • 차량 내 소화기 관리	• 차량 청결
	조리사	• 1층 물컵 관리 / 식자재 주문 및 관리 • 2층 정수기 물컵 관리	• 수족관, 화초

출처: 중앙육아종합지원센터(2015). 문서서식 2015 업무분장표.

어린이집 내 인간관계를 증진시키는 소소한 것들

• 어린이집 식구들과 웃는 얼굴로 인사를 나누며 하루 시작하기

• 경력교사의 행동, 태도 등을 비판적으로 수용하기

• 경력교사의 지도와 안내를 긍정적으로 받아들이기

• 제3자의 험담보다는 긍정적인 관계를 유지하기

• 내 것만 챙기기보다는 동료교사의 것을 먼저 챙기기

• 다른 교사의 수업 내용이나 기술에 칭찬을 아끼지 말기

• 동료교사에게 사소한 것에도 감사한 마음을 전하기

• 동료 간 돈거래 하지 말기

• 동료끼리 사적인 모임을 위해 매월 일정 금액을 걷어야 하는 경우 미납하지 않기

• 공금 관리자를 결정하고, 의논하여 지출하기

• 공금에 대한 지출 금액은 장부에 날입하고 영수증을 첨부하기

• 어느 자리에서나 원장님을 최우선으로 대우해 드리기

• 퇴직할 때 원장님과 먼저 상담하기

• 퇴직이나 이직할 때 사직서, 퇴직금, 국민연금, 고용보험, 해임 날짜 확인, 업무인수인

　계, 어린이집에 돌려 줘야 할 물건을 깔끔하게 마무리하기
- 퇴직 때는 주변 사람들에게 감사한 마음 전하기
- 다녔던 어린이집 욕하고 다니지 말기
- 아이 또는 부모와 문제 상황이 생기면 원장, 원감과 문제해결 방안을 함께 모색하기
- 같은 학교 출신과 특별한 관계가 있는 것을 드러내지 않기

출처: 황해익, 송연숙, 정혜영, 유수경(2013). 교직실무.

2) 학부모와의 관계

(1) 부모관계의 중요성 및 특성

　부모와 교사는 공동의 영유아 교육을 담당하고 있는 파트너이며 동반자다. 따라서 이들은 영유아의 건강한 발달을 지원하기 위해 함께 협력하고 때로는 상호 간의 효율적인 역할을 지지하는 관계이어야 한다. 출생과 더불어 시작된 영유아와 부모의 관계는 영유아가 교육기관에 입학하게 되면서 영유아와 부모, 교사의 삼각관계로 확대되고, 영유아는 부모와의 상호작용뿐만 아니라 교사와의 상호작용을 통해서 성장과 발달을 거듭하게 된다. 이와 같은 입장에서 교사와 부모는 영유아에게 바람직한 교육환경을 제공하고 적절한 상호작용을 해야 한다는 당위성과 공통성을 가지지만, 구체적인 내용에서는 미묘한 차이를 보인다(한국부모교육학회, 1997). 이는 부모와 교사가 영유아에게 가지는 교육적 기대, 즉 교육의 목표가 미세하게 다르거나 서로의 욕구 차이에서 기인하는 것으로 볼 수 있다.

　부모와 교사의 이러한 차이는 카츠(Katz, 1984)의 연구를 통해서 구체적으로 살펴볼 수 있다(윤기영, 박상남, 2000 재인용). 〈표 10-5〉에서 보듯이 부모와 교사는 기능적인 측면에서 무제한성과 제한성, 애정 강도에서의 차이, 애정관계에서의 적절한 거리, 합리성, 의도성과 자연발생성, 편애, 책임영역 한계 등에서 차이가 나고 있음을 알 수 있다. 따라서 보육교사와 학부모 간의 원만한 인간관계는 상호 간의 입장 차이와 그에 따른 역할 차이를 이해하는 데서 시작될 수 있다.

부모와 교사의 욕구 차이

역할	부모	교사
기능의 영역	확산적, 제한 없음	특정적, 제한적임
애정 강도	높음	낮음
애착	적절한 애착	적절한 격리
합리성	적절히 비합리적임	적절히 합리적임
자연발생성	적절히 자연발생적임	적절히 의도적임
편애	편애적임	비편애적임
책임영역	개인	전체 집단

출처: 윤기영, 박상남(2000). 유아교사와 학부모의 인간관계.

또한 부모와 교사는 그들 간에 맺어지는 관계의 특성을 이해하는 게 중요한데, 윤기영 (2005)은 교사와 부모 간의 관계는 다음과 같은 특성을 가진다고 하였다.

첫째, 교사와 부모의 인간관계는 양자의 선택에 따라 맺어지는 관계가 아니라는 점이다. 부모가 어린이집에 자녀를 입학시킬 때, 부모는 자기 자녀를 담당할 교사를 선택할수 없으며, 교사 또한 특정 영유아를 자신의 학급에 마음대로 편성할 수 없다. 따라서 이들은 어린이집의 선발 및 배정규정이나 교원인사규정에 따라 우연하게 맺어지는 비선택적인 결합이라는 특성을 가진다.

둘째, 교사와 부모의 인간관계는 서로의 적극적인 주도로 이루어지는 직접적인 만남이 아니라 유아를 매개로 하여 맺어지는 간접적인 관계라는 점이다. 이들은 유아가 교육기관에 입학함으로써 맺어지는 관계로 부모는 어린이집의 행사에 참여하거나 학부모회의, 상담 등의 특별한 활동을 제외하고는 대부분 영유아를 통해 어린이집의 일과나 교사에 대한 정보를 얻게 된다. 교사 또한 영유아를 통해 영유아의 가정사나 부모의 특성에대한 정보를 제공받기 때문에 이들의 관계는 간접적인 특성을 지닌다.

셋째, 교사와 부모의 관계는 특정 부분에만 관여되어 이루어지는 부분적인 관계라는점이다. 부모와 교사 간에 이루어지는 상호작용의 목적은 유아에 대한 교육과 발달에 관계되는 일에 한정된다. 따라서 교사와 부모는 서로에 대해 상세하게 알지 못하기 때문에양자 사이에 상호 불신이나 오해가 싹틀 수 있으며 이로 인해 영유아를 교육하는 데 오류를 범할 수도 있다.

넷째, 교사와 부모의 관계는 아주 특별한 경우를 제외하고는 해당 유아가 그 교사에게 지도받는 기간만 지속되는 일시적인 관계로 비영구적인 특성을 지닌다. 즉, 영유아가 졸업 및 이사 등으로 어린이집을 다니지 않게 되면 그 관계는 종료된다.

다섯째, 교사와 부모의 인간관계는 이중성을 지닌다. 교사, 부모 둘 간의 관계는 영유아의 교육을 위해 보다 많은 교류를 나누어야 하지만 부모들은 어린 자녀를 장기간 맡긴다는 미안한 생각에 교사와의 접촉을 피하기도 하며, 교사들은 때로 부모의 요구를 일방적으로 들어주어야 한다는 불편함으로 부모와의 만남을 꺼려 하기도 한다는 것이다.

이와 같이 교사와 부모는 교육자-교육 수혜자, 교육 공급자-교육 소비자, 교육 권한 피위탁자-교육 권한 위탁자 등의 복합적인 지위와 신분을 가지고 관계를 맺고 있다(이윤식 외, 2007). 따라서 교사는 부모의 위탁을 받아 이들의 자녀에게 보다 좋은 교육 서비스를 제공해야 하고 부모가 자녀를 교육시킬 의무와 함께 보다 훌륭한 교육을 받을 수 있도록 요구할 권리도 가진다는 것을 이해하여야 한다.

(2) 부모와 원활한 관계 맺기를 위한 교사 역할

교사는 부모와 긍정적인 관계를 맺음으로써 영유아와 부모를 좀 더 깊이 있게 이해하는 데 도움을 받을 수 있다. 뿐만 아니라 부모가 영유아에게 가지는 기대와 그들이 필요로 하는 것이 무엇인지를 파악하여 그에 적합한 교육이 이루어지도록 하는 데도 도움을 얻을 수 있다. 이를 통해 부모는 어린이집과 교사에 대한 신뢰감을 형성하여 어린이집에서 이루어지는 교육에 대해 긍정적으로 인식하고 좀 더 협력적인 태도를 가지게 된다. 부모로부터 오는 긍정적인 반응과 적극적인 협력은 다시 교사에게 자신감과 긍정적인 정서로 이어져 어린이집 교육의 질적 향상을 가져오게 된다.

따라서 교사와 부모는 영유아의 건강한 발달이라는 하나의 목표 아래 동반자적인 관계를 가져야 한다. 이러한 관계 형성을 위해서는 교사는 부모를, 부모는 교사를 이해하고 서로를 존중하는 마음가짐을 가져야 하는데 이때 교사가 부모에게 가져야 할 태도는 다음과 같다(권건일, 신재흡, 2006).

첫째, 교사는 부모의 의견이나 보호자의 권리를 존중해야 한다. 교사가 아무리 전문적인 지식과 기술을 가지고 있다 할지라도 부모의 의견을 경시해서는 안 된다. 왜냐하면 교육의 대상인 유아를 가장 잘 알고 있는 사람은 교사 외에 부모밖에 없기 때문이다. 영유아에 대한 부모의 의견은 영유아 지도를 위한 가장 훌륭한 자료이므로 교사는 부모로부터 영유아에 대한 정보를 수집하여 최대한 활용하여야 한다.

둘째, 교사는 부모가 부담 없이 어린이집을 방문하고 자유롭게 대화할 수 있는 분위기를 조성해야 한다. 부모의 어린이집 방문은 부담 없이 자발적으로 이루어지는 것이 바람직하다. 따라서 교사는 부모의 자발적인 어린이집 방문이 활성화되도록 자유로운 분위기에서 교사와 유아 그리고 부모 간에 대화를 나눌 수 있는 기회를 제공해야 한다.

셋째, 교사는 자녀교육을 어린이집에만 의존하려는 부모의 태도를 수정해야 한다. 부모로 하여금 자녀교육을 전적으로 맡겨야 한다거나 맡기겠다는 생각을 하지 않도록 부모 역할의 중요성을 일깨워 줘야 한다. 즉, 교사 자신이 전문적인 지식과 기술을 가지고 있는 사람이긴 하지만 영유아교육에 있어서 부모의 역할이 얼마나 중요한지를 알려 주고, 상호 협력하여 교육이 이루어질 때 가지는 교육의 효과를 알려 줘야 한다.

부모 또한 교사에게 우호적이며 신뢰감을 가져야 하며 이에 대한 구체적인 내용은 다음과 같다(김종석, 2004).

첫째, 교사에 대한 긍정적인 자세가 필요하다. 부모가 교사의 자질을 의심하거나 교사를 부정적인 시각으로 바라보면 교사와 부모의 사이는 더욱 멀어지게 되며, 이러한 부모의 태도는 영유아에게 고스란히 전달되어 영유아가 교사를 무시하는 결과를 초래할 수도 있다. 이렇게 될 때 영유아는 교사에게 아무것도 배우지 못한다.

둘째, 부모는 교사에 대해 우호적이고 참여적인 태도를 가져야 한다. 부모는 교사의 의견을 경청하는 자세를 가지고 보다 더 적극적으로 어린이집의 일원으로서 교사를 도와야 한다.

셋째, 부모는 교사와 상이한 견해를 줄이려는 노력을 해야 한다. 가정에서 부모가 자녀에게 요구하는 습관이나 규범이 어린이집에서 가르치는 내용과 다를 때 영유아는 혼란을 겪게 된다. 따라서 부모는 영유아가 배우는 규범과 관습에 관심을 기울이고 가정에서와의 차이를 줄이려고 노력해야 한다.

넷째, 부모는 어린이집에서의 생활과 가정에서의 생활이 연속적인 생활과정이 되도록 노력해야 한다. 어린이집에서의 생활과 가정에서의 생활이 연계되지 못할 때 영유아들은 어려움을 겪게 되므로 부모는 교사와의 유기적인 연락을 통해 학습활동이나 놀이 등의 정보를 교류하는 것이 필요하다.

다섯째, 부모는 교사에 대해 부정적인 사례를 금지해야 한다. 자기 자녀에 대한 단점을 잘 알고 있는 부모는 자기 자녀가 교사에게 불리한 처분을 받지 않게 하기 위해 금전이나 선물을 보내는 경우가 종종 있다. 이는 매우 비교육적인 행동일 뿐만 아니라 교사와 부모 상호 간에 신뢰감과 존경심을 갖지 못하게 하여 바람직한 영유아교육을 저해할 수 있다.

부모와 교사가 원만한 관계를 형성하고 영유아의 건강한 발달 지원이라는 공동의 목표를 형성하기 위해서는 무엇보다도 소통이 원활하게 이루어져야 한다. 교사와 부모의 가장 적극적인 소통 방법은 면담이다. 면담을 통해 교사는 영유아의 가정환경과 성장배경을 알 수 있으며 부모는 어린이집에서의 영유아 생활에 대해 전반적으로 이해할 수 있다. 면담은 공식적·비공식적으로 이루어질 수 있지만, 효율적인 면담을 위해서는 교사와 부모가 서로를 신뢰하고 편안한 감정으로 대화할 수 있는 분위기의 형성과 비밀유지에 대한 원칙을 가지고 있어야 한다(교육과학기술부, 2009). 특히, 부모와 면담을 할 때는 부모와 감정이입을 통하여 공감대를 형성하고 객관적인 상황과 사실을 중심으로 뚜렷한 문제해결 방안을 제시하며 공감적 듣기를 통해 부모의 마음을 이해하려고 노력해야 한다.

공감적 듣기의 효능

• 상대의 마음의 문을 열게 한다.
판단을 유보하고 공감의 자세로 집중하고 들을 때, 상대는 마음의 문을 열고 자신을 편안하게 드러낼 수 있다. 청자가 판단이라는 여과장치를 해제하고 들으려는 자세를 보인다면 상대가 자신의 생각과 느낌을 여과 없이 전달하는 데 도움을 줄 것이다.

• 화자로 하여금 인간적 가치에 대한 존중감을 느끼게 해 준다.
정보를 교환하는 데 국한되는 것이 아니라 공감적 듣기의 자세는 말하는 사람이 가치 있는 존재로서 존중받는다는 느낌을 제공한다. 또한 둘 사이의 신뢰와 존중감의 형성으로 장기적으로 서로의 의사소통을 원활하게 한다.

• 둘 사이의 정서적 친밀감 형성에 기여한다.
이러한 친밀감은 대인관계의 발전에 긍정적인 영향을 미치게 된다.

출처: 박재현(2013). 국어교육을 위한 의사소통 이론.

학습과제

1. 자신의 인간관계를 그림이나 표로 만들어 상호 간에 토론해 보시오.

2. 에니어그램에서 제시하고 있는 인간의 성격 특성을 통해 자신의 성격 유형은 무엇인지 생각해 보고 성격의 장단점에 대해 함께 이야기 나눠 보시오.

3. 학부모가 선호하는 교사의 성격은 무엇인지에 대해 토론해 보시오.

📑 참고문헌

교육과학기술부(2009). 유치원 지도서 1 총론. 서울: (주)두산.

구현서(2006). 현대사회와 인간관계. 서울: 청목출판사.

권건일, 신재흡(2006). 유아교사론. 서울: 문음사.

권석만(1998). 인간관계심리학. 서울: 학지사.

김종석(2004). 학교조직에 있어서 인간관계에 관한 연구. 경인교육대학교 교육대학원 석사학위논문.

모아라(2013). 에니어그램 성격유형을 활용한 유아교육기관 중간관리자의 리더십 특성 분석. 숙명여자대학교 대학원 박사학위논문.

박연호, 이종호, 임영제(2013). 현대인간관계론. 서울: 박영사.

박재현(2013). 국어교육을 위한 의사소통 이론. 서울: 사회평론 교육 총서 11.

신나향(2011). 에니어그램 성격유형별 교사의 자아이미지 특성연구. 숙명여자대학교 대학원 석사학위논문.

양참삼(2005). 인간관계의 이해-상한 관계의 치유. 서울: 창지사.

유영창(1999). 문제행동과 자아개념 간의 관계 연구. 연세대학교 교육대학원 석사학위논문.

윤기영(2005). 원장과 교사를 위한 유아교육기관에서의 학부모 탐구. 경기: 양서원.

윤기영, 박상남(2000). 유아교사와 학부모의 인간관계. 한국교사교육, 17(1), 379-404.

이소희(2009). 비전에니어그램의 초대. 비전에니어그램교육연구소.

이윤식(1999). 교직사회 갈등요인과 해소방안. 새교육, 439, 98-106.

이윤식, 김병찬, 김정휘, 박남기, 박영숙, 송광용, 이성은, 전제상, 정영수, 정일환, 조동섭, 진동섭, 최상근, 허병기(2007). 교직과 교사. 서울: 학지사.

장우귀, 박영신, 김의철(2007). 대학생의 인간관계, 자기효능감과 삶의 질. 한국교육문제연구, 25, 1-21.

중앙육아종합지원센터(2015). 문서서식 2015 업무분장표.
한국부모교육학회(1997). 부모교육학. 서울: 교육과학사.
황해익, 송연숙, 정혜영, 유수경(2013). 교직실무. 정민사.

교육과학기술부(http://www.mest.go.kr)
한국에니어그램교육연구소(http://www.kenneagram.com)

제4부

보육교사의
성장과 발달

제11장 보육교사 발달 주기

학습개요

　　교사가 자신의 전문성 신장을 위해서 우선 선행해야 할 것은 교사 스스로의 자기 이해를 돕는 것이다. 교사의 발달과 관련된 요인에는 교사의 개인적 배경이나 상황뿐 아니라 교사가 몸담고 있는 사회문화적 맥락, 즉 유아교육기관과 관련된 조직적 요인 등이 포함된다.

　　이 장에서는 교직 주기와 특성을 이해하고, 교사발달단계의 개념 및 초임교사가 경력이 쌓여 감에 따라 갖게 되는 주된 관심사, 즉 보육교사의 성장·발달에 따른 교사 관심사의 변화에 대해 살펴보며, 자기 이해를 통한 교육 설계의 중요성을 인식하여 보육의 질적 향상과 보육교사의 전문성 강화에 대한 시사점을 살펴보고자 한다.

1. 교사발달단계의 개념

　　교사발달이란 성인인 교사가 유아와 마찬가지로 교직생활을 통하여 교수법과 교육관, 직업 관련 사건 측면에서 끊임없이 변화되어 가는 것을 의미한다(이윤식, 1999). 또한 교사발달의 개념을 버든(Burden, 1983)은 "교사가 초임교사로서 교직생활을 시작하여 교직 경력을 쌓아 가면서 퇴직에 이르는 교직 기간 중에 필요한 여러 영역과 관련된 가치관, 신념, 태도, 지식, 기능, 행동 등에 있어서 양적·질적인 면에서 계속적인 변화를 의미하는 것이다."(이경선, 윤정진, 2012)라고 정의하였다.

권건일과 신재흡(2006)에 의하면 교사발달이란 "교직관, 교직에 대한 신념, 가치관, 관심과 같은 영역에서의 태도 및 관점, 교과 지식, 학습지도 및 생활지도, 학급 경영, 업무 수행, 교수방법, 수업 전략, 교육과정의 구성, 계획, 절차 및 실행 등과 같은 영역의 기술, 지식 및 행동 등이 시간적 변화에 따라 교직 전 영역에 걸쳐 성장·발전·퇴보하는 현상이다."로 정의된다. 이를 종합해 보면 '교사발달'이란 초임교사가 경험을 통해 전문적인 지식을 쌓고, 이를 통해 교사가 지닌 자신의 지식, 가치, 기술, 태도와 환경 전반에 관련한 양적·질적인 면의 성장, 변화, 발달 또는 퇴보하는 과정이라고 정의할 수 있겠다. 이는 교사가 어느 한 영역에서만 발달을 이루는 것이 아니라, 다양한 영역의 기술과 지식 등에서 점차 변화를 통해 변모·퇴보하는 것으로 생각할 수 있다. 이와 같이 교사발달 연구는 다양한 속성을 지닌 한 인간이 교직을 택하게 된 동기, 직전 교육 및 교육실습 기간, 실제 교육현장에 입문해서 오랜 경험을 쌓아 가는 동안 어떤 과정과 단계를 밟으며 발달·변화하는지를 탐구하는 것이다.

2. 보육교사발달단계의 필요성

'보육교사발달'을 논의함에 있어 보육교사는 하루 중 많은 시간을 영유아 보육 및 교실 운영, 관리, 문제 상황 관리, 부모와의 관계 등 다양한 업무를 수행하고 있다. 보육교사들이 담당하고 있는 영유아 보육에 해당하는 유아들은 가장 활발하고 극적인 변화가 일어나는 인간 발달상의 결정적인 시기를 겪는다. 따라서 이 시기에 유아들에게 제공되는 교육은 유아기 이후의 그 어느 교육보다 중요하다고 할 수 있으므로 그들을 담당하는 보육교사의 역할은 매우 중요하다.

보육교사의 발달에 관해 종합하면 보육교사 이전 시기를 포함하여 보육교사직을 수행하는 동안 보육교사의 지식, 기술, 행동 및 태도, 기대 그리고 직업이 변화·발전·퇴보하는 것을 의미한다. 그리고 보육교사의 경우에 누구나 경력이 쌓이면 변화·발전·퇴보 양상을 겪고 보육교사로의 성장을 도모하여 더욱 발전하거나 이직·퇴직 등 다른 측면이 나타날 수도 있다(박은혜, 2003).

이에 보육교사의 전문성이 요구되고, 전문성을 신장시키기 위해서는 보육교사의 자기 이해가 선행되어야 할 것이다. 보육교사의 전문성은 교사 양성과정의 교육으로 결정되기보다는 교사로서 역할을 수행하는 과정에서 변화될 수 있다. 즉, 보육교사가 교직 경험을 쌓아가면서 경험하게 되는 교직과 관련된 제반영역에서의 양적 · 질적인 변화는 각 교사의 개인적인 특성이나 조직 환경의 여러 가지 요인 등으로 인해 전문성 역시 변화할 수 있다(박정빈, 2014).

아울러 교사의 전문성 발달을 하그리브스와 풀런(Hargreaves & Fullan, 1992)의 교사발달의 세 가지 측면, 즉 지식과 기술의 발달, 자기 이해의 발달, 생태학적 발달로 구분하여 제시하면 다음 〈표 11-1〉과 같다.

표 11-1 교사의 전문성 발달

지식과 기술의 발달	물리적 환경구성	• 유아의 흥미욕구, 수준에 적합한 실내외 환경 구성 • 각 영역 내 생활 주제에 적합한 교재 및 교구배치 • 안전하고 쾌적한 환경 구성
	유아에 대한 이해	• 유아의 흥미, 욕구 및 개인차에 대한 이해 • 특수아 발달의 특성에 대한 이해
	교사-유아의 상호작용	• 허용적 분위기 조성과 긍정적 반응 • 유아들의 적극적인 활동 참여 유도와 성취감을 느끼도록 하는 격려
	보육과정 계획, 실시, 평가	• 유아들 간의 의견 및 생각 교환 장려 • 교육 목표와 내용 및 방법이 적절한 계획 • 유아의 개인차, 흥미 등을 고려한 유연한 일과 운영 • 교육과정에 대한 적절하고도 다양한 평가
자기 이해의 발달	교사로서의 자신에 대한 태도, 자신감	• 전문성 발달을 위한 구체적이고도 지속적인 노력과 시도 • 교사로서 보람과 유아들로부터의 긍정적인 평가 • 유아들의 학습에 대한 긍정적인 영향력 행사
	개인적 측면에서의 자신에 대한 태도	• 자신의 생활에 대한 만족과 삶에 대한 긍정적 태도 • 자기 자신에 대한 긍정적 태도 • 심신의 건강에 대한 긍정적 태도
생태학적 발달	동료교사와의 관계 형성	• 동료교사들과의 친밀한 관계 유지와 교수활동, 유아 등에 대한 긴밀한 상호 정보 교환
	부모 및 지역사회와의 관계 형성	• 부모 및 지역사회와의 우호적인 관계 형성과 유아교육활동에 그들의 적극적 참여 끌어내기
	물적 지원 환경 조성	• 교육자료 구입 및 사용의 자유로움 • 근무시간, 환경, 교육 경비 차출 등의 조절

출처: 조부경, 백은주, 서소영(2001). 유아교사의 발달을 돕는 장학. 재구성.

앞의 〈표 11-1〉에 제시된 내용을 구체적으로 살펴보면, 첫째, 지식과 기술 발달로서의 교사발달 접근은 교사에게 바람직한 교수 기술과 지식을 요구하고 이를 학습할 수 있는 기회를 주어야 한다는 점이다(이난숙, 1991). 지식과 기술 측면이란 교사의 전문지식과 교수 기술로서 교사가 담당하고 있는 교육과정 설계, 일과 계획 및 수행, 상담 및 조언, 연구, 환경 구성, 상호작용 등 일을 수행하는 능력을 의미한다.

둘째, 자기 이해 발달 측면에서는 교사 개인의 연령이나 성, 생활방식, 인생 주기 발달단계 등이 교사 자신과 그의 교수 방식에 영향을 미친다는 점을 지적하고 있다(Goodson, 1992). 또한 교사의 생활과 생애사가 전문성 발달에 중요한 영향을 미친다고 보았다. 전문적인 교사가 되기 위해서는 교수 행동과 신념이 밀접하게 관련되어 있기 때문에 교사 자신에 대한 이해와 개인적 자질을 개발할 수 있는 기회가 수반되어야 한다.

셋째, 생태학적 발달 측면의 관점에서 교사의 발달은 여러 가지 환경적 여건과 끊임없이 상호작용하면서 이루어지는데 교사의 발달과 성장은 근무환경과 분위기에 따라 좌우된다고 볼 수 있다. 생태적 환경의 변화 발달은 부모, 동료교사 및 원장 등의 인적 환경과 물적 환경의 변화로 교사의 전문적 성장과 발달에 영향을 미치게 되므로 교사의 발달을 보다 다양한 각도에서 이해하기 위해 세 가지 측면 모두를 고려해야 한다.

이상의 내용을 종합하면, 교사의 전문성 발달은 교사 스스로의 지식과 기술 측면, 자기이해 측면, 생태학적 발달 측면에서의 조화로운 발달이 통합적으로 이루어질 때에만 성취될 수 있다.

3. 교사발달단계의 관점

교사발달에 대한 관점을 두 가지로 나누어 보면 다음과 같다.

첫째, 교사발달은 단순·순차적으로 경력과 연령의 일정한 주기에 의하여 순차적으로 발달한다는 관점이다. 카츠(Katz, 1972)는 교사의 발달이 경력이나 일정한 주기에 의해 직선·순차적으로 진행된다고 하였다(박은혜, 2003). 여기에서 교사발달단계를 생존기(교사경력 1년 미만), 강화기(교사경력 1~3년), 갱신기(교사경력 3~5년), 성숙기(교사경력

5년 이상)로 경력에 따라 구분하여 발달단계를 교사의 생애 주기와 연결하였다. 즉, 생애 주기에 따라 생존-강화-갱신-성숙으로 단계가 진행된다는 것을 볼 수 있다.

둘째, 교사발달단계가 복잡 다양하게 변화된다는 관점이다. 훼슬러(Fessler, 1985)의 8단계 교사발달 모델(Carrer Cycle Model)은 교사발달에 영향을 미치는 요인으로 개인·조직적 요인을 포함하고 있다(강경석, 김영만, 2006). 교사발달 측정의 하위 요인인 교수열의(Teaching Enthusiasm), 상호작용 교수기술(Interactive Teaching Skills), 학생과 교수(Student and Teaching), 전문직으로서의 교수(Teaching as Profession)로 교사발달단계를 나타내었다. 교사발달단계는 교직이전단계(Preservice stage), 교직입문단계(Induction), 능력구축단계(Competency), 열중·성장단계(Growing stage), 교직좌절단계(Career frustration stage), 안정·침체단계(Stable and stagnant stage), 직업적 쇠퇴단계(Career wind down stage), 교직퇴직단계(Career exit stage)의 8단계로 나누었다. 이는 교사의 개인적 환경과 조직적 환경의 영향을 받아 교사발달단계가 순환한다고 볼 수 있다. 그리고 다른 모델들과 비교하여 볼 때, 개인적 차원과 조직적 차원에서의 환경적 영향과 관련하여 교사들의 변화 발달이 반드시 일직선적인 것만이 아니라 역동적이고 불규칙적일 수도 있다는 것을 상정하고 있다. 실제적으로 교사들은 "자신의 개인적 특성이나 어린이집 현장의 구조적·운영적 특성과의 복합적인 관계 속에서 성숙한 단계에 이르기도 전에 교직에서 탈락하거나 또는 부적응의 상태로 상당 기간 교직생활을 하는 교사도 있다."라고 하였다(이윤식 외, 2008). 이는 비교적 빠른 시간 내에 성숙한 단계에 이르렀다가는 곧 좌절하거나 회의를 느끼는 교사도 있을 수 있다고 본 것이다. 훼슬러(Fessler, 1985)는 "교사의 발달단계를 직선·순차적으로 본 것이 아니라 교사의 개인적 환경과 학교의 조직적 요인의 영향을 받아 순환적으로 발달한다."라고 하였다(최연철, 2002). 여기에서는 개인적 환경과 조직적 요인이 교사에게 미치는 복합적인 영향에 따라 비교적 빠른 기간 동안에 성숙한 단계에 있는 교사도 있을 것이라는 데에서 기인하여 교사발달을 순환적이라고 하였다. 버크, 크리스텐슨과 훼슬러(Burke, Christensen, & Fessler, 1984)가 제시한 교사발달 싸이클 모형에서는 교사발달을 직선·순차적이고 고정적인 것으로 보기보다는 역동적이고 유동적인 것이라고 하였다. 즉, 제시한 교사발달 모형에도 순서가 존재하나, 실제 교사들이 처한 개인적·사회적 환경에 따라 발달 순서는 달라질 수 있고, 이전 상태로 되돌아가기도 한다고 볼 수 있다(이정현, 2010). 따라서 교사발달단계는 시대에 따라서 일정한 주기를 따르기보다는 개인적·사회적 환경에 따라 발달 순서가 다를 수도 있다.

4. 교사의 직업 주기

훼슬러(Fessler, 1985)가 제시한 교사의 직업 주기는 다음과 같다(김은주, 권미량, 2008).

1) 교직 준비단계

교사에게 요구되는 전문적인 기술과 능력을 갖추기 위해 교육을 받는 단계를 의미한다. 교직 준비는 초임교사에게만 적용되는 것이 아니라 주임교사, 원감, 원장 등의 새로운 역할을 맡게 되었을 때도 이를 성공적으로 수행하기 위하여 필요하다. 일반적으로 초임교사를 위한 준비 단계는 대학에서 일련의 과정을 통하여 이루어진다.

2) 교직 입문 및 적응의 단계

자신이 속한 체제에 부합되도록 사회화되는 단계를 의미한다. 초임교사는 교직이라는 직업 자체에 적응하기 위하여 노력하고, 경력교사 가운데서 가르치는 유아의 연령이 바뀌는 경우에는 그들의 특징을 이해하고 발달에 적합한 교육과정을 운영하기 위하여 노력하게 된다.

3) 능력구축의 단계

교사들이 수동적인 입장에서 벗어나 좀 더 적극적으로 자신의 역할을 수행하기 위하여 노력하는 단계를 의미한다. 자신에게 부여된 역할과 관련하여 기술과 능력을 향상시키기 위하여 각종 연수에 참여하거나 진학하기도 한다. 이러한 개인의 노력이 성공적으로 이루어지게 되면 긍정적인 성장의 단계로 넘어가지만, 그렇지 않으면 침체 단계로 접어들 수도 있다.

4) 열중과 성장의 단계

이 시기의 교사들은 교직을 수행하는 데 필요한 전문적인 기술과 지식에 대한 자신감으로 보다 더 적극적으로 노력한다. 또한 자신의 직업에 매우 높은 만족도를 가지고 있으며 자신이 가지고 있는 지식을 타인과 공유하고 다른 교사들을 지원해 주는 긍정적 성장의 단계다.

5) 좌절의 단계

이 시기의 교사들은 가르치는 일에 대한 좌절감과 환멸감을 느낀다. 이러한 좌절감은 교수-학습 방법에 자신이 없어서 생기기도 하고, 자신이 기대했던 것과 다른 작업 조건으로 인하여 생기기도 한다. 침체의 단계에 있는 교사들은 가르치는 일의 의미를 찾기 힘들고 자신이 과연 가르치는 일에 적절한 사람인지 의심을 하기도 한다.

6) 안정의 단계

이 시기의 교사들은 자신이 하는 일에 매우 익숙해져 있기 때문에 더 이상의 성장을 위해 노력하지도 않고 특별한 변화 없이 현재의 상태를 유지하려고 한다.

7) 교직 쇠퇴 혹은 퇴직단계

이 단계는 가르치는 일을 아주 그만두는 경우뿐만 아니라 육아나 상급학교 진학을 위한 임시 휴직, 다른 직장으로의 이직 등이 포함된다. 그러나 교직이 적성에 맞지 않는다거나 현재의 직장에 적응을 하지 못하여 이직을 고려하고 있다면 상당한 갈등의 시간을 보낼 수밖에 없다. 이럴 때는 가르치는 일을 그만두는 준비를 하는 데 몇 년을 보낼 수도 있다.

이러한 교사의 직업 주기는 한 단계가 지나면 반드시 다음 단계로 진행되는 것이 아니며 교사의 개인적 요인과 조직적 요인에 의해 상황이 달라질 수 있다.

이에 유아교사를 대상으로 하는 교사발달단계의 개념에서는 교사발달단계를 입문·수용단계, 능력구축단계, 열중·성장단계, 안일·안주단계로 구분하였으며, 이들 단계의 주요 특징은 다음 〈표 11-2〉와 같다.

표 11-2   교사발달단계

교사발달단계	주요 특징
입문·수용	유아와 동료교사들에게 인정받기 위해 노력하고, 능력은 부족하지만 항상 배운다는 자세로 적극적으로 교직 생활을 하는 특성을 갖고 있다.
능력구축	보육교사가 자신의 학습지도 기술과 능력을 향상시키고자 노력한다. 새로운 교수자료, 교수방법, 수업전략을 추구하고, 전문성 향상에 노력한다.
열중 성장	보육교사로 높은 수준의 단계에 도달하지만 여전히 발전을 위해 노력한다. 교사로 열정과 애정이 많고 협조적이다.
안일·안주	보육교사의 기대되는 직무는 수행하나 자발적이지 못하고 수동적이며, 직무 회의감을 가지고 있다.

출처: 이창숙(2007). '유치원 교사의 발달단계별 직무능력과 직무만족도간의 관계 연구'에서 재구성.

보육교사는 현재 자신의 위치에서 유아의 발달 특징에 대해서만 전문지식을 쌓을 것이 아니라, 교사 자신의 발달 특징에 대해 알아보아야 한다. 그것을 통해 부족한 부분이 무엇인지, 유아 지도 시 발생할 수 있는 문제점을 어떻게 대처해야 할지 생각해야 한다. 또한 교사 자신이 혼자 습득하거나 외부 교육 등을 통해 스스로 전문성 향상에 기여할 수 있도록 해야 한다.

5. 교직 주기 발달에 영향을 주는 요인

훼슬러와 크리스텐슨(Fessler & Christensen, 1992)은 그들이 개발한 교직 발달모형(teacher's career cycle model)을 통해 교사의 발달은 교직경력뿐만 아니라 개인적인 영역과 조직적인 영역의 영향을 동시에 받는다고 주장하였으며, 이를 정리하면 〈표 11-3〉과 같다.

표 11-3 교직 주기 발달에 영향을 주는 요인

구분	범주	내용
개인적 요인	가정	• 가정 내 지원 체제 · 가정 내 역할 기대 · 재정 상태 · 가족 수 · 가족들의 특별한 요구
	긍정적 사건	• 결혼 · 자녀의 출생
	위기적 사건	• 사랑하는 사람의 병이나 사망 · 자신의 병 · 재정적 손실이나 법률적 문제 · 이혼 · 가정 내의 핍박 · 친구나 친척의 어려움
	개인적 경험	• 교육적 배경 · 자녀와의 경험 · 유아교육기관 이외의 개인적인 일 · 다양한 교직 활동 · 전문적 발달을 위한 활동
	개인적 관심사	• 취미, 종교활동 · 자원봉사활동 · 여행 · 스포츠와 체력관리
	개인적 성향	• 개인의 목표와 포부 · 개인의 가치관 인생에서의 우선순위 · 다른 사람과의 관계 · 지역사회에 대한 느낌
조직적 요인	기관 규정	• 인사정책 · 종신 임용제도 자격요건 · 교육과정 운영의 자율성 · 맡은 유아들의 연령
	기관 경영 형태	• 분위기 · 교육철학의 일치 정도 · 의사소통 방식
	신뢰감	• 후원적인 분위기 · 교사에 대한 신뢰 · 재정적인 후원
	유아교육기관에 대한 사회적 기대	• 유아교사에 대한 사회적 이미지 • 유아교육기관과 관련된 법령
	전문단체	• 관련 학회의 방향, 학회에서의 활동 및 참여 • 학회에서 제공하는 정보
	교원 노조	• 후원적인 분위기 · 보호 및 안정감 · 교육위원회 및 교육 행정가와의 관계

출처: 박은혜(2014). 유아교사론.

A 교사의 경력별 발달과정 특징을 살펴보면 〈표 11-4〉와 같다.

표 11-4　A 교사의 발달과정

경력	교사의 발달과정
1년차	• 간신히 하루를 보내는 시기임 • 유아들의 발달특성을 이해하지 못하여 수업에 대한 방법을 잘 모름 • 동료교사들과의 원만하지 못한 관계와 경력교사의 도움을 받지 못해 어려움 • 교사로서의 무능감을 가짐
2년차	• 새로운 활동과 교수를 시도함 • 교사로서의 자신의 장점을 살리려고 함 • 자신감과 안정감을 갖기 시작함 • 수업의 질 향상과 교사로서의 발전을 위해 노력함
3년~ 4년차	• 교사 협력 체제에 스스로 융통성을 발휘하고 관계 규정이 가능해짐 • 똑같은 연령지도에 싫증을 느껴 새로운 방법을 찾기 시작함 • 새로운 것을 시도하고 전문성을 갖추기 위하여 노력함
5년차	• 투담임의 새로운 교사 협력 체제에 잘 적응함 • 자신감으로 자신의 철학을 정리함 • 계속 근무여부를 판단하고 자신을 전문직으로 인정함 • 좀 더 체계적인 교사로서의 발전을 위해 진학을 희망함

6. 보육교사의 관심사에 기초한 전문성 발달

1) 카츠의 교사 관심사 발달단계

카츠(Katz, 1972, 1985)는 교사들이 전문가로 성장해 나가는 과정에서 발달적 경로를 거치게 되는데 교사의 발달단계에 따라 다르게 나타나는 관심사를 반영하여 교사교육을 제공함으로써 보육교사의 전문적 성장을 효율적으로 도울 수 있다고 하였다. 교사발달에 따른 관심사는 크게 4단계로 구분되며(문혁준 외, 2010 재인용) 이에 준하여 보육교사 발달에 따른 관심사의 특징과 교육방법을 정리하면 다음 [그림 11-1]과 같다.

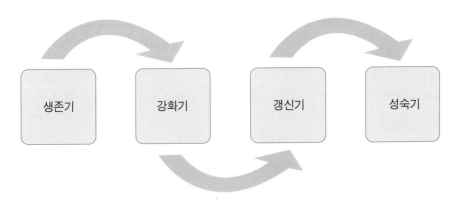

[그림 11-1] 교사의 발달단계

(1) 1단계: 생존기

교사가 된 후 첫 1년 동안 교사의 최대 관심은 교직 생활에서 생존할 수 있을 것인가 여부에 집중되어 있다. 생존기(Survival)에 해당하는 보육교사들은 영유아들과 하루를 무사히 잘 지낼 수 있을 것인가, 과연 이 일이 자신에게 적합한 것인가 그리고 부모들과의 만남, 동료교사들과 관계 등 교사로서의 의무감으로 보육교사로서 생존하는 것에 대해 불안을 느끼게 된다. 이 시기의 과업은 수업 현장에서의 직접적인 지원이 필요하며 구체적인 기술적 도움을 위주로 한 전문성 교육을 제공해야 할 필요가 있다. 즉, 개별 보육교사가 처한 상황에 대해서 잘 이해하는 선배 보육교사들의 지원과 격려 그리고 특정한 상황에 맞는 교수전략과 영유아들의 행동에 대한 구체적인 대처방법들을 알려 주는 상황 중심의 교육이 필요하다. 특히 업무적응 등의 이유로 시간 제약이 많은 점을 고려하여 직접 참석하는 것 이외에도 PC나 스마트폰 등을 활용하는 다양한 방법의 교육이 고려되어야 하겠다. 즉, 다양한 수업전략과 기술을 알고 영유아의 행동에 대한 원인을 진단하여 지도하는 능력이 필요하다.

(2) 2단계: 강화기

보육교사들은 교직생활 2년 혹은 3년차가 되면 어느 정도의 안정감 및 교사 자질에 확신을 갖게 된다. 강화기(Consolidation)는 영유아를 어떻게 도와줄 수 있을 것인지, 즉 자신의 감정을 잘 조절하지 못하는 영유아, 집단생활에서 어려움을 경험하거나 또래의 활동을 방해하는 영유아 등 개별적 문제행동 지도에 필요한 지식과 기술을 숙달하고 문제

아동과 문제 상황에 관심을 갖기 시작해 가는 시기다. 이 시기의 과업에는 수업현장에서의 도움뿐만 아니라 전문가, 동료교사 및 자문 인사의 도움이 필요하다. 또한 기본적인 교수기술 이외에 다른 교수기술을 계속적으로 시도해 보고자 하는 경향이 있기 때문에, 현직교육 프로그램을 통해서 새롭고 다양한 교수방법을 접할 수 있는 기회를 마련해야 할 필요가 있다.

(3) 3단계: 갱신기

보육교사가 된 지 3년 혹은 4년이 지나면 반복되는 일상에 싫증을 느끼거나 기존의 것을 벗어나 새로운 것을 시도해 보고 싶은 단계에 이른다. 이에 전통적이고 형식적인 현직교육 프로그램보다는 실험과 실습 등을 해 보고 피드백을 나누어 보며 지금 하고 있는 교수방법에 대해 반성해 보고 발전시킬 수 있는 비형식적이고 다양한 교육 프로그램을 제공해야 한다. 이때 보육교사는 기존에 자신이 주로 사용해 오던 교육방법에 대해 돌아보면서 개선되어야 할 점이나 새로운 교육적 접근을 찾기 위해 유아교육 관련 전문회의나 연구모임에 참여함으로써 많은 것을 배운다. 갱신기(Renewal)의 과업은 전문서적이나 자신의 수업을 비디오로 촬영하여 분석하고, 타 기관 방문, 시범, 새로운 기술과 방법을 배우고 의견을 교환하는 등 외부교육에 자발적으로 참여하여 매너리즘에 빠지지 않도록 하는 것이다.

(4) 4단계: 성숙기

경력 5년 이상이 되면 보육교사들은 현장경력을 통해 자신감을 갖게 되고 교사로서 자아갱신을 위한 전략과 관습을 개발하여 철학, 성장과 학습의 본질, 교직 등에 관한 문제에 대해 나름대로의 안목과 관점을 갖게 되는 성숙기(Maturity)에 이른다. 그러나 단지 경력이 쌓이는 것만으로 모든 교사들이 성숙기에 도달하는 것은 아니므로 현직교사의 관심사에 따라 적절한 현직교육과 지원이 이루어져야 한다. 이 시기의 과업은 자신의 발전뿐만이 아니라 다른 교사와 다양하게 교류하고, 이타주의로 후배교사를 지도하며, 전문성 신장을 위하여 워크숍이나 학술세미나 참여 및 대학원에 진학하여 이전 단계 때 도움이 되었던 직접적 지원방식에 만족하기보다는 좀 더 깊이 있는 지식을 탐구하는 것이다.

이처럼 교직 경험에 따라 보육교사가 가진 관심사가 달라지기 때문에 카츠는 보육교사의 단계에 따른 효과적인 교사교육방법을 제안하였다. 보육교사의 발달에 따른 관심사의 특징과 교사교육방법을 정리하면 다음 〈표 11-5〉와 같다.

표 11-5　발달단계별 관심사와 교육방법

구분	관심사	교사교육방법
1단계 (생존기)	일상적인 교실 상황에서의 생존 여부에 관심을 가짐	구체적인 상황 중심의 조언을 필요로 함
2단계 (강화기)	특정한 문제를 지닌 개별 영유아와 문제 상황에 관심을 가짐	경력이 많은 선배보육교사와 함께 특정한 문제 상황을 해결하는 방법에 대해서 탐구하는 과정을 필요로 함
3단계 (갱신기)	자신의 교육방법에 대해서 뒤돌아보고 새로운 교육적 접근에 관심을 가짐	새로운 보육 프로그램에 대한 학술세미나에 참석하거나 자신의 수업에 대한 평가 및 동료보육교사의 수업 참관을 통해서 도움을 받을 수 있음
4단계 (성숙기)	아동관, 보육의 목적 등 근본적인 질문에 관심을 가짐	학술 대회나 세미나 참석, 대학원 진학, 폭넓은 독서 혹은 동료보육교사들과의 깊이 있는 토론을 원함

표 11-6　A 보육교사의 발달 주기 사례

※ A 교사의 일반적 배경

교사명	경력	기관 유형(연령)	나이	학력	학부전공
A 교사	6년	국공립어린이집(만 2세)	28세	3년제 졸	유아교육

나는 2010년 대학 졸업 직후 경기도의 한 어린이집에서 교사 생활을 시작했고, 경력 3년차가 되던 해에 결혼을 했으며, 5년차에 서울로 이사를 오게 되면서 현재 국공립어린이집 영아반 교사로 근무하고 있다.

예비교사 시기
어렸을 적부터 오로지 건축 하나만을 생각하며 꿈을 키워 나가던 나는 전기 대학 모집에서 계획대로 건축학과에 지원했고 보기 좋게 낙방하였다. 건축 말고는 다른 길에 대해 전혀 생각을 두고 있지 않았던 터라 손을 놓고 있던 중 모 대학 유아교육과에 다니던 친구의 권유로 아무런 기대 없이 유아교육이라는 분야에 발을 들여 놓게 되었다. 처음 대학에 대한 로망으로 부푼 마음을 갖고 시작했지만 유아교육의 생활은 내가 꿈꾸던 대학생활과는 너무 다른 날들이었다. 하지만 감사하게도 담당 교수님께서는 나를 매우 좋게 평가해 주셨고, 구연동화 동아리 회장을 비롯해 좋은 기회가 있으면 나를 적극적으로 추천하시며, 수업시간엔 늘 칭찬을 아끼지 않으시는 등 여러 방면으로 상당히 많은 도움을 주셨다. 하지만 날이 지날수록 성격과 맞지 않는 수업방식과 나에 대한 너무 높은 기대치에 매일같이 힘들었고 결국엔 휴학을 하게 되었다. 1년의 휴학기간 동안 나는 다른 분야의 일을 하며 사회생활을 일찍 시작해 보았고, 여행을 통해 나를 다시 돌아볼 수 있는 시간을 갖고 나의 적성에 맞는 분야로 전과를 해야 할지 아니면 앞으로 유아교육의 길로 나아가야 할지 고민해 보기도 하였다. 그렇게 재충전의 시간을 끝내고 다시 힘을 내어 복학을 한 후 빠르게 적응해 나갔다.

재충전을 해서인지 뭐든 다 잘할 수 있을 것만 같은 자신감으로 가득했던 나는 아파트 관리동에 있는 소규모의 어린이집과 병설유치원 실습을 나가게 되었다. 학교에서 배웠던 이론적인 지식만을 가지고 현장을 잠깐 체험해 본 것인데 너무나 다른 이질감에 실망을 했고 그렇게 실습 경험은 교사의 길에 대해 많은 고민을 하게 했다. 실습이 끝나갈 무렵 어린이집 교사와 유치원 교사의 선택을 앞두고 고민하던 중 엄마 친구분이신 어린이집 원장님께서 규모 확장으로 인해 교사가 급히 필요하고 교사생활의 첫 시작은 규모가 큰 곳에서 시작해야 체계를 잘 배울 수 있다는 말씀과 함께 도와줄 것을 여러 번 재촉하셨다. 그렇게 나는 고민을 제대로 해 볼 시간조차 없이 졸업과 동시에 자연스레 어린이집의 문을 두드리게 되었다.

1년차(생존기)

서울시 외곽에 위치한 99명의 민간어린이집은 위치상으론 불리한 조건이었지만, 조용하고 경치 좋은 자연환경과 지역 어디든 구석구석 다녔던 차량운행 그리고 깨끗하고 넓은 새 공간과 큰 규모의 어린이집에 보내고 싶은 엄마들의 욕구를 충족시켜 줄 주된 영아반 구성으로 항상 대기인원이 많았다. 원장님과 만 5세 담임의 주임교사와 만 4세 교사 1명, 내가 맡았던 만 3세 교사 2명, 만 2세 교사 4명, 만 1세 교사 2명으로 총 9명의 교사들이 있었으며 신입교사부터 1년차, 3년차, 5년차 등의 경력교사들까지 교육원, 유아교육과, 아동학과 등 다양한 출신들로 이루어져 있었다. 그 와중에 나는 갓 졸업한 신입교사로 그전에는 유아교육과 출신의 교사가 없었던 터라 나에 대한 원장님의 기대치는 매우 높기만 하였다.

만 3세반을 맡게 된 건 연령이 낮지도 않고 높지도 않은 딱 중간선이라 생각해서 초임의 부담을 갖고 시작하는 나에게 배려하는 차원에서 맡게 해 주었다고 하셨다. 하지만 그들의 생각과는 다르게 난 1년 내내 아이들과의 의사소통이 수월하지 못했고, 열정은 넘치지만 어린아이들에게 적절한 수업방식을 제공해 주지 못했으며, 함께 만 3세를 했던 선생님은 아이들에게 교육은 필요 없고 안전하게 다치지만 않게 보육만 잘하면 된다는 생각을 갖고 있어서 보육도 중요하지만 교육도 매우 중요하다고 생각하는 나와는 추구하는 바가 매우 달라 잘 어울리지 못했다. 그래서인지 초임으로서 어려움이 있을 땐 도움을 받고 싶고 배우고 싶었지만 이런 부분들을 채워 줄 수 있는 본보기가 될 선생님이 없었던 것 같다. 그리고 원장님과 친분이 있다는 이유만으로 동료교사들의 오해 아닌 오해와 시기, 질투를 받아야 했고, 열정과 패기만 넘쳤던 나는 내 맘 같지 않게 따라 주지 않는 아이들과 체계도 잡혀 있지 않고 체계를 잡을 수 있는 환경조차 만들어지지 않는 열악한 상황들이 하루하루가 지날수록 교사로서의 사명감보단 회의감만 더 커지게 만들었다. 이 모든 걸 감당하기도 벅차하던 중 느닷없이 평가인증을 준비하라는 이야기가 나왔고 눈치껏 소신껏 부랴부랴 준비하며 안 그래도 밀려오는 회의감이 더 빠르게 느껴지기만 하였다.

2년차(갱신기-적응의 시기)

그렇게 1년이 지나고 동네에서 나름 유명한 어린이집에 자리가 나면서 친구의 소개로 만 5세 교사 자리에 들어가게 되었다. 유아반으로만 구성되어 있는 민간 어린이집으로 업무량이 워낙 많고 학부모들의 성향이 매우 깐깐하다고 소문이 자자하게 났던 곳이었다. 그러나 오래된 어린이집이라 체계가 잘 잡혀있고 교사들도 이동이 별로 없어 교사를 위한 처우도 만족스러운 곳이라 들어더욱 들어가고 싶었는데 너무 좋은 기회를 접하게 된 것이다. 그리고 언제나 일복이 있는 나에게 이 원에서 맞이하는 첫해에 평가인증이 계획되어 있었고, 내가 간 만 5세 교사의 자리가 원래 원감님이 계시다 그만둔 자리였기에 부담감도 이루 말할 수 없었다. 원장님마저 새로 바뀐 그 상황은 신입교사라고 봐줄 만한 것도 없었고 웬만하면 무조건 실수 없이 잘 헤쳐 나가야만 했던 것이다. 그렇게 시작된 나의 새로운 어린이집에서의 생활은 미리 예상한 대로 업무량이 많았고, 처음 3개월가량은 밤 12시가 넘어야 퇴근할 수 있었다. 모든 교사에게 같은 업무량이 주어졌는데도 내 손에 익숙해질 때까지 3개월이 걸린 것이다. 나의 성격상 무엇 하나를 배워도 정확하게 배우고 싶었고 시간이 많이 걸리더라도 차근차근 세심하게 알아 가고 싶어 서두르지 않고 차분히 내 할 일들을 해 나갔다. 이 시기에 나는 마냥 일을 한다는 것보단 나에게 꼭 필요한 것들을 배울 수 있는 값진 시간을 갖는 것이라고 생각하였다. 다른 동료교사들은 기본 7년에서 10년 이상의 경력이 많은 선임교사들로 많은 경력만큼이나 배울 점이 많았다. 1년차에는 보이지 않던 것들이 2년차부턴 보이기 시작했고 그냥 무심하게 지나쳤던 것들을 다시 한 번 겪게 됨으로써 나의 것으로 만들 수 있었던 것 같다. 그렇게 그동안은 원의 체계에 익숙해지느라 정신이 없었다면, 그 후론 동료교사들과의 화목 도모를 위해 취미로 바느질을 함께 배우기 시작했다. 다행히도 이런 취미들은 나의 성격과도 잘 맞아 선생님들과 취미생활을 공유하며 즐겁게 어울릴 수 있었으며, 만 5세 아이들과 친구 같은 선생님으로서 점차 나의 현재 위치에 적응해 나가는 모습을 보였다.

3~4년차(강화기-안정의 시기)
민간어린이집에서의 시스템은 한 연령을 맡으면 계속 그 연령을 전담으로 맡게 되었는데 덕분에 난 시간이 지날수록 만 5세 연령에 대해 전문성을 갖춰 나갈 수 있었다. 나와 함께 만 5세를 맡은 9년차 주임 교사는 경력만큼보다 더 많은 재능을 갖고 계셔서 아이들의 선생님과 더불어 나의 선생님으로 늘 좋은 본보기가 되어 주셨다. 아이와의 소소한 상호작용에서부터 어떤 일을 하더라도 좀 더 능률적으로 할 수 있는 노하우까지 어느 것 하나 놓치고 싶지 않다는 생각에서 어깨 너머 열심히 배우고 내 것으로 만들려고 노력했다. 그렇게 어느새 나 역시 초임교사 티를 조금씩 벗어 나며 전문성을 갖춘 경력교사로 거듭나고 있었다. 하지만 한편으로 나는 다른 연령에 대한 감각이 무뎌지고 있었고 영아들을 만나면 어떻게 상호작용을 해야 하는지 어떤 교수법이 맞는지 점점 잊어버리게 되면서 당당한 겉모습과 상반되게 내면으론 늘 초조하고 끝없는 고민을 하게 되었다. 근무하고 있던 어린이집은 유아반으로만 구성된 곳이어서 영아반을 간접적으로도 접해 볼 기회가 없었고, 동료교사들도 이 어린이집에서의 경력이 길다 보니 유아에만 익숙해져 있어 나의 고민을 상의할 만한 여건이 되지도 못했다. 더불어 너무나 손에 익어버린 유아반에 대한 나태함이 나타나기도 했고 새로운 자극이 필요하다고 생각하면서 영아반에 대한 호기심도 깊어갔다. 새로운 것에 대한 걱정을 안고 있던 중 이사를 통해 자연스럽게 나의 교사 삶에 있어 새로운 시작을 해 볼 수 있는 기회가 주어지게 된 것이다.

5년차(성숙기-열정의 시기)
새 직장을 구하는 것도 평탄치 않았던 중 집 근처에 있는 어린이집에서 영아반을 맡을 수 있게 되었다. 대부분의 어린이집들은 영아반이 투담임이어서 낯선 선생님과 한 반을 함께 하는 것이 쉽지만은 않을 것 같았지만 다행히 영아반을 계속 맡아 오시고 육아의 경험도 있으신 선생님과 한 팀이 되어 영아반에 대한 낯섦과 부족함을 채워 가며 새롭게 배워 나갈 수 있었다. 적지 않은 나이 차에도 불구하고 때론 엄마 같은 마음으로 대해주신 짝꿍 선생님 덕분에 별 어려움 없이 지냈던 것 같다. 나는 유아반 경력에 비해 턱없이 부족한 영아반 경력이지만 나의 걱정과 다르게 그 어떤 시작의 두려움보다 빠르게 적응해 나가는 것을 보며 한편으론 나에게 맞는 연령을 이제야 만나게 된 것이 아닐까라는 생각을 하기도 한다. 어느 정도 시간이 지나고 일이 손에 익숙할 무렵에는 내가 하고 있는 일에 대해 좀 더 전문성을 갖춰 보자는 생각을 해 보기도 하였다. 여러 해에 걸쳐 다양한 아이들과 만나다 보니 아이들이 원하고 생각하는 것에 대해 가까이 가 보고 싶어 유아심리에 대해서도 배워 보고 싶고 아이들과 즐겁게 놀이하며 여러 영역의 발달에 도움을 주고 싶어 유아미술도 배워 보고 싶다. 교사로서의 업무와 학부모와의 원만한 관계를 형성하는 것 그리고 동료교사들과의 협동성을 기르는 것 등이 어렵지 않게 되고 나를 돌아볼 수 있는 여유로움이 생긴 지금은 어떠한 형태로든 아이들과 조금 더 가까워지고 싶다는 생각이 분명한 것 같다.

맺음말
초임 시절에는 하루에도 몇 번씩 그리고 경력교사가 된 후에는 1년마다 한 번씩 과연 내가 가고 있는 이 길이 맞는 길인지 내 자신에게 묻고 또 물어보게 된다. 정말 지치고 힘들 땐 지난날들 동안 나와 함께한 아이들과의 행복했던 추억을 떠올리며 힘든 것은 잊어버리고 다시 힘을 내게 된다. 만 5세반을 맡던 시절, 우리 반의 한 여자아이가 나에게 내민 편지가 있었는데 그 내용의 시작은 '소중한 나의 선생님'이었다. 어떠한 인연에서든지 누군가의 소중한 사람이 될 수 있다는 것에 너무나 크고 값진 것을 느끼며 내가 하고 있는 일에 큰 자부심을 갖고 앞으로도 나의 아이들과 함께 즐겁고 행복한 경험을 나누며 지낼 것이다.

 학습과제

1. 교사의 사례를 읽어 보고 전문성 영역별로 발달과정을 논의하시오.

2. 학부모와의 좋은 관계를 위한 다양한 상담기법에 대해 알아보시오.

3. 자신의 스트레스 관리를 위하여 어떠한 노력을 할 수 있는지 논의하시오.

참고문헌

강경석, 김영만(2006). 교사발달단계와 교사의 직무능력 및 직무만족 간의 관계 연구. 교육행정학연구. 한국교육행정학회, 24(1), 119-142.

권건일, 신재흡(2006). 유아교사론. 경기도: 양서원.

김은주, 권미량(2008). 유아교사교육. 경기도: 공동체.

문혁준, 김경회, 김영심, 김혜연, 배지희(2010). 유아교사론. 서울: 창지사.

박은혜(2003). 유아교사론. 서울: 창지사.

박은혜(2014). 유아교사론. 서울: 창지사.

박정빈(2014). 만 2세 영아반 교사의 자유놀이에 대한 수업컨설팅 실행연구. 강릉원주대학교 대학원 박사학위논문.

이경선, 윤정진(2012). 보육교사 관심사 발달단계에 따른 직무만족도 분석. 미래유아교육학회지, 19(1), 53-77.

이난숙(1991). 교사의 직능발달에 관한 연구. 한국교원대학교 대학원 박사학위논문.

이윤식(1999). 장학론. 서울: 교육과학사.

이윤식, 김병찬, 김정휘, 박남기, 박영숙, 송광용, 이성은, 전제상, 정영수, 정일환, 조동섭, 진동섭, 최상근, 허병기(2008). 교직과 교사. 서울: 학지사.

이정현(2010). 교사발달의 영향요인 분석 연구. 위덕대학교 대학원 박사학위논문.

이창숙(2007). 유치원 교사의 발달단계별 직무능력과 직무만족도간의 관계 연구. 공주대학교 교육대학원 석사학위논문.

조부경, 백은주, 서소영(2001). 유아교사의 발달을 돕는 장학. 서울: 양서원.

최연철(2002). 유치원 교사의 발달 단계 이론에 따른 현직교육의 방향. 열린유아교육연구, 7(2), 279-296.

Burden, P. R. (1983). Implication of Teacher Career Development: New Roles for Teachers, Administrators and Professors. *Action in Teacher Education, 4*(4), 21-25.

Burke, P. J., Christensen, J. C., & Fessler, R. (1984). Teacher Career 86 Stages: Implications for Staff Development. (Fastback No. 214), Bloomington: Phi Delta Kappa Educational Foundation.

Fessler, R. (1985). Dynamics of Teacher Career Stages. In T. R. Giuskey & M. Huberman (Eds.), *professional development in education* (p. 83). Fourth Edition, Thomson, Delmar Learning, Australia.

Fessler, R., & Christensen, J. (1992). *The teacher career cycle: Understanding and guiding the professional development of teachers.* Boston: Allyn and Bacon.

Goodson, I. (1992). Sensoring the teacher's voice: Teachers' lives and teacher development.

In A. Hargreaves & M. G. Fullan (Eds.), *Understanding teacher development* (pp. 110-121). New York: Teachers College Press.

Hargreaves, A., & Fullan, M. G. (1992). *Understanding teacher development.* New York: Teachers College Press.

Katz, L. G. (1972). Developmental stages of preschool teachers. *Elementary School Journal, 73,* 50-54.

제12장 보육교사의 현직교육

학습개요

교사의 전문성 향상을 위해 직전 교육과정에서의 좋은 교육 프로그램을 경험시키는 것과 동시에 현직에서의 지속적인 교육의 기회를 제공하여 현장 보육교직원 간의 상호 교류가 강화되어 보육교사의 심화교육과 확대뿐만 아니라 연계성이 확보되어야 한다.

아울러 이 장에서는 법률적 근거에 의해 제도화되어 있는 정부주도의 보육교직원 보수교육과 어린이집 현장에서 이루어지고 있는 현직교육, 즉 교사중심의 자기계발과 기관중심의 현직교육의 다양한 유형을 알고 보육교사의 직무 및 경력에 따라 연수의 효율성을 증진시키고자 한다.

1. 현직교육의 개념 및 필요성

교직에 입문하기 전에 받는 특별한 학교교육을 '직전교육(preservice education)'이라고 한다면 이에 대응하는 교직을 수행하고 있는 과정 중 이루어지는 모든 교육과 훈련을 '현직교육'이라고 할 수 있다(이수남, 1995). 또한 사전적 의미로 현직교육이란 현직에 있는 사람이 재직 중에 받는 교육으로 기업 내 교육, 교원 연수 따위가 있다. 한국유아교육학회(2000)에서는 현직교육을 유치원 및 초 · 중등학교의 교장(감), 원장(감) 등이 자격증을 취득한 후에 교사로서 근무하면서 학생들을 보다 효과적으로 교육하기 위하여 자신들의 전문적 지식, 기능, 태도 등을 증진·발전시킬 목적으로 참여하는 교육 및 훈련 활동으로 정의하고 있다. 강기수(2000)는 현직교육을 일정한 자격과 경험을 가지고 있는 현직교사들을 대상으로 이들의 자질을 향상시키고 발전·심화시키기 위한 연수 및 재교육이라 보았다.

이상과 같은 현직교육의 개념에 대한 논의를 종합해 보면, 현직교육이란 자격획득과 임용이 이루어진 이후에 시작되며, 현직에 근무하고 있는 교사들이 각종 연수기회를 통하여 새로운 지식과 기술을 습득하고 자기의 성장·발전을 도모하고 교육의 전문성을 함양하기 위하여 다양한 장소와 방법으로 공식적 또는 비공식적, 의무적 또는 자발적으로 이루어지는 계속적인 연수활동이라고 정의할 수 있다(정정숙, 2001). 또한 현직교육은 교사로서의 전문성 개발 면에서 계속교육의 의미를 갖고 있으며, 재충전(refreshment), 성장(growth), 적응(adaptation)의 의미가 포함되어 있다.

「교육기본법」제14조 제2항에서는 교사의 임무를 "교사는 교육자로서 갖추어야 할 품성과 자질을 향상시키기 위하여 노력하여야 한다."라고 명시하고 있다. 전문성을 끊임없이 변화·발전·심화시키기 위해서는 체계적인 현직교육이 이루어져야 할 필요가 있다.

OECD(Organization for Economic Cooperation and Development, 2012)는 현직교육의 목적에 대하여 다음과 같이 설명하고 있다.

첫째, 지식과 기능을 유지시키는 것이다.

둘째, 모든 지식과 교육 능력을 확대·발전시켜 준다.

셋째, 빠르게 변화하는 사회에 대한 이해와 적절한 대응 능력을 길러 준다.

넷째, 상위 자격을 취득하고, 교사의 특수한 재능과 성향을 개발하도록 한다.

다섯째, 교사 전체적으로 문화적·전문적 수준을 제고하고, 혁신성과 창의성을 강화하도록 한다.

즉, 교사를 위한 현직교육의 목적은 교육 대상과 내용에 따라 세부적으로 차이가 있을 수 있으나 근본적으로 교사의 직무에 필요한 전문적 자질과 교직생활에 대한 적응 능력을 지속적으로 개선하는 것이라고 할 수 있다.

이러한 여러 관점을 볼 때 교사들은 변화하는 역할을 담당·수행하는 것은 물론 전문성을 신장시켜야 하는 입장이다. 교사의 현직교육은 계속해서 이루어져야 한다는 점에서 현직교육의 다양한 필요성을 종합적으로 정리할 수 있다(서정화, 2000).

2. 현직교육의 유형

국가에서 주관하는 현직교육인 보수교육과 어린이집 혹은 민간단체에서 주관하는 현직교육이 있다.

1) 보수교육

보수교육이란 보육교직원의 자질 향상을 위해 실시하는 교육으로서 보육에 필요한 지식과 능력을 유지·개발하기 위하여 어린이집 보육교직원이 정기적으로 받는 직무교육과 보육교사가 상위등급의 자격(3급 → 2급, 2급 → 1급)을 취득하기 위해 받아야 하는 승급교육 및 어린이집 원장의 자격을 갖추기 위하여 받아야 하는 사전 직무교육을 말한다[근거:「영유아보육법」제23조, 제23조의 2, 동법 시행규칙 제11조의 2(시행일: 2014. 3. 1.), 제20조, 제39조의 3].

(1) 보수교육 구분

표 12-1 어린이집 원장의 보수교육

직무교육				사전직무교육
일반직무교육	특별직무교육			어린이집 원장 사전직무교육
어린이집 원장 직무교육	영아보육 직무교육	장애아보육 직무교육	방과 후 보육 직무교육	

표 12-2　보육교사 등의 보수교육

직무교육				승급교육	
일반직무교육	특별직무교육			2급 보육교사 승급교육	1급 보육교사 승급교육
보육교사 직무교육	영아보육 직무교육	장애아보육 직무교육	방과 후 보육 직무교육		

(2) 보수교육 대상자

① 일반원칙

- 보수교육은 현직 보육교직원을 대상으로 실시하므로 어린이집 원장, 보육교사 등의 자격을 소지한 자라도 교육 개시 당시 어린이집에 근무하지 않는 자는 보수교육을 받을 수 없다(어린이집 원장 사전직무교육은 어린이집에 근무하지 않는 경우라도 신청 및 이수 가능). 다만, 현직 교직원 외에 교육비 전액 자비부담을 전제로 보수교육을 받을 수 있다.
- 보수교육 대상자 선정 기준으로 '보육업무 경력'이란 어린이집 및 보육정보센터에 근무한 경력과 유아교육법에 의한 종일제 유치원에서 원장, 원감, 교사로 근무한 경력을 말한다.
  - 「남녀고용평등과 일·가정 양립지원에 관한 법률」에 따른 육아 휴직 기간, 「근로기준법」 및 「산업재해 보상보험법」에 따른 업무상 재해로 인한 병가기간(1개월 이상)은 보육업무 경력에서 제외한다.
  - 주당 30시간 미만 근무하는 보육교사로 합산한 근로시간이 8시간인 경우 1일 209시간인 경우 1개월의 경력으로 인정한다.

② 직무교육

〈일반직무교육〉

- 현직 보육교사는 보육업무 경력이 만 2년이 경과한 경우와 직무교육을 받은 해부터 2년이 경과한 해에 보육교사 직무교육을 받아야 한다.
- 현직 어린이집 원장은 어린이집의 원장의 직무를 담당한 때부터 만 2년이 지난 경우와 어린이집 원장 직무교육을 받은 해부터 2년이 경과한 해에 어린이집 원장 직

무교육을 받아야 한다.

- 어린이집 원장 및 보육교사가 일반직무교육을 받아야 하는 연도에 일반직무교육을 받지 못한 경우에는 다음 연도 12월 31일까지 받아야 하며, 특별직무교육을 받은 경우 일반직무교육을 받는 것으로 인정한다.

〈특별직무교육〉

- 영아·장애아·방과 후 보육을 담당하고자 하는 보육교사 및 어린이집 원장은 영아·장애아·방과 후 보육직무교육을 받을 수 있다.
- 영아·장애아·방과 후 보육을 담당하고 있는 일반직무교육 대상자는 영아·장애아·방과후 직무교육을 받을 수 있다.
- 영아·장애아·방과 후 담당 보육교사로 근무하고자 하는 자는 사전에 특별직무교육을 받아야 하는 것이 원칙이나 불가피하게 받지 못한 경우에는 채용 후 6개월 이내에 받아야 한다.

③ 승급교육

- 현직 보육교직원으로서 보육교사 3급 자격을 취득한 후 보육업무 경력이 만 1년 이상 경과한 자는 2급 승급교육을 받을 수 있다.
- 현직 보육교직원으로서 보육교사 2급 자격을 취득한 후 보육업무 경력이 만 2년 이상 경과한 자는 1급 보육교사 승급교육을 받을 수 있다. 다만, 보육교사 2급 자격을 취득한 후 보육 관련 대학원에서 석사 학위 이상을 취득한 자는 보육업무 경력이 만 6개월 이상 경과한 경우 1급 승급교육을 받을 수 있다(승급교육을 위한 보육교사 경력은 자격증상의 자격인정 시점을 기준으로 산정).
- 직무교육과 승급교육을 같은 해에 받아야 하는 경우에는 승급교육을 받은 자는 직무교육을 생략할 수 있다.

④ 어린이집 원장 사전직무교육

「영유아보육법 시행령」(별표 1) 제1호의 가목부터 라목(일반, 가정, 영아전담, 장애아전담 어린이집 원장)까지 어느 하나의 자격을 취득하고자 하는 자는 어린이집 원장 사전직무교육을 받아야 한다.

248

※ 2014. 3. 1. 이후 원장 자격증 신청자는 사전직무교육 이수가 원칙이다(단, 「영유아 보육법」 부칙〈법률 제7153호, 2004. 1. 29.〉에 따라 자격이 인정되는 자는 예외).

※ 1회 교육 이수 시, 동법 시행령 (별표 1) 제1호의 타 자격 취득을 위한 사전직무교육 중복이수 불필요하다.

표 12-3 교육 구분별 보수교육 대상자

교육구분			교육대상	교육시간	비고
직무교육	일반직무교육	보육교사	현직에 종사하고 있는 보육교사로서 보육업무 경력이 만 2년을 경과한 자와 보육교사 직무교육(승급교육 포함)을 받은 해부터 만 2년이 경과한 자	40	매 3년마다
		원장	현직에 종사하고 있는 원장으로서 어린이집 원장 직무교육을 받은 해부터 만 2년을 경과한 자	40	매 3년마다
	특별직무교육	영아보육	영아보육을 담당하고 있는 일반직무교육 대상자와 영아보육을 담당하고자 하는 보육교사 및 어린이집 원장	40	이수하고자 하는 자
		장애아보육	장애아보육을 담당하고 있는 일반직무교육 대상자와 장애와 보육을 담당하고자 하는 보육교사 및 어린이집 원장	40	이수하고자 하는 자
		방과 후 보육	방과 후 보육을 담당하고 있는 일반직무교육 대상자와 방과 후 보육을 담당하고자 하는 보육교사 및 어린이집 원장	40	이수하고자 하는 자
승급교육	2급 승급교육		보육교사 3급 자격을 취득한 후 보육업무 경력이 만 1년이 경과한 자	80	이수하고자 하는 자
	1급 승급교육		보육교사 2급 자격을 취득한 후 보육업무 경력이 만 2년이 경과한 자 및 보육교사 2급 자격을 취득한 후 보육 관련 대학원에서 석사 이상의 학위를 취득한 경우 보육업무 경력이 만 6개월이 경과한 자	80	이수하고자 하는 자
원장 사전직무교육	–		「영유아보육법 시행령」 [별표 1] 제1호의 가목부터 라목(일반, 가정, 영아전담, 장애아전담 어린이집 원장)까지 어느 하나의 자격을 취득하고자 하는 자	80	이수하고자 하는 자

※ 어린이집에서 특수교사나 치료사로 근무하는 자도 일반·특별직무 교육대상으로서 보수교육을 이수하여야 한다(일반직무교육이나 특별직무교육 중 선택적으로 이수할 수 있음).

※ 보수교육을 연속하여 3회 이상 받지 아니하는 경우 어린이집 원장 또는 보육교사 자격이 정지될 수 있으므로 보수교육 대상자는 필히 보수교육을 이수하여야 한다.

(3) 보수교육 내용

① 일반직무교육

표 12-4　일반직무교육

영역	보육교사 과정		어린이집 원장 일반과정	
	교과목	시간	교과목	시간
보육기초	• 보육정책 동향 이해 • 아동학대와 아동권리 이해 • 보육교사의 역할과 윤리	8	• 보육정책의 전망과 과제 • 아동학대와 아동권리 모니터링의 이해 • 원장의 역할과 윤리	10
발달 및 지도	• 영유아 발달과 관찰 실제 • 영유아 발달 특성의 이해 • 영유아 부적응 행동 지도 • 개별화 교육 프로그램과 활동수정	8	• 영유아 뇌 발달과 적기교육 • 영유아 생활지도의 실제	4
영유아 교육	• 어린이집 표준보육과정의 이해 • 연령별 보육프로그램의 운영 • 다양한 보육프로그램의 이해 • 영유아를 위한 교수-학습 방법의 실제 • 교수매체의 개발과 활용	10	• 보육프로그램 개발과 평가 • 보육계획과 보육일지 작성의 관리 • 교수매체 선정과 평가	6
영유아 건강·영양 및 안전	• 영유아 건강교육과 감염성 질환에 대한 대응 • 영유아 영양과 급식관리 실제 • 영유아 안전관리와 대응	6	• 어린이집 건강관리 실제 • 어린이집 급식관리 실제 세미나 • 어린이집 안전사고 사례관리 및 대응	6
가족 및 지역사회 협력	• 부모-교사 의사소통의 이해와 실제 • 다양한 가정의 이해 및 지원	4	• 부모참여 프로그램 운영 • 다양한 가족에 대한 지원 • 지역사회 연계의 실제	6
보육사업의 운영	• 보육정보 탐색의 적용과 사례 • 리더십과 멘토링	4	• 인사관리의 적용과 사례 • 재무 및 사무관리의 적용과 사례 • 원내 교사교육의 계획과 실행 • 어린이집 운영 세미나	8
계	19과목	40	18과목	40

※ '보육교사의 역할과 윤리' '아동학대와 아동권리 이해'는 3시간 필수과목으로, '원장의 역할과 윤리' '아동학대와 아동권리 모니터링의 이해'는 4시간 필수과목으로 편성·교육하도록 한다.
※ 또한 안전 관련 교육은 심폐소생술, 응급처치 실습 등 이론보다 실습 위주로 교육하도록 한다.

② 특별직무교육

표 12-5 　특별직무교육

영역	영아보육 직무교육	장애아보육 직무교육	방과 후 보육 직무교육	시간
보육 기초	• 현대사회 변화와 영아보육 • 영아보육의 이해 • 영아학대예방과 아동권리	• 장애인복지와 보육정책 • 장애아보육의 이해 • 장애아학대예방과 아동권리	• 현대사회 변화와 방과 후 보육 • 방과 후 보육의 이해 • 아동학대예방과 아동권리	6
발달 및 지도	• 영아발달의 특성 • 영아 일상생활지도 • 영아 행동관찰과 평가 • 영아 감각 및 대소근육 발달 　지도	• 장애이해교육과 협력 • 장애 진단과 발달지체 영유 　아 선별 • 교육진단과 개별화 교육 프 　로그램 • 활동참여를 위한 보육과정 　수정	• 아동발달의 특성 • 초등학교교육과정의 이해 • 아동 일상생활지도 • 문제행동 수정과 지도	8
영유아 교육	• 놀이를 통한 사회성발달 • 놀이를 통한 정서발달 • 놀이를 통한 언어발달 • 놀이를 통한 인지발달 • 교수매체 개발 및 활용방안 • 어린이집 표준보육과정 운영 　의 실제 • 놀이를 통함 감각탐색 및 신 　체발달	• 장애아 사회성지도 • 장애아 의사소통지도 • 장애아 음악치료 • 장애아 미술치료 • 교수매체 개발 및 활용방안 • 어린이집 표준보육과정 운영 　과 개별화 교육의 실제	• 학습 및 과제지도 • 친구관계와 생활지도 • 아동언어교육 • 아동독서교육 • 아동예체능교육 • 초등학생을 위한 교수법 실제 • 어린이집표준보육과정과 초등 　교육과정의 이해	12
건강· 영양 및 안전	• 영아 건강·안전관리(필수) • 영아 영양관리 및 식생활지도	• 장애아 건강·안전관리(필수) • 장애아 영양관리 및 식생활 　지도	• 초등학생 건강·안전관리(필수) • 초등학생 영양관리 및 식생활 　지도	4
가족 및 지역 사회 협력 등	• 영아 부모와의 의사소통 실제 • 다양한 가정의 영아지원	• 장애아 가정에 대한 이해 • 장애아를 위한 지역사회연계 　의 이해와 실제	• 학령기 부모 상담 실제 • 방과 후 아동을 위한 지역사회 　연계	4
보육 사업 운영	• 영아보육교사의 역할과 자세 　(필수) • 어린이집 운영과 관리 • 보육정보 탐색	• 장애아보육교사의 역할과 자 　세(필수) • 어린이집 운영과 관리 • 보육정보 탐색	• 방과 후 보육교사의 역할과 자 　세(필수) • 어린이집 운영과 관리 • 보육정보 탐색	6
계	21과목	20과목	21과목	40

※ 영아보육 직무교육 중 '영아 건강' '안전관리'와 '영아보육교사의 역할과 자세', 장애아보육 직무과정 중 '장애아 건강·안전관
리'와 '장애아 보육교사의 역할과 자세', 방과 후 보육 직무과정 중 '초등학생 건강·안전관리'와 '방과 후 보육교사의 역할과
자세'는 2시간 이상 필수과목으로 편성·교육하여야 한다.
※ 또한 안전 관련 교육은 심폐소생술, 응급처치 실습 등 이론보다 실습 위주로 교육하도록 한다.

③ 승급교육

표 12-6　승급교육

영역	2급 승급교육		1급 승급교육	
	교과목	시간	교과목	시간
보육 기초	• 사회 변화와 보육 • 아동학대와 아동권리 이해 • 보육교사의 역할과 윤리	12	• 영유아보육법과 보육관련법의 이해 • 아동학대와 아동권리 이해 • 보육교사의 역할과 윤리	12
발달 및 지도	• 영유아 관찰에 대한 이해 • 영유아 인지 · 언어발달의 이해 • 영유아 정서 · 사회성발달의 이해 • 영유아 선별과 장애 진단	16	• 영유아 관찰방법과 기록 • 영유아 인지 · 언어발달과 놀이지도 • 영유아 정서 · 사회성발달과 생활지도 • 특수 영유아 특성별 지도	12
영유아 교육	• 어린이집 표준보육과정의 이해 • 연령별 보육프로그램(0~1세) • 연령별 보육프로그램(2세) • 연령별 보육프로그램(3~5세) • 보육계획과 보육일지 작성 실제	20	• 영유아보육프로그램의 기초 • 영유아보육프로그램의 계획과 운영 • 영유아를 위한 교수학습방법의 이해 • 보육계획과 보육일지 작성 실제 • 실내 · 외 환경구성의 원리와 실제	20
영유아의 건강 · 영양 및 안전	• 영유아 건강관리 • 영유아 영양과 식생활지도 • 영유아 안전지도	12	• 영유아 건강문제와 대응 • 영유아 급식과 식품안전 • 영유아 안전교육과 안전관리	12
가족 및 지역사회 협력 등	• 부모-자녀관계의 이해 • 다양한 가정의 이해 • 지역사회 연계의 이해	12	• 부모교육 및 부모참여의 실제 • 다양한 가정의 영유아 지원 • 지역사회 연계활동 계획 및 운영	12
보육사업의 운영	• 보육정보 탐색의 방법 • 보육실 운영관리의 원리와 적용	8	• 보육정보 탐색의 실제 • 보육실습 지도의 적용과 사례 • 자체점검과 사후관리	12
기타	• 평가시험		• 평가시험	
계	21과목	80	20과목	80

※ '보육교사의 역할과 윤리' '아동학대와 아동권리 이해' 등 각 과목은 4시간 편성 · 교육(1급 승급교육 교과목 중 '영유아 인지 · 언어발달과 놀이지도' '특수 영유아 특성별 지도'는 각 2시간으로 배치)한다.

※ 안전 관련 교육은 심폐소생술, 응급처치 실습 등 이론보다 실습 위주로 교육하도록 한다.

④ 어린이집 원장 사전직무교육

표 12-7 원장 사전직무교육

영역	교과목	시간
보육 기초	• 영유아보육법과 보육정책	4
	• 아동권리와 아동학대	4
	• 보육철학과 윤리	4
	• 의사소통과 갈등관리	4
발달 및 지도	• 영유아 발달 지원	4
	• 영유아 생활지도의 관리	4
영유아 교육	• 보육과정의 운영과 지원	4
	• 보육프로그램의 운영과 지원	4
영유아의 건강 · 영양 및 안전	• 감염병과 건강관리	4
	• 급식 및 영양관리	4
	• 안전교육과 지도	4
	• 응급처치와 안전사고 대응	4
	• 시설 · 설비 안전관리	4
가족 및 지역사회 협력 등	• 어린이집 기관 소개	2
	• 가족과의 파트너십	4
	• 지역사회 자원과 보육	2
보육사업 운영	• 원장 직무의 이해	4
	• 인사 및 조직관리	4
	• 재무관리의 기초	4
	• 평가인증과 사후관리	4
	• 운영사례 세미나	4
기타	• 평가시험	
계	21과목	80

※ 안전 관련 교육은 심폐소생술, 응급처치 실습 등 이론보다 실습 위주로 교육하도록 한다.

(4) 보수교육 실시

① 보육교직원 보수교육 절차

시·도지사는 「영유아보육법」 제51조 및 동법 시행령 제26조에 따라 관할지역 어린이집 교직원에 대한 보수 교육을 실시하여야 하고, 대학(전문대학 포함), 보육교사교육원 등의 전문기관에 위탁하여 실시할 수 있다(위탁근거: 「영유아보육법」 제23조, 행정권한의 위임 및 위탁에 관한 규정).

② 보수교육 수요 파악 및 계획 수립

시·도지사는 매년 2월 말까지 관할 지역의 교육 수요를 파악하여 보수교육 실시계획을 수립한다. 보수교육의 수요는 관할 지역의 현직 교직원을 대상으로 파악하되, 승급교육의 경우 보육교사 교육원의 보육교사 3급 양성과정을 수료하여 신규 배출되는 인원을 고려하여 파악한다. 연간 교육 실시계획은 교육수요 및 예산배정 현황을 고려하여 수립하고 다만, 예산집행 현황을 고려하여 추가 수요 발생 시에는 당초 계획을 변경하거나 추가 교육계획을 수립할 수 있다. 또한 예산의 범위를 초과하여 보수교육 수요가 발생할 경우 추가 교육계획을 수립할 수 있으나 이 경우 보수교육 비용을 지원하지 아니하고 교육생이 보수교육 비용의 자부담을 용인하는 조건으로 교육을 실시할 수 있다.

③ 보수교육 실시의 위탁(보수교육기관 선정)

위탁 가능 전문기관은 시·도지사가 대학(전문대학 포함) 또는 이와 동등 이상의 학교(보육 관련 학과가 설치된 대학 또는 전문대학에 한함), 「정부출연 연구기관 등의 설립·운영 및 육성에 관한 법률」에 의하여 설립된 정부출연 연구기관, 보육 관련 비영리 법인·단체, 보육정보센터 등 어느 하나에 해당하는 전문기관에 보수교육의 실시를 위탁할 수 있다.

위탁 절차는 보수교육 실시 수탁기관 공모 계획을 수립하고 시·도지사는 연초 수립된 보수교육계획에 따라 보수교육 실시를 위탁할 전문기관의 선정 공모 계획을 수립한다.

보수교육 실시 위탁 공고 및 접수는 시·도지사가 수탁기관 공모 계획에 근거하여 위탁 기준, 수탁기관 선정 절차 및 방법 등을 자체 게시판이나 인터넷 홈페이지 등을 이용하여 10일 이상 공고한다. 보수교육의 실시를 위탁받고자 하는 기관은 교육과정 운영계획서, 교수요원의 자격 및 경력을 증명하는 서류를 첨부하여 위탁신청서를 시·도지사에게 제출한다.

　시 · 도지사는 매년 3월 말까지 지방보육정책위원회의 심의를 거쳐 보수교육 실시 수탁기관을 결정하고 보수교육 실시 위탁계약서를 체결한 후 수탁기관에 보수교육기관 위탁계약 증서를 교부한다.

　수탁기관 결정 시에는 교육훈련에 필요한 어린이집 기준, 교육과정 및 교수요원의 확보 상황 등을 종합적으로 검토하여 적정한 기관을 선정한다.

추가 첨부서

- 정관, 등기부등본, 출연금에 관한 서류(법인의 경우에 한함)
- 건축물관리대장(부동산을 임차한 경우에는 임대차계약서 포함)
- 어린이집의 구조별 면적이 표시된 평면도
- 어린이집 및 설비목록
- 수탁기관의 선정 및 위탁계약서 체결
- 보수교육 실시 전문기관 선정 공고

④ 보수교육 실시 위탁의 취소

　시 · 도지사는 수탁기관이 다음 어느 하나에 해당하는 행위를 한 경우에는 동법 시행규칙 제22조에 근거하여 보수교육 실시의 위탁을 취소할 수 있다.

- 동법 제36조 및 영 제24조의 규정에 의한 보조금을 목적 이외로 사용한 경우
- 동법 제36조 및 동법 시행령 제24조의 규정에 의한 허위, 그 밖에 부정한 방법으로 보조금을 교부 받은 경우
- 동법 시행규칙 제21조의 규정에 의한 보수교육의 실시 기준에 위반하여 보수교육을 실시한 경우
- 교육자격 미달자에게 보수교육을 실시하고 수료증을 발급하거나, 교육 수료인 정 기준 미달자에게 수료증을 발급한 경우

⑤ 보수교육 안내

시·도지사는 보수교육 대상자가 연간 보수교육 일정을 인지할 수 있도록 보수교육 실시 전문기관별 교육일정을 자체 홈페이지나 중앙 및 각 시·도 육아종합지원센터 등에 게시하여 연중 안내하고 보건복지부는 안내 상황에 대해 점검·실시한다.

당해 시·도에서 특별직무교육 대상자가 적어 보수교육과정을 설치·운영할 수 없을 경우에는 보건복지부에서 시범사업으로 실시하는 인터넷 기반의 온라인 특별직무교육을 받을 수 있도록 안내한다.

(5) 보육교직원 보수교육 실시

① 보수교육 대상자 선정

시·도지사는 관내 시·군·구로 하여금 보수교육 실시 전문기관의 교육 과정별 교육 개시 전까지 보수교육 대상자를 선정하고 시장·군수·구청장은 자체 계획에 따라 현직 교직원 중에서 보수교육 대상자를 선정하되 다음 기준에 따라 선정한다.

- 일반직무교육은 의무 이수 대상자를 우선으로 선정한다.
- 1급 보육교사 승급교육의 경우 보육교사 1급 자격증 취득 후 교육 개시일 전까지 보육업무경력이 만 2년이 경과한 자 중에서 선정한다. 단, 보육교사 2급 자격을 취득한 후 석사학위를 취득한 경우에는 만 6개월이 경과한 자 중에서 선정한다.
- 2급 보육교사 승급교육의 경우 보육교사 3급 자격을 취득한 후 교육 개시일 전까지 보육업무경력이 만 6개월이 경과한 자 중에서 선정한다.

시·도지사는 교육과정별 보수교육 대상자를 최종 확정하고 보수교육 실시 기관에 통보하여 대상자가 적절히 교육을 받을 수 있도록 하되, 보수교육 실시 전문기관에서 선정할 수 있도록 할 수 있으나 현직 교직원 중에서 보수교육을 받을 수 있는 자격을 갖춘 자를 선정하도록 관리·감독한다(보수교육을 이수할 수 있는 자격이 있는지 여부는 '보수교육 대상자' 참고). 그리고 원장 또는 어린이집을 설치·운영하는 자는 특별한 사정이 없는 한, 보육교사 등의 보육교직원이 보수교육을 이수할 수 있도록 지원·허락한다.

② 보수교육의 실시

보수교육 실시 전문기관은 시·도지사로부터 통보받은 과정별 보수교육 대상자에게 보수교육을 실시하고 시·도지사로부터 통보받은 과정 이외의 보수교육과정을 운영하고자 하는 경우에는 필히 시·도지사에게 사전에 교육과정 운영 승인을 받아야 하며, 교육 실시 후 교육대상자 명단 등을 시·도지사에게 통보한다. 보수교육 실시 전문기관은 동법 제20조 제4항의 규정에 따라 보건복지부 장관이 정하는 교과목 및 교육시간을 기준으로 교육내용을 편성·운영한다.

③ 보수교육 평가

보수교육 실시 전문기관은 교육생을 대상으로 다음 기준에 따라 보수 교육 이수 여부를 평가하고, 승급교육은 출석시간을 충족하고 평가시험에서 80점 이상을 획득한 경우에 교육을 이수한 것으로 인정(재시험 불가)한다.

④ 수료증 발급 및 교육이수자 명단 통보

보수교육 실시 전문기관은 보수교육을 이수한 자에게 보수교육 수료증을 발급하여야 하고 수료자 명단을 시·도지사에게 통보한다.

보건복지부 장관은 직무교육(일반 및 특별직무교육) 등의 보수교육과정에 대해 인터넷 방식에 의한 온라인 보수교육을 실시할 수 있으며 이 경우 온라인 보수교육을 받은 자는 「영유아보육법」에 의한 보수교육을 받은 것으로 인정한다.

2016년 온라인 특별직무교육 과정 운영

• 교육기관: 삼성복지재단
  (삼성아동교육문화센터: http//ksp.credu.com)
• 교육과정: 특별직무교육 3개 과정(영아, 장애아, 방과 후 보육과정)

(6) 보수교육 비용 지원

교육생 1인당 보수교육 비용의 경우 직무교육은 1인당 6만 원(40시간 기준), 승급교육은 1인당 12만 원(80시간 기준)이다. 보수교육 비용 지원 대상은 현직 보육교직원이 직무교육 및 승급교육을 이수한 경우에 해당하며 예산의 범위 내에서 국가 및 지방자치단체에서 보수교육 비용을 지원한다. 예산의 범위를 초과하여 교육비용을 자비부담하는 조건으로 보수교육을 받는 자는 교육비용의 일부 또는 전부를 보수교육 실시 전문기관에 납부한다.

(7) 지원 절차

시·도지사 또는 시장·군수·구청장은 현직교직원의 보수교육 비용을 보수교육 실시 전문기관에 지원하고 보수교육기관의 귀책사유가 아닌 보수교육 대상자의 귀책사유로 미수료한 경우에는 교육비용을 보수교육기관에 지원한다. 다만, 보수교육기관은 미수료자 명단을 관할 시·도로 통보하여야 하며 시·도에서는 보수교육 미수료자에 대하여 별도의 제재 방안을 마련하여 시행한다. 보수교육 실시 전문기관은 당해 시·도 또는 시·군·구에 국고보조금 신청서를 작성하여 제출하되 교육 이수자 명단을 첨부하여 제출한다. 시·도지사 또는 시장·군수·구청장은 지역 여건에 따라 교육생에게 보수교육비를 교육기관에 선 납부하도록 하고 보수교육을 이수한 경우에 교육비용을 환급하는 방법으로 지원할 수 있으며, 보수교육 평가기준에 따라 보수교육을 이수한 것으로 인정할 수 없는 자에게는 교육비용을 환급할 수 없다.

3. 어린이집에서의 현직교육

- 교사 개인이 주도하는 현직교육으로는 개인적인 정보수집과 지식 습득, 동료교사들 간의 자율적인 교류, 전문단체 가입하기, 진학하기 등을 들 수 있다.
- 어린이집에서 주도하는 현직교육으로는 장학수업, 강사초빙, 우수 기관 탐방, 육아종합지원센터 등을 들 수 있다.

표 12-8 신입보육교사 오리엔테이션 예시

1. 오리엔테이션의 목표

　　신입보육교사에게 새로 근무할 보육시설의 보육 철학과 운영방침 등에 대해 체계적인 안내를 해 줌으로써 빠른 시간 내에 전문적인 보육교사 업무를 수행할 수 있도록 돕는다.

2. 어린이집 소개

 • 어린이집의 보육철학 및 운영방침
 • 어린이집 현황
 • 보육프로그램의 특성

3. 오리엔테이션 일시 및 횟수

 • 근무 시작 전후 1~2주일 내 실시
 • 총 1~3회 실시(보육시설 및 근무상황에 따라 일시와 횟수 조정)

4. 오리엔테이션 내용 및 방법

내용	방법	담당자	자료
• 어린이집의 보육 철학 및 운영방침 　- 어린이집 현황 소개 　- 보육교사의 업무 및 자세 　- 운영규정 및 복무규정에 대한 이해 　- 해당 반 영유아에 대한 이해	• 어린이집 운영 전반에 대한 숙지 및 보육프로그램에 대한 논의	원장 주임 교사	안내 소책자
• 보육 프로그램의 특성 　- 표준보육과정에 대한 이해 　- 보육목표의 이해 　- 하루일과에 따른 교사의 역할	• 관련 도서 숙지 및 논의 • 토론 및 질의응답	주임 교사	표준보육 과정 관련 책자
• 보육일지 및 영유아 관찰기록 작성법 　- 해당 반 영유아에 대한 문서관리 　- 입학원서, 생활기록부, 출석부 등	• 보육일지, 관찰기록 등의 작성방법 숙지 및 논의	주임 교사	보육일지 및 관찰기록 등의 예시
• 부모면담 기법 및 부모관리 　- 부모면담 계획 및 준비 　- 부모면담 기법	• 부모면담을 위한 관련 자료 준비 및 상담 시 유의사항 설명 및 논의	원장 주임 교사	부모면담 자료 예시
• 건강, 영양, 안전관리 　- 건강검진 및 신체계측에 대한 안내 　- 식단작성 및 식습관 지도 　- 안전교육 및 긴급상황 시 대처방법	• 영유아의 건강과 안전에 관련된 지침, 긴급상황 시 교사 지침 등에 대한 숙지 및 논의	주임 교사	관련 자료

학습과제

1. 보수교육의 문제점을 개선하고 연수의 효율성을 증진시키기 위한 개선방안에 대해 토의하시오.

2. 앞으로 어떤 교사가 되고 싶은지 발표하시오.

3. 보육교사 자신의 효능감이 영유아들에게 어떠한 영향을 주게 되는지 토의하시오.

참고문헌

강기수(2000). 교사교육론. 부산: 세종.

권정숙(2002). 유아교사의 반성적 사고 및 반성적 사고수준과 교수능력. 서울여자대학교 대학원 박사학위논문.

김영만(2004). 교사발달단계와 교사의 직무능력 및 직무만족 간의 관계 연구. 인하대학교 대학원 박사학위논문.

김용숙(2011). 보육교사의 관심사와 유아의 창의성 증진을 위한 역할인식 및 교수 효능감 간의 관계 연구. 한국산학기술학회논문지, 12(4), 1646-1653.

김희수, 조은정, 최정신(2011). 유치원 교사의 교사발달단계, 직무수행 능력 및 교사 효능감의 관계. 열린유아교육연구, 16(5), 495-517.

노길영(2000). 경력 유치원 교사를 통해 본 교사 발달의 제 요인 및 유형. 이화여자대학교 대학원 석사학위논문.

백은주(2004). 발달적 장학을 통한 유치원 교사의 발달 과정. 한국교원대학교 대학원 박사학위논문.

보건복지부(2015). 2015 보육사업안내.

서정화(2000). 교장학의 이론과 실제. 서울: 교육과학사.

오한나, 임승렬(2012). 수업장학을 통한 영아교사 전문성 인식 및 교수 실제의 변화 탐구. 한국유아교육학회 정기학술대회, 11-36.

이수남(1995). 학교경영의 근대화. 교육평론사.

정정숙(2001). 유치원교사 현직교육에 관한 연구. 전남대학교 교육대학원 석사학위논문.

한국보육진흥원(2015). 어린이집 평가인증 안내. 서울: 한국보육진흥원.

한국유아교육학회 편(2000). 유아교육사전(용어편). 서울: 한국사전연구사.

Fuller, F. F. (1969). Concerns of teachers: A Development of conceptualization. *American Education Research Journal, 6*(2), 207-226.

OECD(Organization for Economic Cooperation and Development) (2012). Teacher Matter: Attracting, developing and retaining effective teachers.

제**13**장 보육교사의 자기관리

학습개요

　자기관리는 사회적으로 요구되는 일정한 생활방식이나 외양 등을 유지하는 것으로 자기관리의 분야와 개념은 직업의 유형에 따라 다르다. 운동선수에게 있어서 자기관리는 승패에 대한 불확실성으로 인한 심리적 불안감을 이겨 내는 일에서부터 체력 관리 및 시간 관리 등이 포함된 개념으로 볼 수 있으며 학생에게 있어서의 자기관리는 학습을 위한 시간관리, 스트레스와 불안 등과 같은 요인들을 관리하는 것으로 생각할 수 있다. 즉, 자기관리란 목표를 달성하기 위하여 신체적 · 정신적 측면뿐만 아니라 사생활에 이르기까지 다양한 측면에서 자기 절제를 통하여 정신적으로 준비하는 과정이다(허정훈, 2004). 보육교사는 매일의 일과 속에서 영유아, 동료교사, 학부모를 위시한 지역사회 등과 관계를 맺으며 시간을 관리하여 하루의 일과를 구성하고 실행하는 과정을 반복해 나간다. 이 과정에서 교사는 즐거움과 보람도 느끼고 때로는 복합적인 관계 안에서 스트레스를 경험하면서 교사로서 관리의 필요성을 느끼기도 한다. 따라서 이 장에서는 보육교사로서의 이미지 관리, 직무스트레스 관리 측면에서 교사의 자기관리에 대해 살펴보고자 한다.

1. 보육교사의 이미지 관리

1) 이미지의 개념 및 중요성

대부분의 사람들은 처음 사람을 대할 때 시각적인 감각으로 상대방을 탐색하여 어떤 사람인지를 판단하고 이미지를 형성한다. 즉, 상대방의 옷차림이나 생김새, 말투 등의 단서를 통해 그 사람에 대한 이미지를 형성하며 그 이미지를 통해 상대를 기억하게 된다. 이와 같이 어떤 사람이나 사물에 대해 가지는 시각적인 상, 기억, 인상 평가 및 태도 등은 총체적으로 합쳐져서 특정한 감정을 가지게 되는데 이를 이미지라고 한다(김동기, 1979). 따라서 이미지는 자신의 선호 경향에 따라 좋아함/신뢰함 등의 긍정적인 상태로 각인되거나 싫어함/혐오스러움/믿을 수 없음 등의 부정적인 각인 상태로 기억될 수도 있다. 이미지에 대한 개념은 학자에 따라 다양하게 정의된다.

박길순 등(2009)은 이미지를 어떤 사물이나 사람의 내외적 형태의 인위적 모방이나 재현이라고 했으며, 염지숙 등(2011)은 한 대상에 대하여 사람이 가지는 신념, 인상의 집합체이고 태도를 형성하는 요소이며 주관적 지식이자 어떤 대상에 대한 평가라고 하였다.

홀스티(Holsti, 1961)는 이미지의 개념을 확장해서 세 가지 속성이 포함된다고 하였다(유희, 2010 재인용). 첫 번째 속성은 어떤 대상이나 사실 또는 상태에 대한 개인의 인지이고, 두 번째 속성은 대상이나 상태에 대한 선의, 호의, 적의 등과 같은 가치 평가이며, 세 번째 속성은 그 대상에 귀결되거나 그로부터 추출되는 의미다. 즉, 어떤 대상이나 사람의 이미지는 그들을 '무엇이다'라고 규정하고 '어떠하다'라는 말로 표현하며 가치를 평가하는 것이고 개인의 경험이나 성장 배경, 가치, 요구 등에 따라 서로 다른 이미지를 형성하기도 한다. 이러한 이미지는 인간관계를 맺고 삶을 살아가는 데 많은 영향을 미친다. 특히, 자신에게 가지는 자기 이미지는 더욱 중요하다. 자기 이미지가 긍정적인 사람은 대인관계도 원만하여 별다른 문제를 가지지 않으므로 직장에서 자기 성취를 가지고 생산적으로 자신의 업무를 수행한다. 반면에 자기 이미지가 부정적인 사람은 대인관계가 원만하지 못해 직장 동료나 상사와의 관계에서 협력을 기대하기 어렵고 의사소통에도 문제가 생기기 쉽다(김경호, 2004). 이를 간단하게 제시하면 [그림 13-1]과 같다.

[그림 13-1] 자기 이미지가 개인에게 미치는 영향

출처: 김경호(2004). 이미지 메이킹의 개념 정립과 프로그램의 효과성 분석 연구.

2) 이미지 형성 요소

21세기는 '이미지 연출 시대'라고 할 만큼 시각적으로 보이는 전체적인 이미지가 매우 중요하게 인식되고 있다. 왜냐하면 이미지는 당사자를 표현하고 규정하며 그 사람의 가치로 인식되는 것이기 때문이다. 특히, 자신의 이미지가 가장 잘 나타나는 외모는 사람의 내적 이미지를 외부로 표현하는 표상이며 첫인상을 좌우하고 한 사람의 이미지를 결정짓는 중요한 요소다. 따라서 내적 이미지를 잘 표현하고 전달하려면, 그것을 포장하고 있는 외적 이미지를 어떻게 연출하고 나타내느냐가 좋은 이미지를 형성하는 데 관건이 된다(김경호, 2004). 그러므로 좋은 이미지를 형성하기 위해서는 내가 누구이며 나다운 모습은 무엇인가를 알고 자신의 사회적 지위에 적절한 이미지를 만들 줄 알아야 한다.

한정호(2000)는 이미지를 구성하는 요소에는 평가적·차별적·상징적 이미지가 있다고 제시하였다. 평가적 이미지는 어떤 대상의 활동이나 그 결과에 대한 옳고 그름을 평가하는 차원으로 우리가 흔히 사용하는 '평판'이라는 개념이라 할 수 있다. 차별적 이미지는 어떤 조직이나 직업, 상표 등이 특성적으로 다른 면을 가지는 것으로 좋고 나쁨의 차원이 아니라 어떤 특성 혹은 개성을 가지는 부분이라 할 수 있다. 상징적 이미지는 어떤 대상의 특성을 설명하는 데 한계가 있을 때 상징을 통해 대상에 대한 특별한 의미를 부여할 수 있는데, 여기서 상징은 단순한 지시기호의 기능을 가진 사인(sign)과는 엄밀히 구별된다. 박경임(2012)은 이미지를 형성하는 요소를 정신적 이미지, 시각적 이미지, 행동적 이미지로 나누어 살펴보았으며 이에 대한 내용은 다음과 같다.

(1) 정신적 이미지

정신적 이미지는 개인 이미지의 본질에 해당되는 부분으로 각 개인의 성품이나 신념, 철학 등을 바탕으로 자신의 사상과 가치관으로 표출될 수 있는 이미지를 말한다(박길순, 손향미, 박수진, 윤소영, 2009). 따라서 정신적 이미지는 겉모양으로 관찰되지 않는 마음가짐이나 가치관 등과 같은 내적 이미지라 하겠다. 이러한 내적 이미지는 눈에 보이지는 않지만 사람의 겉모양이나 행동, 태도 등을 통해 나타나 외적 이미지를 형성하는 데 영향을 미친다. 또한 정신적 이미지는 외적 이미지와 상호작용하여 몸의 이미지를 구성하고 반복되는 과정을 통해 하나의 개인 이미지로 탄생하게 되는 것이다.

(2) 시각적 이미지

시각적 이미지는 어떤 대상과 마주쳤을 때 감각적으로 인지하게 되는 외형적인 요소를 말하는 것으로 사람의 첫인상을 결정하는 중요한 요소다. 즉, 시각적 이미지는 시각적으로 보여지는 외형적인 모습의 일부분 또는 보이는 전체의 이미지를 말하는 것으로 행동적 이미지와 달리 정적이며 단편적인 외모와 모습들에게서 풍겨 나는 이미지인 표정이나 옷차림, 머리모양, 메이크업 등을 말한다.

(3) 행동적 이미지

행동적 이미지는 자기 자신의 정신적 그리고 시각적 이미지가 행동으로 표출되어 만들어지는 이미지로 표정, 자세, 동작, 매너로 나누어 볼 수 있다(박길순 외, 2009). 자세, 태도는 행위를 추진하는 신념으로 대상과 사건을 분류하고 그에 대해 어느 정도 일관성 있게 반응하는 경향을 가리키는 말이며(브리태니커 사전, 2014), 사회문화적인 환경에 따라 다르게 형성된다. 또한 공격적이거나 친근한 자세, 신중하거나 애정 어린 자세, 긴장한 자세나 긴장이 풀린 자세 등 대개 심리상태나 일정한 특징을 나타내는 움직임으로도 표현되는 이미지다.

3) 보육교사의 이미지 관리

(1) 일반적 이미지 관리

현대사회는 이미지 연출시대라 할 만큼 시각적으로 보이는 전체적인 이미지가 매우 중요하게 인식되고 있다. 따라서 사람들은 상대방에게 좋은 인상을 줌으로써 호감을 갖게 만들고 긍정적인 관계를 형성해 나가고자 한다. 즉, 어떤 분야에서든 타인에게 설득력 있는 자신의 이미지는 사회생활을 하는 데 유용한 자원으로 더욱 중요시되고 있다. 로버트(Robert, 2005)는 사람들이 전문가다운 이미지를 구축하기 위하여 자신의 개인적 정체성과 사회적 정체성 사이에서 갈등하면서 자신의 이미지 관리 방향을 차별화할 것인지, 동화할 것인지를 결정한다고 하였다. 그리고 이때 사람들이 사용하는 이미지 관리 전략을 네 가지, 즉 통합 전략, 긍정적 차별 또는 확증 전략, 동화 전략, 탈범주화 전략으로 제시하였다(유희, 2010 재인용). 이에 대한 구체적인 내용은 〈표 13-1〉과 같다.

표 13-1 이미지 관리 전략

통합 전략	자신이 갖고 있는 사회적 정체성을 선호하는 그룹의 속성과 소통하고 통합함으로써 자신의 전문적 이미지와 결합시키려는 시도를 의미한다. 통합 전략은 소수 그룹이 자신들의 사회적 정체성을 유지하면서도 주류 그룹과의 긍정적인 관계를 찾음으로써 통합 전략을 사용하고 주장하는 것이기 때문에 동화와 차별 전략을 동시에 사용하는 적극적이고 긍정적인 특징을 갖는 전략 유형이다.
긍정적 차별 또는 확증 전략	자신이 원하는 보상과 성과를 거두기 위해 자신의 사회적 정체성에 대한 고정관념을 자본화하는 전략이다. 즉, 자신의 사회적 정체성이 부정적일 경우라도 소속 그룹이 선호하는 속성들과 소통하고 다른 사람들의 부정적 고정관념에 도전함으로써 자신의 전문적 이미지와 결합시키려는 전략적 시도를 말한다. 반대로 긍정적인 사회적 정체성을 가지고 있다 하더라도 자신들의 일체감을 높이거나 자신의 정통성을 증명해야 할 때 사용하기도 한다.
동화 전략	자신이 원하는 보상과 성과를 거두기 위해 자신이 속해 있는 사회적 정체성과 구별하고, 보다 긍정적으로 여겨지는 그룹과의 유사성을 강조함으로써 자신의 사회적 정체성의 특징을 줄이려는 시도를 말한다. 즉, 한 사회집단에 전형적으로 받아들여진 옷차림인 의복 규범을 받아들이거나 그 의복 규범을 선택함으로써 전문적인 능력을 갖춘 인상을 형성하려는 것을 말한다.
탈범주화 전략	저평가된 사회적 정체성의 그룹 특성으로 범주화되는 것을 피하거나 차단하는 것을 말한다. 이것은 일종의 자기 보호적 전략으로 일시적으로는 자신에 대한 부정적인 평가는 예방할 수 있지만 우호적으로 보이지 않고, 장기간 사용될 때 타인에게 희미한 인상을 남기거나 관심이나 친밀감을 갖고 싶어 하지 않는 사람으로 인식되기 쉬운 소극적이고 부정적인 전략 유형이라고 할 수 있다.

김은영(1991)은 자신의 이미지를 효과적으로 관리하기 위해 우선적으로 알아야 할 사항들을 다음과 같이 제시하고 있다.

첫째, 자신에 대한 긍정적인 시각이 필요하다. 자신의 이미지에 대한 스스로의 평가에서 자신감이 있는 사람은 사회생활에서 능동적인 행동을 취하게 되고, 이 같은 반응은 또다시 밖으로 드러나는 이미지에 영향을 미치게 된다. 따라서 자신의 이미지를 변화시키고 싶다면 우선 자신을 새롭게 바라보는 긍정적인 시각이 필요하다.

둘째, 자신의 체형을 정확히 파악하여 신체적 결점을 자신만의 개성으로 살린다. 이 세상에 완벽한 외모를 가진 사람은 존재하지 않는다. 얼굴, 어깨, 가슴, 허리, 다리 등으로 세분화하여 어떻게 하는 것이 체형의 장점을 살릴 수 있는지를 연구한 후 장점을 강조하고 단점을 보완함으로써 신체적 이미지를 바람직한 방향으로 수정할 수 있다.

셋째, 상황에 맞는 옷차림과 옷차림에 어울리는 자세와 행동을 한다. 상황에 맞는 옷차림은 사회생활을 영위하는 데 있어 매우 중요한 일이므로 어떤 목적으로 어느 시간에 어느 장소에 가느냐에 따라 그에 어울리는 차림을 해야 한다. 또한 옷차림에 걸맞지 않는 자세와 행동은 오히려 자신의 이미지를 저하시킬 수 있으므로 상황에 맞는 옷차림에 부합되는 자세와 행동을 해야 한다.

넷째, 자신의 이미지에 맞는 스타일을 찾는다. 사람마다 어울리는 스타일이 다르기 때문에 자신의 이미지에 어울리는 스타일을 연출할 줄 아는 패션 센스가 필요하다. 유행은 끊임없이 바뀌어 가고, 자신의 사회적 지위도 달라지는데 언제까지 똑같은 모습으로 있는 것은 바람직하지 못하다. 자신만의 스타일을 찾기 위해 의복의 색, 디자인, 소재 등 기본적인 것에서부터 다양하게 변화를 시도해 보려는 노력이 필요하다.

(2) 보육교사의 이미지 관리

교사에 대한 이미지는 사회문화 환경에 따라 변하기도 하며 교사를 바라보는 관점에 따라 변하기도 한다. 일반적으로 교사에 대한 이미지는 열심히 일하는 사람, 안내자, 전문가, 인간성 좋은 사람, 신체적 요소를 창조하는 사람, 교육과정을 만드는 사람, 특권이 있는 사람 등으로 매우 다양하다(황진화, 2011).

교사의 이미지라는 개념은 교사가 지녀야 할 어떤 이상형을 말하는 것이다. 이금란(2000)은 유치원 교사에 대한 이미지는 현존하는 이미지와 우리가 바라는 이상적인 이미지가 병존하고 있다고 보았으며 역할, 자질, 전문성의 세 가지 차원에서 유치원 교사의 이미지를 구분하였다. 그 결과, 유치원 교사의 이미지는 교육전문가, 부모, 의욕적인 사람, 순수한 사람, 예쁘고 다재다능한 사람, 힘든 일을 하는 사람의 이미지로 나타났다고 하였다. 조운주(2007)는 유치원과 어린이집 교사에 대한 이미지를 조사한 결과, 아름다우면서도 활동적인 양성적 외모 이미지, 표면적으로는 미소와 사랑을 나타내지만 내면적으로는 긴장과 힘듦을 갖는 양면적인 정서적 이미지, 이해와 헌신으로 돌보는 가르침의 이미지를 갖고 있는 것으로 나타났다고 하였다. 특히, 영아반 보육교사의 이미지에 대한 학부모들의 인식을 조사한 결과, 어머니들은 보육교사들이 아이들을 진정으로 사랑하고 항상 온화하고 밝은 표정으로 생활하는 사람이며 모든 일에 능동적으로 참여하는 존재로 인식하였다(김향숙, 2013).

[그림 13-2]에서 보듯이 유아교사의 이미지는 한마디로 정의하기 어려울 만큼 다양한 이미지를 가지고 있다. 그러나 대체적으로 유아교사에 대한 이미지는 초·중등 교원들과는 달리 낮은 사회적 이미지를 갖고 있으며, 전문성의 인정은 물론 사회적·경제적 대우 또한 차별받고 있다. 따라서 보육교사에 대한 이미지를 개선하고 좀 더 전문가로서의 이미지를 가지기 위한 노력들이 이루어져야 할 것이다.

사람들은 사회활동이나 직장생활을 해 나가면서 자신의 이미지를 관리하기 위한 행동을 의식적으로 또는 무의식적으로 계속하게 된다(이서윤, 2010). 우선적으로 인간은 겉으로 드러나는 외적 이미지를 위하여 옷차림이나 머리 모양, 화장 등 패션과 관련된 이미지 관리를 한다. 이와 동시에 자신의 인격을 높이기 위한 내적 관리도 이루어져야 한다. 이와 같은 관점에서 볼 때 보육교사는 교사라는 특성을 고려해야 하며, 교육기관의 얼굴이므로 옷차림이나 태도를 품위 있게 유지할 필요가 있다. 유아교사의 이미지에 맞는 복장, 표정, 행동은 다음과 같다(김윤섭, 2011).

첫째, 유아교사의 기본적인 옷차림은 교사 개인의 기호대로 검정이나 어두운 색상의 옷보다는 유아들에게 정서적으로 좋은 영향을 줄 수 있는 밝고 화사한 느낌의 원피스나 편안한 플레어스커트 차림을 준비하는 것이 좋다. 그리고 활동하기 불편하고 보기에도 혐오스러운 차림은 피하도록 한다. 특히, 유아들과 활동 중 허리를 숙였을 때, 속이 들여

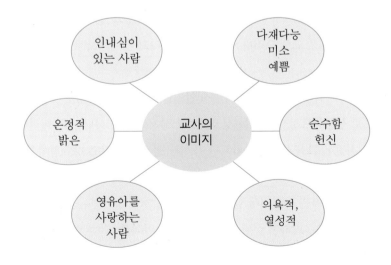

[그림 13-2] 일반적인 유아교사의 이미지

다 보이거나 속옷이 겉으로 보이는 옷, 치렁치렁한 장신구가 달린 상의, 너무 높은 굽의 신발, 몸매가 드러나는 스키니진 등은 피하도록 한다. 행사가 있는 날에는 행사 목적과 특성을 고려하여 적합한 복장을 준비한다. 너무 밝은 색상의 머리 염색은 바람직하지 않으며, 앞머리가 길게 흘러내리지 않도록 짧게 하거나 머리핀, 머리띠 등으로 고정시키는 것이 좋다. 특히, 긴 머리는 앞으로 내려오지 않도록 묶거나 올려서 영유아들과 수업을 진행할 때 지장을 주지 않도록 한다. 화장은 기본적인 메이크업을 하되 너무 어둡고 진한 색의 색조화장은 피하도록 한다. 반대로 기본 화장을 하지 않아 생기가 없어 보이거나 너무 피곤해 보이는 것도 바람직하지 않다.

둘째, 항상 미소를 머금는 밝은 표정으로 영유아들과 학부모에게 긍정적인 이미지를 심어 주도록 한다.

셋째, 교사가 산만하면 학급 분위기가 산만해져 아이들에게도 영향을 미치므로 차분하고 침착하게 행동하도록 노력한다. 분노, 화, 짜증 섞인 감정이 그대로 드러나지 않도록 주의하여 유아들에게 일관적인 태도로 안정감을 느끼도록 한다.

교사로서의 외적 이미지 관리도 중요하지만 보육교사는 교직에 대한 전문가로서의 이미지 관리에도 신경을 써야 한다. 즉, 교육에 있어서 프로페셔널한 이미지를 가져야 한다. 프로페셔널이란 자신의 일과 인생 모두에서 지식을 효과적으로 사용하여 목표를 달성한 사람을 일컫는 것으로 프로페셔널이 되기 위한 지식은 행동하는 데 효과가 있는 정보이고, 행동을 통해 스스로를 증명할 수 있는 것이며, 그 결과는 개인의 내면에 머무르는 것이 아니라 바깥으로 드러나 사회적으로 그리고 경제적으로 표현되는 것을 말한다(Drucker, 2001).

따라서 프로페셔널은 자신의 직업이 무엇인지를 파악하고 그 직업에서 요구하는 과업에 능동적으로 행동함으로써 목표를 성공적으로 실천해 내는 사람이다. 이러한 관점에서 볼 때 프로페셔널한 보육교사는 바람직한 품성과 인격을 가지고 가르침에 대한 내적 가치를 이해하여 영유아의 발달 특성에 맞는 교육을 제공하는 교사라고 할 수 있다. 이를 지식, 신념, 기술의 세 가지 차원에서 살펴보면, 지식은 전공과 관련된 전문지식이나 교수방법 등의 학문적 능력을 말하며 신념은 교사의 태도, 가치관, 인성 및 소명의식 등을 의미한다. 기술은 수업을 진행하거나 교육자료를 개발하고 학습을 경영하는 능력을 말하는 것으로 전문가로서 보육교사가 지녀야 할 지식, 신념, 기술의 예는 〈표 13-2〉와 같다.

표 13-2   전문가로서 이미지 관리의 예

지식	• 영유아의 발달 특성을 이해한다. • 교사로서 자신에게 필요한 역량이 무엇인지를 알고 개발하기 위해 노력한다. • 가르치는 일은 정답이 없고 매우 복잡한 일이라는 것을 인식한다. • 영유아의 문제행동 원인을 분석하고 지도에 필요한 구체적인 방법을 안다.
신념	• 자신이 전문성을 가진 사람임을 인식한다. • 자신은 평생학습을 하는 학습자임을 인식한다. • 전문가로서 지켜야 할 책임과 의무를 다한다. • 가르치는 일에는 윤리적 딜레마가 포함되어 있다는 것을 인식한다. • 학부모들은 영유아교육을 위한 훌륭한 파트너임을 인식한다.
기술	• 영유아의 발달 특성을 고려하여 교육과정을 계획하고 운영한다. • 교육과정을 구성하고 실행한 후 그에 따른 평가와 그 결과를 반영하여 다음 교육과정 구성에 반영한다. • 어린이집 구성원 간의 권리가 충돌할 때 교육적 신념과 윤리강령에 의거해 의사결정을 할 수 있다. • 자신이 속한 기관의 특성을 이해하고 교사로서 책임과 의무를 다한다. • 교사가 숙지해야 할 주기별 업무를 숙지하고 실행한다. • 학부모들이 자발적으로 어린이집 교육활동에 참여할 수 있도록 격려한다.

좋은 이미지를 심어 주는 방법

• 사람을 대할 때 미소 띤 얼굴로 대하라.
• 상대방에게 성실한 관심을 기울여라.
• 친절한 봉사를 통해 친밀감을 느끼게 하라.
• 매력 있는 개성을 지니도록 하라.
• 이름을 기억하라.
• 상대방의 말을 진지하게 들어라.

출처: 박연호, 이종호, 임영제(2013). 현대인간관계론.

2. 보육교사의 직무스트레스 관리

1) 스트레스와 직무스트레스의 개념

스트레스는 사람이 삶을 살아가면서 자주 접하고 경험하는 것으로 특히, 어려운 상황이나 문제 상황에 접했을 때 느끼는 감정이나 심리적 긴장 상태를 말한다. 우리는 복잡한 문제가 발생하거나 많은 일들이 한꺼번에 몰려 올 때 '스트레스 받는다'라고 표현한다. 급속한 변화와 복잡한 현대사회 속에서 누구든지 스트레스를 피해 갈 수는 없다. 그러나 똑같은 상황에서 어떤 사람은 스트레스로 느끼지만 어떤 사람은 스트레스라고 여기지 않는다. 왜냐하면 스트레스는 외부환경에 의해서도 발생하지만 개인이 외부환경에 어떻게 반응하고 대처하느냐에 따라서도 달라지기 때문이다. 즉, 스트레스는 개인이 외부환경으로부터 받는 자극이나 반응과 더불어 그 환경적 자극을 해석하고 대처하는 개인의 능력까지를 포함하는 개념이다(이은상 외, 2013). 따라서 신혜영(2005)은 스트레스를 자극중심 관점, 반응중심 관점, 인간과 환경과 상호관계를 강조한 상호작용중심 관점 등 세 가지로 구분할 수 있다고 하였다. 이를 구체적으로 살펴보면 다음과 같다.

첫째, 자극중심 관점은 스트레스를 하나의 자극으로 인식하여 어떤 상황이 개인의 스트레스를 유발하는지 밝히는 것이다. 이 관점은 스트레스를 이해하는 데 기여하였지만 개인의 심리적 중간과정을 무시하고 상황으로만 스트레스를 이해하여 동일한 스트레스지만 개인차를 설명할 수 없는 한계점을 가진다.

둘째, 반응중심 관점은 스트레스에 있어서 개인차를 강조한 것으로 신체적 혹은 생리적 변화에 초점을 두어 다양한 스트레스 요인들이 유사한 반응을 유발시키는 것을 밝혔지만 원인 자체에 대한 설명이 되지 않는다는 문제점이 있다.

셋째, 상호작용중심 관점은 앞의 두 가지 관점을 절충한 것으로 현대 스트레스 개념 정의에 보편적으로 사용되고 있는 관점이다. 즉, 인간은 동일한 외부자극을 받더라도 개인이 처한 상황이나 자원에 따라 경험하는 스트레스가 달라질 수 있음을 나타낸다.

스트레스에 대한 관점의 변화와 더불어 교사의 직무스트레스를 바라보는 관점 또한 변해 왔다. 즉, 교사의 직무스트레스에 대한 초기연구들은 환경적 측면에서만 직무스트레스를 연구했지만 점차 교사 개인과 환경의 상호작용에 대한 관점에서 스트레스를 조망하고 있다.

따라서 보육교사의 직무스트레스란 교사로서 직무를 수행하는 과정에서 사람, 사물 또는 사건으로 인하여 심리적으로 불쾌한 정서를 경험하는 것이다(Kyriacou, 1987: 박은혜, 2005 재인용). 또한 보육의 목적을 달성하기 위한 직무수행과정에서 보육교사 자신의 욕구와 능력 간의 불균형으로부터 개인의 정서, 행동, 생화학 반응 등의 변화가 초래된 것이라 할 수 있다(이은진, 1999). 박영호, 김정인(2000)은 여러 연구에서 제시하고 있는 개념들을 토대로 교사가 직무를 수행하는 과정에서 과도한 환경적 요구 혹은 위험을 지각함으로써 경험하게 되는 신체 및 정서적 증상을 교사의 직무스트레스라고 하였다. 또한 직무스트레스는 조직 내의 구성원이 직무를 수행하는 과정에서 다양한 환경적 요인에 영향을 받아서 인지하게 되는 현상이라는 점에서 볼 때, 교사의 직무스트레스는 직무수행과정에서 직면하고 있는 문제가 교사 자신의 문제해결능력을 초월하고 복지를 위협하며 불쾌하고 부정적인 정서를 경험하게 하는 것으로 긴장, 욕구좌절, 불안, 분노, 우울 등을 포함한다(정용화, 2010).

이와 같이 직무스트레스는 학자에 따라 개념 정의가 다소 상이하지만 보육교사가 근무하고 있는 환경(어린이집의 조직문화, 특성, 영유아와 학부모의 특성, 동료교사와의 관계, 근무여건 등)과 개인적인 속성(성격, 경력이나 학력, 교직 사명감 등)에 의해 좌우될 수 있다는 것을 알 수 있으며 개인과 환경의 부조화, 부적절한 역할 부여 등으로 개인적 속성과 조직 환경 사이에서 발생하는 갈등이라고 할 수 있다.

2) 직무스트레스의 원인

교사는 영유아들을 교육하고 지도하면서 동시에 학부모, 동료교사 및 원장, 지역사회와 끊임없이 상호작용하고 그와 관련된 업무를 수행하는 과정에서 다양한 직무스트레스를 경험하게 된다. 특히, 보육교사는 다른 공립유치원, 초 · 중 · 고등 교사에 비해 낮은 임금과 과중한 업무, 열악한 행정 지원 및 업무 과다로 많은 스트레스를 느낀다(석은조, 오성숙, 2007). 또한 보육교사들은 부모의 무례한 태도와 영유아의 안전사고와 관련해서 직무스트레스를 많이 느끼는데, 예를 들어 영유아가 다칠 경우, 보육교사 스스로 부모에게 죄책감을 느끼고 업무 수행과정에서 교사 스스로를 무능한 존재로 인식하면서 직무 스트레스가 높아지는 것으로 나타났다(김유진, 2003; 허송연, 2002).

보육교사의 직무와 관련한 스트레스의 원인은 학자마다 다르게 분류하여 제시하고 있지만, 일반적인 직무스트레스 유발 요인은 [그림 13-3]과 같다(Jex & Britt, 2008: 이순형 외, 2013 재인용).

[그림 13-3]에서 보듯이 젝스와 브리트(Jex & Britt, 2008)는 역할스트레스, 업무부하, 대인갈등, 조직제약, 지각된 통제감, 직장-가정 갈등, 정서노동, 해고 및 직무불안정, 인수 및 합병에 의해 스트레스가 유발된다고 하였다(이순형 외, 2013 재인용).

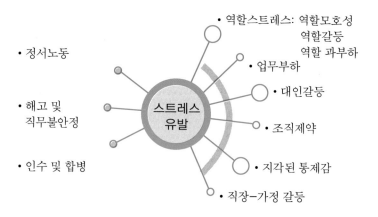

[그림 13-3] 젝스와 브리트(2008)의 스트레스 유발 요인 분류

- 역할스트레스는 자신이 해야 할 일이 무엇인지 확실하지 않아 생기는 역할모호성과 동시에 여러 가지 역할이 기대될 때 갈등적인 요구사항으로 생기는 역할갈등, 개인에게 요구되는 업무요구가 과다하다고 느끼는 경우에 생기는 역할 과부하로 구분된다.
- 업무부하는 주어진 시간 동안에 수행해야 하는 일의 양으로 인해 생기는 스트레스 요인을 의미한다.
- 대인갈등은 조직 내 다른 구성원들과 부정적으로 얽힌 상호작용으로 인해 생기는 스트레스를 말한다.
- 조직제약은 직원이 자신의 능력을 최대한 발휘할 수 없게 만드는 조직의 여건으로 인해 생기는 스트레스 요인을 의미한다.

- 지각된 통제감은 직무수행 및 직무 관련 의사결정에 대한 재량권을 어느 정도 가지고 있는지에 대한 지각으로 생기는 스트레스 요인을 의미한다.
- 직장-가정 갈등은 직장에서의 역할과 가정 내에서의 역할 차이에 따른 갈등으로 생기는 스트레스 요인을 말한다.
- 인수 및 합병은 서로 다른 두 개 이상의 조직이 하나의 조직으로 합쳐지는 것으로 인해 생기는 스트레스 요인을 의미한다.
- 해고 및 직무불안정은 동료직원의 해고를 관찰하면서 직무불안정을 느껴 생기는 스트레스 요인을 의미한다.
- 정서노동은 직무수행과정에서 직면하게 되는 정서적 요구로 생기는 스트레스 요인을 의미한다.

또한 직무스트레스는 개인의 특성이나 업무상의 특성, 환경의 특성이 상호 의존적으로 작용하여 나타난 결과로 개인 내적 특성과 환경적 특성으로도 나누어 살펴볼 수 있다.

개인 내적 특성에는 성격, 경험, 능력, 욕구 및 가치, 교사로서의 사명감 등이 있으며 환경적 특성으로는 어린이집의 조직 문화와 구조, 학부모·영유아·동료교사와의 관계, 승진, 근무여건, 집단 내의 갈등 등이 있다.

교사의 경력에 따른 직무스트레스의 차이를 조사한 연구들을 살펴보면, 1년 미만의 초임교사가 5년 이상의 교사보다 원아들과의 활동에서 느끼는 직무스트레스를 더 많이 경험하는 것으로 나타났다(김옥주, 조혜진, 2010). 특히, 교사경력이 적은 교사와 미혼 교사들은 환경적 요인 중 하나인 학부모와 관련하여 직무스트레스를 많이 경험하는 것으로 나타났다(김수현, 2013). 이는 미혼이나 경력이 적은 교사는 교직 입문 과정을 밟고 바로 임용되는 경우가 많고 영유아에 대한 경험 부족으로 다양한 영유아의 욕구나 학부모의 요구에 빠르게 대처하는 능력이 떨어질 수 있기 때문이며, 학부모는 그런 모습에서 불안한 시선으로 교사를 바라보기 때문으로 생각된다.

환경적 요인들에 의한 직무스트레스 연구들을 살펴보면, 보육교사의 보수가 적거나 근무시간이 길수록, 동료교사가 많은 어린이집일수록, 보육교사를 비전문직으로 인식하는 사회적 편견을 지속적으로 경험하거나 하루 종일 영유아들과 함께 생활하는 가운데 경험하는 신체적 소진도 보육교사의 직무스트레스를 가중시켰는데(강이슬, 강민경, 2011; 김수현, 2013; 이윤영 외, 2013), 이를 구체적으로 살펴보면 다음과 같다(Kyriacou & Sutcliffe, 1980: 이은상 외, 2013 재인용).

첫째, 기관의 폐쇄성을 들 수 있다. 교사의 자율성이 제한되고 하향식 전달 및 일방적 통보에 의한 운영 및 회의 등이 포함될 수 있다. 즉, 토의나 의견을 물어서 의사결정에 교사를 참여시키는 것이 아니라 원장의 의견을 일방적으로 수용해야 하는 상황이 교사의 직무스트레스를 높인다는 것이다.

둘째, 권위의 상실이다. 보육과정을 계획하고 실행하는 의사결정 과정에서 중상급자나 부모 등의 지나친 간섭과 다양한 평가활동 및 부당한 지시 등은 교사로서의 권위를 상실시켜 직무스트레스를 가중시킨다.

셋째, 낮은 사회적 대우를 들 수 있다. 보육교사들은 사회경제적으로 낮게 평가되고, 전문성에 대한 인식이 높지 않은 것이 사실이다. 또한 경력이 높아짐에 따라 승진 및 그에 관련한 성취감을 가질 수 있는 기회가 매우 제한적인 현실에서 직무스트레스를 느낀다.

넷째, 보육시간과 근무시간의 과다를 들 수 있다. 보육교사들은 맞벌이 부모의 직장근무시간으로 인해 근무시간이 10시간을 초과하는 것이 일상이며, 행사준비나 특정 행정업무 처리로 인해 초과근무가 불가피하다 보니 이로 인한 직무스트레스가 가중된다.

다섯째, 과다한 업무와 보조 인력의 부족이다. 보육교사는 교실 청소, 문서관리, 홈페이지 관리, 교육자료 개발 등 매우 복합적이고 다양한 업무를 수행해야 한다. 그러나 대부분의 어린이집은 이들을 지원하고 조력해 줄 보조 인력이 부족하여 보육교사는 혼자서 이 모든 일을 감당하면서 직무스트레스를 경험한다.

여섯째, 적정 수당 지급의 문제를 들 수 있다. 보육교사가 교재교구를 개발한다든가, 교육일지 작성 및 부모 상담 등으로 퇴근이 늦어질 경우 그에 적절한 수당이 지급되어야 한다. 그러나 어린이집의 재정적인 문제나 원장의 경영관으로 인해 수당이 지급되지 않을 때 자신의 업무가 정당한 일로 수용되지 않음에 직무스트레스를 느낀다.

일곱째, 대인관계의 어려움이다. 보육교사는 학부모나 원장, 동료교사 등의 성격 및 성향에 의해 관계의 불화 및 갈등을 느낄 수 있다. 특히, 어린이집은 두 명이나 세 명의 교사가 한 학급의 담임이 되어 교육과정을 운영하는 기관이 많다. 이때 동료교사들 간에

원만하고 협력적인 분위기가 형성되면 교육과정이 순조롭게 운영될 수 있지만 그렇지
않을 경우 스트레스가 되어 교직 생활에 부정적인 영향을 미친다.

3) 직무스트레스 관리

스트레스는 만병의 근원으로 인간은 스트레스를 받게 되면 노르에피네프린, 코르티
솔, 성장호르몬, 남성호르몬 등의 스트레스 호르몬이 과도하게 분비된다고 한다. 이러한
스트레스 호르몬은 자율신경계에 좋지 않은 영향을 미쳐 근육을 긴장시키며 소화도 방
해하고 어지러움, 두통, 고혈압 등의 장애를 일으키며 심장, 머리, 위와 십이지장, 폐 등
의 신체 장기에도 다양한 영향을 미친다(이상혁, 2003: 김정휘, 김태욱, 2006 재인용).

직무스트레스는 교사의 발전을 꾀한다는 긍정적인 면도 있지만 장기간 계속되면 교
사의 책무성, 효율성, 근무의욕과 사기를 저하시키고 교사의 정신적 · 신체적 건강을 손
상시킨다(유희정, 이미화, 2004). 이러한 결과는 교사가 효율적으로 학급을 이끌어 가는
데 장애가 될 뿐만 아니라 영유아의 건강한 발달을 지원하는 데 방해가 될 수 있다. 그러
므로 교사들은 직무스트레스를 적절하게 관리하여 건강한 몸과 마음의 상태를 유지할
수 있어야 한다. 문혁준 등(2014)은 교사의 직무스트레스 감소에 영향을 줄 수 있는 요인
을 [그림 13-4]와 같이 제시하고 있다.

개인의 지각 정도에 따라 스트레스 강도가 다른 것과 마찬가지로, 직무스트레스를 관

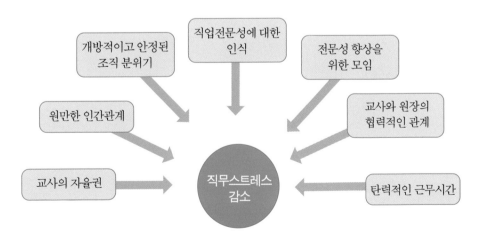

[그림 13-4] 보육교사의 직무스트레스 감소에 영향을 주는 요인

리하고 그에 적절하게 대처하는 방안 또한 개인에 따라 다르게 나타난다. 이에 대해 포크만과 라자루스(Folkman & Lazarus, 1980)는 네 가지로 제시하였다(이장환, 2013 재인용).

첫째, 문제중심 대처방식이다. 이는 스트레스 상황에 직면했을 때, 스트레스가 되는 문제를 수용하고 이를 능동적으로 변화시켜 영향을 주기 위한 노력을 말한다. 즉, 당면한 문제를 회피하지 않고 문제를 더 잘 이해하기 위해 그 일을 더 자세히 분석하여 적극적으로 해결하려는 대처방식이다.

둘째, 사회적 지지추구 대처방식이다. 이는 스트레스 상황에 직면했을 때, 친구나 신뢰할 수 있는 주변 사람으로부터 지지나 조언 등의 도움을 구하는 것이다.

셋째, 정서중심 대처방식이다. 이는 스트레스 상황에서 유발된 감정 상태를 통제하기 위한 노력을 일컫는 것으로 문제 상황을 잊기 위해 다른 일을 하거나 상관없는 활동을 함으로써 자신의 기분을 전환시키는 것을 의미한다.

넷째, 소망적 대처방식이다. 이는 스트레스에서 벗어나거나 상황이 종결된 상태를 공상이나 상상하는 것으로 그 일이 지금보다 더 나쁠 수 있었음을 스스로 일깨움으로써 현실에서 회피하고 정서를 조절하여 대처하는 것이다.

비어와 바젯(Beehr & Bhaget, 1985)은 여러 가지 관련 문헌에서 소개하고 있는 스트레스 대처 전략의 실제를 〈표 13-3〉과 같이 제시하고 있다(김정휘, 김태욱, 2006 재인용). 이와 같이 스트레스를 관리하는 방법은 매우 다양하며 대처해 나가는 방식 또한 개인의 특성마다 다르다.

표 13-3 스트레스 대처 전략

1	공감대가 형성되는 타인과 어울려서 대화를 나눈다.	21	특정인을 너무 지나치게 편애하지 않도록 한다.
2	작업 집단에서의 규준을 경쟁이 아닌 협력관계로 설정한다.	22	행동수정
3	다른 사람에게 도움을 요구하도록 대표를 파견한다.	23	전망적인 시각을 발달시킨다. 앞으로도 회피할 수 없음을 인식한다.
4	감독자와 만족스러운 관계를 확립한다.	24	상황이 바뀔 때 보상하도록 당신이 약속한다.
5	중압감에 대하여 반응하는 대신 계획을 세운다.	25	타인에게 관심을 기울인다.
6	놀이, 고독, 평정을 위한 시간을 갖는다.	26	매년 건강진단을 받는다.
7	스트레스를 일으키는 상황으로부터 주의를 돌린다.	27	동료들의 지지를 받도록 인간관계에 신경을 쓴다.
8	자아각성 스트레스에 대하여 스스로가 어떻게 반응하고, 자신이 스트레스를 받는 원인이 무엇인지를 성찰한다.	28	생체 자기제어
9	근무일에 문제해결을 세우고 보조를 맞춘다.	29	초월 명상
10	전문가에 의해 수행되는 상담치료, 집단치료, 만남집단에 관여한다.	30	긴장 이완
11	취미활동, 여가선용, 오락의 시간을 갖는다.	31	휴가를 즐기고, 휴일에 긴장을 풀도록 한다.
12	다른 직업으로 이직한다.	32	권위의 교대
13	정신신경안정제 및 다른 약제 복용	33	신체적인 운동을 한다.
14	마음이 혼란해지면 과제를 바꾼다.	34	직장생활과 가정생활을 구분한다.
15	적합한 영양섭취 및 식사를 한다.	35	신체적·심리적 환경상의 사소한 속상함을 제거한다.
16	장기 또는 단기로 교제를 중단한다.	36	대인관계 기능, 타인의 입장을 생각해 보는 것, 성장 경험을 발달시킨다.
17	자신이 하는 일에 대해 최선을 다하여 노력을 기울인다.	37	진단적·치료적 프로그램을 서로 모인 사람들과 발달시킨다(건강, 휴식, 교육, 운동 등).
18	자신이 하고 싶은 대로 한다.	38	감당할 수 있는 한계 내에서 생활사건을 변화·유지한다.
19	삶의 본질을 이해한다.	39	참기 어렵지 않은 한 재치 있게 일을 해치운다.
20	한 시간에 한 가지 일을 완수하는 것을 배워라.		

출처: Beehr & Bhaget, 1985: 김정휘, 김태욱(2006). '교사의 직무스트레스와 탈진'에서 재인용.

학습과제

1. 나의 이미지를 생각해 보고 보육교사로서 갖추어야 할 이미지 형성에 필요한 요소에 대해 토론해 보시오.

2. 보육교사의 직무스트레스에 대해 생각해 보고 다양한 스트레스 해소 방안에 대해 토론해 보시오.

참고문헌

강이슬, 강민경(2011). 영아보육교사의 교수효능감과 직무스트레스에 관한 연구. 한국보육지원 학회지, 7(4), 325-352.

권성민(2012). 유치원 원장의 변혁적 리더십과 유아교사의 직무만족 간의 구조적 관계 분석-교 사 효능감, 직무스트레스, 조직몰입의 매개. 영남대학교 대학원 박사학위논문.

김경호(2004). 이미지 메이킹의 개념 정립과 프로그램의 효과성 분석 연구. 명지대학교 대학원 박사학위논문.

김동기(1979). 현대 마케팅 원론. 서울: 박영사.

김수현(2013). 초임보육교사의 전문성인식이 직무스트레스와 직무만족에 미치는 영향. 성신여 자대학교 교육대학원 석사학위논문.

김옥주, 조혜진(2010). 영아교사의 전문성인식과 보육시설 조직문화가 직무스트레스에 미치는 영향. 유아교육연구, 30(2), 193-209.

김유진(2003). 영아보육교사의 전문성인식과 직무스트레스에 관한 연구. 덕성여자대학교 대학 원 석사학위논문.

김윤섭(2011). 영유아교사들이 알아야 할 교직실무 61가지. 서울: 한국교육꼬망세.

김은영(1991). 이미지 메이킹. 서울: 김영사.

김정휘, 김태욱(2006). 교사의 직무스트레스와 탈진. 서울: 박학사.

김향숙(2013). 영아반 보육교사 이미지에 대한 어머니들의 인식. 한국방송통신대학교 대학원 석사학위논문.

도명애(2010). 유아교육교사의 직무스트레스 및 대처방식. 대구대학교 일반대학원 특수교육대 학원 박사학위논문.

문혁준, 안효진, 김경회, 김영심, 김정희, 김혜연, 배지희, 서소정, 이미정, 이희경, 정다운, 조혜정(2014). 보육교사론. 경기: 창지사.

박경임(2012). 유아교사의 전문성발달과 이미지 관리 관계 연구. 총신대학교 교육대학원 석사학위논문.

박길순, 손향미, 박수진, 윤소영(2009). 패션이미지 스타일링. 서울: 궁미디어(충남대학교 출판부).

박연호, 이종호, 임영제(2013). 현대인간관계론. 서울: 박영사.

박영호, 김정인(2000). 교사 직무스트레스와 건강과의 관계에서 사회적 지지와 강인성의 역할. 교육이론과 실천, 10(1), 453-481.

박은혜(2005). 유아교사론. 서울: 창지사.

석은조, 오성숙(2007). 보육실습 지도교사의 보육실습 관련 스트레스에 관한 연구. 유아교육논집, 16(1), 1-18.

신혜영(2005). 어린이집 교사의 직무스트레스와 효능감이 교사행동의 질에 미치는 영향. 연세대학교 대학원 박사학위논문.

염지숙, 이명순, 조형숙, 김현주(2011). 유아교사론. 경기: 정민사.

유희(2010). 직장인의 프로페셔널 이미지와 전략적 외모관리. 가톨릭대학교 대학원 박사학위논문.

유희정, 이미화(2004). 보육교사의 근무환경 및 직무실태 분석. 서울: 한국여성개발원.

이금란(2000). 유치원 교사의 이미지에 관한 연구: 인천광역시를 중심으로. 이화여자대학교 대학원 석사학위논문.

이서윤(2010). 이미지 관리행동이 심리적 기대효과와 경력 성공에 미치는 영향. 동양대학교 대학원 박사학위논문.

이순형, 권기남, 김진욱, 민미희, 김정민, 김은영, 이서옥, 정현심, 심도현, 안혜령(2013). 보육교사론. 경기: 양서원.

이윤영, 배지희, 김은혜(2013). 영아반 교사들이 경험하는 직무스트레스와 기대 및 요구. 한국아동교육, 22(2), 201-224.

이은상, 김명희, 김보현, 민광미, 배정호, 성소영, 이소정, 이완희, 홍자영(2013). 보육교사론. 서울: 공동체.

이은진(1999). 보육교사의 직무스트레스와 보육활동과의 관계. 숙명여자대학교 대학원 석사학위논문.

이장환(2013). 경찰공무원의 스트레스 대처방식이 직무스트레스와 전문적 상담 추구 태도에 미치는 영향. 경기대학교 대학원 석사학위논문.

정용화(2010). 초등교사의 직무스트레스와 대처방식 및 직무만족도의 관계. 동아대학교 대학원 석사학위논문.

조운주(2007). 유아교사와 유아가 인식한 유아교사의 이미지 이해. 유아교육 연구, 27(3), 315-335.

한정호(2000). 경찰에 대한 조직 내외부인들의 상대적 이미지 분석. 홍보학연구, 3, 36-66.

허송연(2002). 보육교사의 직무스트레스와 대처방법에 관한 조사연구. 경남대학교 행정대학원 석사학위논문.

허정훈(2004). 성취목표 지향성과 자기관리의 관계 분석. 체육과학연구, 15(3), 127-135.

허정훈(2001). 운동선수 자기관리 측정도구의 구조적 타당화와 인과모형 검증. 중앙대학교 대학원 박사학위논문.

황진화(2011). 현직 유아교사의 자기이미지와 직업명성 인식에 관한 연구. 경남대학교 교육대학원 석사학위논문.

Drucker, A. (2001). 프로페셔널의 조건. 서울: 청림출판.

브리태니커 사전(http://britannica.co.kr)

| 찾아보기 |

저자 소개

조미영(Cho Miyoung)
성신여자대학교 일반대학원 교육학 석사(유아교육 전공)
성신여자대학교 일반대학원 교육학 박사(유아교육 전공)
현 한중대학교 유아교육학과 교수

권경숙(Kwon Kyungsook)
성신여자대학교 일반대학원 교육학 석사(유아교육 전공)
성신여자대학교 일반대학원 교육학 박사(유아교육 전공)
현 성신여자대학교 교육대학원 유아교육학과 교수

고경화(Ko Kyunghwa)
연세대학교 교육학과 및 동 대학원 교육학 석사(교육학 전공)
베를린 자유대학교 교육학과(Dr. Phil.) 교육학 박사(교육학 전공)
현 신한대학교 사회복지학과 교수

박정빈(Park Jeongbin)
건국대학교 교육대학원 교육학 석사(유아교육 전공)
강릉원주대학교 일반대학원 문학 박사(유아교육 전공)
현 가천대학교 교육대학원 외래강사

심형진(Shim Hyungjin)
성신여자대학교 일반대학원 교육학 석사(교육학 전공)
중앙대학교 일반대학원 교육학 박사(교육학 전공)
현 성신여자대학교 교육학과 교수

이은희(Lee Eunhee)
성신여자대학교 일반대학원 교육학 석사(유아교육 전공)
성신여자대학교 일반대학원 교육학 박사(유아교육 전공)
현 대전보건대학교 유아교육과 교수

조연경(Cho Yeonkyoung)
성신여자대학교 일반대학원 교육학 석사(유아교육 전공)
성신여자대학교 일반대학원 교육학 박사과정(유아교육 전공)
현 국공립 사직어린이집 원장

황인애(Hwang Inae)
이화여자대학교 교육대학원 교육학 석사(유아교육 전공)
성신여자대학교 일반대학원 교육학 박사(유아교육 전공)
현 성신여자대학교 유아교육과 겸임교수

보육교사론
Child Care Teacher Education

2016년 3월 15일 1판 1쇄 발행
2017년 2월 15일 1판 2쇄 발행

지은이 • 조미영 · 권경숙 · 고경화 · 박정빈
　　　　심형진 · 이은희 · 조연경 · 황인애
펴낸이 • 김 진 환
펴낸곳 • (주) **학지사**
　　　　04031 서울특별시 마포구 양화로 15길 20 마인드월드빌딩 5층
대표전화 • 02) 330-5114　　　팩스 • 02) 324-2345
등록번호 • 제313-2006-000265호

홈페이지 • http://www.hakjisa.co.kr
페이스북 • https://www.facebook.com/hakjisabook

ISBN 978-89-997-0653-0 93370

정가 16,000원

이 도서의 국립중앙도서관 출판시도서목록(CIP)은 서지정보유통지원시스템
홈페이지(http://seoji.nl.go.kr)와 국가자료공동목록시스템(http://www.nl.go.kr/kolisnet)
에서 이용하실 수 있습니다.
(CIP제어번호: CIP2016004118)

교육문화출판미디어그룹 학지사

학술논문서비스 **뉴논문** www.newnonmun.com
심리검사연구소 **인싸이트** www.inpsyt.co.kr
원격교육연수원 **카운피아** www.counpia.com

학지사는 깨끗한 마음을 드립니다

보육학개론
4판

이순형 · 이혜승 · 이성옥 · 황혜신 ·
이완정 · 이소은 · 권혜진 · 이영미 ·
정윤주 · 한유진 · 성미영 공저

2013년
4×6배판변형 · 양장 · 472면 · 19,000원
ISBN 978-89-997-0063-7 93370

아동복지론
2판

오정수 · 정익중 공저

2013년
4×6배판변형 · 양장 · 592면 · 20,000원
ISBN 978-89-997-0070-5 93330

보육과정
2판

정옥분 · 권민균 · 김경은 · 김미진 ·
노성향 · 박연정 · 엄세진 · 윤정진 ·
임정하 · 정순화 · 황현주 공저

2013년
4×6배판 · 반양장 · 432면 · 19,000원
ISBN 978-89-997-0164-1 93370

영유아 교수학습 방법

손순복 · 정진화 · 박진옥 공저

2015년
4×6배판 · 반양장 · 392면 · 20,000원
ISBN 978-89-997-0440-6 93370

영유아 보육 · 교육 프로그램의 이해

서울대학교 이순형 외 공저

2005년
4×6배판변형 · 반양장 · 480면 · 17,000원
ISBN 978-89-5891-055-8 93370

보육실습

나귀옥 · 김경희 · 곽정인 공저

2011년
크라운판 · 반양장 · 192면 · 10,000원
ISBN 978-89-6330-786-2 93370

영유아교육과정
2판

양옥승 · 최경애 · 이혜원 공저

2015년
크라운판 · 반양장 · 432면 · 19,000원
ISBN 978-89-997-0649-3 93370

유아교사론

신은수 · 유흥옥 · 안부금 · 안경숙 ·
김은정 · 유영의 · 김소향 공저

2013년
4×6배판변형 · 양장 · 328면 · 17,000원
ISBN 978-89-997-0099-6 93370

유아교사를 위한 교직실무

김은심 · 서동미 · 엄은나 ·
이경민 · 강정원 · 김정미 공저

2013년
크라운판 · 반양장 · 448면 · 18,000원
ISBN 978-89-997-0208-2 93370

영유아교육기관 운영관리

이경희 · 정정옥 공저

2014년
4×6배판 · 반양장 · 400면 · 20,000원
ISBN 978-89-997-0456-7 93370

유아생활지도

권정윤 · 안혜준 ·
송승민 · 권희경 공저

2013년
4×6배판변형 · 양장 · 368면 · 19,000원
ISBN 978-89-997-0171-9 93370

유아교육 연구방법

고려대학교 정옥분 저

2008년
크라운판 · 양장 · 440면 · 18,000원
ISBN 978-89-5891-668-0 93370